诗经精华品鉴

世间最美的诗：《诗经》雅

宋德宪 著

蘭州大學出版社

图书在版编目(CIP)数据

诗经:精华本. 雅 / 宋德宪著. —兰州:兰州大学出版社,2014.1(2016.5 重印)
(世间最美的诗)
ISBN 978-7-311-04408-4

Ⅰ.①诗… Ⅱ.①宋… Ⅲ.①古体诗—诗集—中国—春秋时代 ②《诗经》—注释 ③《诗经》—译文 Ⅳ.①I222.2

中国版本图书馆 CIP 数据核字(2014)第 017893 号

责任编辑 张国梁 王淑燕
封面设计 李鹏远

书　　名 世间最美的诗:诗经(精华本)·雅
作　　者 宋德宪 著
出版发行 兰州大学出版社 (地址:兰州市天水南路 222 号 730000)
电　　话 0931-8912613(总编办公室) 0931-8617156(营销中心)
　　　　 0931-8914298(读者服务部)
网　　址 http://www.onbook.com.cn
电子信箱 press@lzu.edu.cn
印　　刷 甘肃澳翔印业有限公司
开　　本 710 mm×1020 mm 1/16
印　　张 15.25(插页 1)
印　　数 3000~6000 册
字　　数 233 千
版　　次 2014 年 1 月第 1 版
印　　次 2016 年 5 月第 2 次印刷
书　　号 ISBN 978-7-311-04408-4
定　　价 34.00 元

自 序

导论。《诗经》穿越了西周初年到春秋中期长达五百余年的岁月风尘，或浅吟低唱、婉转动听，或钟鼓齐鸣、颂声煌煌。与今天诗歌在生活中的式微不同，那些读起来诘屈聱牙、晦涩难懂的诗句，都是从曾经鲜活的生活和生命中走来，是最朴实、最真挚的歌唱。我们不能把《诗经》当作来自远古的语言化石，它像地下沉睡了几千年的古莲子一样，只要有适宜的阳光、温度和雨水，今天的我们仍可以激活它，让它开花、结果。无论"今夕何夕"，若你游走在《诗经》的层峦叠嶂间，总会发现文字背后似乎裹藏着熟悉又亲切的灵魂。

《诗经》作为我国文学史上第一部诗歌总集，作为中国传统文化的重要代表，传世至今。然自从被捧上儒家经典的宝座之后，诗旨遭经师的附会，成为"经夫妇，成孝敬，厚人伦，美教化，易风俗"的金科玉律和辅成王道的"谏书"。今天的我们该怎样读《诗经》呢？要走回《诗经》的时代，就必须懂得《诗经》学是研究《诗经》的内容、性质、特点、源流和派别的一门学问。在封建社会里，《诗经》学以经学研究为主体，但也存在着关于文学特点的探讨。现代诗经学，则以《诗经》经学与《诗经》文学相结合的研究为核心，各类专题研究同时也是它的重要组成部分，将诗经学的过往研究整合，必然就能体味出《诗经》的真谛。

然而，由于年代久远，《诗经》中一些陌生的汉字、难解的文言都给现代读者带来了不小的阻力，让读者在欣赏《诗经》的优美之时，常常产生不必要的停顿，对《诗经》的理解产生困惑。因此，本书精心择选七十余篇名作，作为《诗经》的典范，并且将诗中的生僻字、古今异体字、多音字进行了注解。相信如此为之，必可为读者省去很多的查阅时间，有助于读者对相关诗作的理解，让读者顺畅、轻松、愉快地阅读《诗经》，更直接地感受《诗经》的语言美、意境美。同时，诗歌的后面都配以详实的注释、精彩的概要、准肯的译文、科学的品鉴，帮助读者直观而深入地理解诗文，准确地把握诗篇的精髓，体验诗人内心最真实的情感。

《诗经》共收集了三百一十一篇诗歌，其中六篇为笙诗，只有标题，没有内

容；现存自西周初年至春秋中叶五百多年的诗歌三百零五篇，既有标题，又有文辞。先秦称为《诗》，或取其整数称"诗三百"。西汉时被尊为儒家经典，始称《诗经》，并沿用至今。

题解。《风》又称《国风》，一共有十五组，"风"本是乐曲的统称。"风"这个名词的本义就是乐调，《大雅·嵩高》云："吉甫作诵，其诗孔硕，其风肆好。"这是《诗经》中的内证；《左传·成公九年》云："使与之琴，操南音……乐操土风，不忘旧也。"这是史证。"土风"显然是地方乐调。朱熹《诗集传序》解释："国者诸侯所封之域，而风者民俗歌谣之诗也。"十五"国风"就是十五个国家和地区各用其地方乐调演唱的诗歌，共计一百六十篇。周王朝收集和应用这些地方乐歌，首先是为了推行政治和社会道德教化（即"上以风化下"）；其次是为了解民情，作为行政的参考，来改良政治（即"下以风刺上"）。因此，编辑这些风诗有明显的政教目的，其内容也符合这个目的。"风"诗的作者分布于社会各阶层，有贵族、士吏、里巷平民，但能确定为劳动人民创造的诗歌少之又少。

《雅》分《小雅》七十四篇，《大雅》三十一篇，共计一百零五篇，均是周王朝都城所在地的诗歌，多为朝廷官吏及公卿大夫的作品，相当一部分是宫廷诗。这类诗之所以成为《雅》，主要着眼于王朝都城所在地的诗歌称为"雅"，是从政治角度命名，那里是政治等级最高层所在之处，故称为"雅"。《毛诗序》解释："雅者，正也；言王政之所由废兴也。"训雅为正，用的是它的引申义。雅，本指高，即政治等级的最高层，是发号施令的权力中心，故引申为正。"雅"诗的内容几乎都是关于政治方面的，有赞颂贤人德政的，有讽刺弊政的。

《周颂》《鲁颂》和《商颂》合成三颂，共计四十篇。其中《周颂》三十一篇，一般认为其中大部分是西周前期的作品，多作于周昭王、周穆王以前；《鲁颂》四篇，认为可能是鲁僖公时的作品；《商颂》五篇，自古以来一直相传是春秋时期宋国大夫正考父所作。不过，目前学界认为《颂》是贵族宗庙祭祀的乐歌和诗史，内容多是歌颂祖先功德的，在演奏时要配以舞蹈。《毛诗序》解释："颂者，美盛德之形容，以其成功告于神明者也。"这是从功用上下定义，基本合乎当时的实际。那么，为何祭祀神灵的诗歌称为"颂"呢？通常都从颂扬、赞美的角度加以解释。《周礼·春官·大师》提到六诗时有《颂》，《郑笺》解释说："颂之言诵也，容也，诵今之德，广义美之"。汉代经学大师郑玄谨守《毛序》之说，从颂扬美德方面去理解

《颂》。然而,综观"三颂",并不完全是颂美之词。如《周颂》中的《闵予小子》《访落》《敬之》《小毖》似乎是周成王的悔过诗,这几首诗检讨过失,自我警戒,有的语言沉痛,忧郁叹息。显然,从赞美称颂方面下定义是不确切的,无法涵盖"三颂"所有的诗篇。经学家认为,祭祀用诗而成为颂,着眼于人神交往和沟通。

注释。全书框架宏大,注释细致,稽查史籍,贯穿注释的中心线索是三种《诗》学观——马克思主义历史唯物论观、经学《诗》学观与文学《诗》学观,运用这三种诗学观,来阐释《诗经》学,解释诗篇主题。本书以汉《毛传》《郑笺》,唐孔颖达《毛诗正义》(下简称《正义》)、宋朱熹《诗集传》(下简称《集传》)、康熙末年王鸿绪等奉敕编《钦定诗经传说汇纂》、乾隆二十年敕编《钦定诗义折中》(下简称《诗义折中》)等权威著作为纲;纲举目张,并参用近人高亨《诗经今注》(下简称《今注》),余冠英《诗经选》,夏传才《诗经讲座》,程俊英、蒋见元《诗经注析》(下简称《注析》)等历代重要代表性著作、论文、以及史籍文献、出土文物和最新研究成果;引用古今诸家说解、训诂、评析,对《诗经》全面、翔实、科学、准确地"注释"。拨开经学的雾翳,弹却《毛序》蒙上的灰尘,揩清后世各时代追加的油彩,露出《诗经》的客观存在和本来面貌。

在《诗经》注释方面,本书运用文字训诂学的方法解释《诗经》。训释《诗经》中的词语是用义训的方式。所谓义训,是以词语在语言中实际使用的意义直接解释词义,不从字形结构或字的音义关系上去分析推论,而是以通语、常语去解释《诗经》中不易知的文言、古语和方言俗语。这是我国后来一般解释《诗经》以及古书词语的字书、辞书所通用的方式。义训解释的具体方法很多,本书对《诗经》的训诂主要有以下方法:

第一,直训,即直接用一个单词解释一个单词。以《敬之》篇为例,《释名》云:"敬,警也。"敬通"警",警戒义。之:语助词。天:天道。维:是,助词。显:显明。《尔雅·释诂》:"显,光也,又见也。"《集传》:"显,明也。"思:语助词。《集传》云:"思,语辞也。"

第二,递训,即为了说明词义,几个词辗转相训。例如:不易:马瑞辰《毛诗传笺通释》(下简称《通释》):"《大雅·文王》篇'骏命不易',《释文》述《毛》云:'不易,言甚难也。'"无曰:无谓。无曰高高在上:无谓高极其高之上天,在上而不吾察。《郑笺》:"无谓天高高在上,远人而不畏也。"《集传》:"无谓其高而不吾察,当知

其聪明明畏。”又如“芣苢，马舄；马舄，车前”。芣苢是古语词，用俗语马舄来训释，用这个俗语词怕不完全为人们所了解，所以又用药草名“车前”再作训释，芣苢的训义就完全清楚了。递训就是对训释词再作训释，以求准确地表明被训释词词义。

第三，同训，即把一组同义词汇集起来用一个常用的词语来解释，被释词是古语词，释词是当代语词。这样除了达到训义的目的，又便于掌握和比较同义词。

第四，分训，即对多义字的训释，或分条分别说明它们的意义，或在同条中分别列几个义项，依次训释。

第五，互训，即意义相同的语词互相训释，也就是用甲释乙，又用乙释甲，如：“亮，右也。右，亮也。”

第六，义界，即用一句话或几句话对所释词语的意义做出概括的解说。例如：宋严粲《诗缉》云：“敬而又敬，勉之以诚之不已也。”马瑞辰《通释》阐释说：“敬之，本义即警也。……敬之，敬之，犹云‘戒之，戒之。’”但使用义界有四种情况：

一是被释古语词或方言语词找不到相当的今语或通语来对释，只能对其意义做概括解释。例如：命：天命，指承受天命。不易：天命不易常保。

二是被释词为专名词或基本语词，无法用别的单词对释，只能对其含义做具体说明。例如：赵帆声《诗经异读》阐述谓：“《郑笺》：‘群臣见王谋即政之时，故因时戒之曰：‘敬之哉，敬之哉！天乃光明，去恶与善，其命吉凶不变易。’按：‘敬之哉’之前，《笺》言‘戒之曰’，然则此敬字当读如‘警’，《说文》：‘警，戒也。’此诗‘敬之、敬之’，即戒之，戒之！警与敬古字通用。”

三是对被释的名物的形象或特性做具体的描述。例如：“狒狒，如人，被发，迅走，食人。”又如：“九州岛”，则将九州岛名称及位置逐一说明。

四是对某些词语的历代沿革做解释，或对成语语句做解释。例如：程俊英、蒋见元《注析》：“《毛传》：‘士，事也。’这里指政事。这句说上帝好像常升降于人间，察看人们所做的事情。”这样除了达到训义的目的，又便于掌握和比较同义词。

同时，以《尔雅》为范本，运用以共名释别名、以学名释俗名的训诂方法。如：

“蚍蜉，大螘(蚁)。小者螘。蠪，朾螘。螱，飞螘。”蚂蚁的“蚁”是蚂蚁类的共名，蚍蜉是大蚂蚁，蠪是大红蚂蚁，螱是带翅蚂蚁，这样因类求义，相当清楚。又如：“茨，蒺藜。荼，苦菜。”茨、荼是学名，蒺藜、苦菜是俗名，这样不仅是以俗名释学名，也起到俗名、学名互释的作用。

综上所述，训诂方法是多种多样的，在《诗经》中被释语词有单词、复词，也有四字的成语和古籍中难懂的语句。成语和语句大多出自《诗经》。只有在得到训诂支持的基础上，才能对《诗经》精选诸篇进行准确翻译。如《周颂·敬之》首节翻译如下：

敬戒之哉敬戒之哉！悠悠天道而甚显明。

其命无常不易保住，无谓高极其高上天，

在上天而不吾明察，更当知其聪明明畏，

常若陟降吾之所为，无日不监视而在兹。

其注释特点是：

第一，训诂渊源有自。如释《周南·葛覃》《召南·草虫》等篇，义见《礼记》；释《召南·行露》篇言“淄帛五两”，释《召南·野有死麕》篇，谓“凶荒杀礼”，都取自《周礼》。

第二，多存古书逸典。如《鄘风·定之方中》，《毛传》云：“建邦能命龟，田能施命，作器能铭，使能造命，升高能赋，师旅能誓，山川能说，丧纪能诔，祭祀能语，君子能此九者，可谓有德音，可以为大夫。”又如《魏风·伐檀》，《毛传》云：“兽三岁曰特。”《正义》谓：“毛氏当有所据，不知出何书？”

第三，作传独标赋、比、兴法。如《邶风·凯风》一章作比体，二章作兴法。如《鲁颂·泮水》前三章作“赋而兴”法。

第四，分章立注，以单个字词为独立的训诂单位。尽量兼顾简洁与周详。编辑示例：

①采用古音古义纠正讹误。如《小雅·巧言》“无拳无勇”，《毛传》：“拳，力也。”马瑞辰《通释》云：“拳者，卷之假借。《说文》：‘卷，气埶也。’引《国语》曰：‘有卷勇’……卷亦为勇。古人不嫌语复，犹之‘无罪无辜’，辜亦为罪耳。”力求达诂。

②用双声叠韵原理指明通假。例如《皇皇者华》“我马维驹”，《释文》：“驹，音俱，本亦作骄。”马瑞辰《通释》：“《说文》：‘马高六尺为骄。’引《诗》‘我马维骄’，是

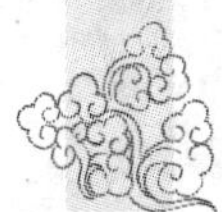

《毛诗》古本作骄之证。骄与驹双声，古盖读骄如驹，以与濡、驱、诹合韵，与《汉广》诗以驹韵蒌、《株林》诗以驹韵株者，其本字皆当为骄正同，后人据音以改字，虽作驹耳。”

③用同类义例概括全书。例如《蒹葭》“宛在水中央”，马瑞辰《通释》：“《诗》多以中为语词，‘水中央’，犹言水之旁也，与下二章‘水中坻’同义。若如《正义》以‘中央’二字连读，则与下章坻、沚句不相类矣。”

④举三家遗说以订《毛诗》。如《鸿雁》“谓我宣骄”，王引之《经义述闻》：“宣骄与劬劳相对成文。劬亦劳也，宣亦骄也……宣为侈大之意，宣骄，犹言骄奢。非谓宣示其骄也。”订正《毛传》训宣为“示”之误。如《思齐》“则百斯男”，《通释》：“百男特颂祷之词，犹《假乐》诗‘子孙千亿’耳，《传》谓‘众妾则宜百子’，失之。”此明订《毛传》舛误之例。

⑤采取以诗论诗、以诗译诗、以史证诗、以诗明史之法，使其符合逻辑与诗旨。如《定之方中》，《毛序》谓：“《定之方中》：‘美卫文公也。卫为狄所灭，东徙渡河，野处漕邑，齐桓公攘戎狄而封之。文公徙居楚丘，始建城市而营宫室，得其时制，百姓说(悦)之，国家殷富焉。’”《郑笺》阐释说：“春秋闵公二年冬，狄人入卫，卫懿公及狄人战于荥泽而败。宋桓公迎卫之遗民度河，立戴公以庐于漕，戴公立一年而卒。鲁僖公二年，齐桓公城楚丘而封卫，于是文公立而建国焉。”《集传》云：“苏氏曰：‘种木者求用于十年之后，其不求近功。’凡此类也。”上述三说，阐明了此诗的背景与主题。

第五，应用已见，广采诸家注解阐释，精心挑选，择善而从，不主一家；并选取考据新评说、发掘创新，尽量将有价值的古今注释、解析附后，作为佐证和辨析，力争无误。引证经学家之训诂，兼采不同说解，使其更符合《诗经》逐篇原貌。对生僻字、古今异体字、多音字妥善注音。如《防有鹊巢》曰：

“防有鹊巢，邛有旨苕。”防：河堤，引申为防范，即防范谗人挑拨离间。《集传》：“人所筑以捍水者。”宋欧阳修《诗本义》：“谗言惑人非一言一日之故，必由累积而成，如防之有鹊巢，渐积累成之尔。”《毛传》：“防，邑也。”《释文》：“防，邑名也。”马瑞辰《通释》批驳毛说：“此章‘防’与‘邛’对言，犹下章‘中唐’与‘邛’对言。邛为丘名，则防宜读为隄防之防，不得以为邑名。鹊巢宜于林木，今言‘防有’，非其所应有也；不应有而以为有，所以为谗言也。”马氏所言极是。赵帆声《诗经异读》云："邛字既言'丘'，非地在济阴之邑，则防字不当谓邑名，凡《诗》对言之例，多以同类为之，故防当作隄字。《说文》：'防，隄也。'隄，或作堤。防，亦作坊，从土。堤防，本以防止洪水泛滥，引申以为防范。"一说防为枋之借字，木名。高亨《今注》："防，借为枋，《说文》：'枋，木也，可作车。'《庄子·逍遥游》：'我决起而飞，抢榆枋。'《释文》：'枋，李云，檀也。'奚侗说：'榆枋即榆枌。枌，白榆。'(《庄子补注》)。"袁梅《诗经译注》认为："是一种常绿乔木，羽状复叶，花色黄而美，去皮煎汁，可为红色染料。亦名苏木、苏枋。"

邛(qióng)：土丘。《毛传》："邛，邱也。"旨：甘美。《集传》："旨，美也。"苕：蔓生植物名，苕草，又名苕饶，翘饶。生在低湿之地。《集传》："苕，苕饶也。"三国时吴人陆玑《毛诗草木鸟兽虫鱼疏》云："苕，笤草也。幽州人谓之翘饶，茎如劳豆而细叶，似蒺藜而青；其茎叶绿色，可生食，如小豆藿也。"宋欧阳修《诗本义》云："如苕饶蔓引将及我也。"清马瑞辰《通释》："古苇、芀多假作'苕'，《豳风》《传》：'荼苇，苕也。'若以苕为芀之假借，尤非邛所应有。"又云："苕生于下湿，今诗言邛有者，亦以喻谗言不可信。"马氏解释兴义，符合诗旨。

第六，此书注释，征引繁富，资料详瞻，内容丰富，见解新颖，多有新意，并紧扣原诗之义，做到见解精辟、深中肯綮、自然流畅，并能科学准确地表达原诗内容，使人感受到古代诗人脉搏的跳动。如《陈风·防有鹊巢》首章云：

"防有鹊巢，邛有旨苕。谁侜予美，心焉忉忉。"

汉译为：

"宣公信谗，君子忧惧而作此诗也。曰：鹊巢则以渐构成于林木，旨苕则蔓延连及于山丘。今谗人构成其事而株连甚众犹是也，夫谁如此幻惑欺诳予美之人乎？谗人在于君侧，我心则忉忉然忧之。"此章比法。又如《定之方中》首章云：

"定之方中，作于楚宫。揆之以日，作于楚室。树之榛栗，椅桐梓漆，爰伐琴瑟。"

汉译为：

定星光照升当空，文公兴建楚丘宫。

东西测度凭日影，楚室筑造动土功。

先种榛树与栗树，椅桐梓漆皆栽种。

制作琴瑟伐木用，鼓瑟和鸣国繁荣。

第七，破除前人陈腐之说教，运用训诂学的方法，曲畅旁通，依文述义，订正讹文、误字与曲解。盖其详于训诂名物，又能总古今之说，择善用之，故能涵盖前儒，立义准确，符合诗义。既不迷信古人，更不抹杀古人，对于有些传统说法，确实言之有据，可以置信的，则仍予采用。且采取以史带论，以史证诗，史论结合的方法，吸收古今考据学家和经学家训诂、考证、辑佚工作的新成果。注释涉及百科，内容博大精深，具有学术史性质。编辑《陈风·防有鹊巢》末章为例：

"中唐有甓，邛有旨鷊。"唐：庙内的甬道。中唐即唐中，中庭的堂途(庙内的甬道)。《毛传》："中，中庭也；唐，堂途也。"《尔雅》："庙中路谓之唐。"明何楷《诗经世本古义》解释谓："唐义训大庙之中路，比所居宫室之中路为大，故曰中唐。"一说唐：堤。《国语·周语》："陂唐污卑。"韦昭注："唐，堤也。"《吕氏春秋·尊师》："治唐圃。"高诱注："唐，堤，以壅水"(唐莫尧《诗经新注全译》，下简称《新注》)。甓(pì)：古代的砖。又名瓴甋、瓴甓。《毛传》："甓，瓴，瓴甋也。"《尔雅》："瓴甋谓之甓，盖地下所践者。"鷊(yì)：《韩诗》作虉。植物名。绶草。《尔雅》："鷊，绶。"《集传》："鷊，小草；杂色如绶。"郭璞："小草有杂色似绶也。"一说今盘龙参。兰科。穗状花序盘旋而上。似绶。(陈子展《诗经直解》，下简称《直解》)

"谁侜予美，心焉惕惕"。惕惕：忧惧。《毛传》："惕惕，犹忉忉也。"清陈奂曰："惕惕，亦忧劳之意。"其辞曰："中唐之甓非一甓，排众甓而成路；旨鷊之色非一色，杂众色以成文，今谗人多方罗织以文，致夫人之罪犹如此。夫谁如此欺惑予美之人，乃使我心惕惕然滋惧。"此章比法。

朱熹《集传》解读说："此男女之有私，而忧或间之之辞。故曰：防则有鹊巢矣，邛则有旨苕矣。今此何人而侜张予之所美？使我忧之至于忉忉乎！"此备一说。

概要。每章译文之前，通用七言或八言体，简明解释《诗经》各篇的主旨思想、历史背景、诗义内容、诗旨内涵、作者身份、思想情感、颂美讽刺、赋诗之故等。使读者了解诗旨，借鉴诗意，品鉴艺术，一举而三得。力求诗旨准确，自然通达，趣味深长，委婉动人。编辑示例：

《豳风·鸱鸮》：

周公辟谣居东邑，成王未知周公志。

周公作诗而贻王，托鸟自比护鸟巢。

《小雅·六月》:

王命吉甫北伐狁,王国封域定匡正。

北伐有功凯旋归,诗人叙事以赞美。

译文。用历史唯物论的观点翻译《诗经》,从文学研究与经学研究角度出发,确定诗篇的主题,领会诗篇的意境、思想感情和艺术特色,从而进行译文的再创作。同时,注重主题思想的准确评价,注重译作形式的艺术风格,注重词语典故的传神翻译。尽力保持原诗的形式、风格和思想情感。

(一)译文句式并不限于七言句,长短句、歌谣体、格律诗,不拘一格,形式多样灵活。总的来说,七言格律诗居多。但不勉强增字凑韵,而尽量保存古诗风貌。翻译诗篇,准肯把握精髓与诗旨。如《魏风·陟岵》首章曰:

陟彼岵兮,瞻望父兮。

父曰嗟予子行役,夙夜无已。

慎旃哉,犹来无止。

汉译为:

登那无木岵山峰,瞻望故乡慈父亲。

深思父亲如闻声:唉!我儿行役久别亲!

早晚勤劳不歇停,昼夜奔波勤操心。

望你谨慎祝保重,慎重服役保全身!

犹可一日来探亲,切莫终身他乡停。

(二)译诗紧扣原文。由意译到侧重直译方式传达诗意,译文求其贴切原意,尽量保存原诗的风格韵味。字、句、篇力求紧扣原文,选用准确、对应的词语表达诗意,使其尽量保存古诗风貌。词汇和语法要有依据,主题明确。译文要读得上口,听得顺耳,解得准确,符合原意。如《豳风·东山》首章曰:

我徂东山,慆慆不归。

我来自东,零雨其濛。

我东曰归,我心西悲。

制彼裳衣,勿士行枚。

蜎蜎者蠋,烝在桑野。

敦彼独宿,亦在车下。

汉译为：

我往东山上战场，慆慆然久未还乡。
我来远征离东方，濛濛落雨路茫茫。
归途之远岁月久，风雨陵犯饥渴困。
今日归途苦难尝，我思家念空荡荡。
东归虽云喜洋洋，西望故乡兴悲伤。
新制归装着衣裳，不再衔枚参阵行。
蠋虫蜎蜎然蠕动，久栖野外桑叶上。
敦然独宿车下躺，归途惨况苦难忘！

（三）采取以诗译诗的方式，把自然、优美、凝练、含蓄的古代语言，译成现代汉语，将它的思想情感、它的神韵意境、它的节奏感和音乐美，都有机地融入作者译文时所使用的语言之中。而又调利口吻，近似现代白话新诗，多为七言体，自然流畅，格律整齐，朗朗上口，诗味浓郁。如《豳风·东山》次章曰：

我徂东山，慆慆不归。
我来自东，零雨其濛。
果赢之实，亦施于宇。
伊威在室，蟏蛸在户。
町畽鹿场，熠熠宵行。
亦可畏也！伊可怀也！

汉译为：

我往东山保边疆，慆慆然久不归乡。
我久始归离东方，濛濛细雨沮途挡。
归家之念愈殷望，离家日久室庐荒。
果赢之实蔓房檐，蛜蝛之虫室中荡。
蟏蛸之虫门结网，庐旁畦垅之地方，
竟成麇鹿之草场。夜间黔首寂之时，
唯有萤火之闪光。茅屋幽阴变废荒。
望而生畏人心慌，我睹惨景浮翩想。

（四）尽力将译文写得绘声绘色，生动传神。批判继承旧说，既不轻易否定，也不一味盲从，斟酌损益，颇得其宜。有些译作韵味悠长，能传达出原诗的精神风貌。编辑《小雅·常棣》首章为例：

常棣之华，鄂不韡韡？

凡今之人，莫如兄弟。

汉译为：

郁郁苍苍棠棣花开，有萼承藉鲜艳茂盛。

花萼依倚而遍地生，岂不韡韡鲜明交辉？

况人有兄弟同胞亲，不如花萼相依为命。

我观察而遍阅世人，谁能比上兄弟亲情？

编辑《小雅·常棣》次章为例：

死丧之威，兄弟孔怀。

原隰裒矣，兄弟求矣。

汉译为：

同胞兄弟胜于他人，平时不知血脉相亲。

一旦变故则知恩深，是故死丧可畏之事，

唯有兄弟甚相思情；不幸裒尸原隰之间，

唯有兄弟往而求寻，天性之亲自不容论！

译者能将历代学者有关词语的考证成果和有活力的原文词语，择要吸收到译文中来，实事求是，以史证诗，以诗证史，以诗译诗，做到继承与创新，水乳交融，上下文浑然一体。

宋德宽

2013年12月26日

导读

《诗经》作为文学长河的源头，对后世的影响不可低估。有鉴于此，作者不揣简陋，在每一诗篇之后，都有一篇艺术品鉴。或解诗旨，或论意境，或摘瑕疵等。虽然见仁见智，未敢必其正确，但希望能为读者徜徉诗境做一次导游。

本书利用史籍文献、出土文物、古今名家解说以及近人最新研究成果；以政治哲学论，经义无妨于此一时，彼一时；以现代史学与文献学论，则永远要追求一个最原始的终极答案，尽管无法达到，总要无限接近。本书就是通过对《诗经》全方位、多侧面、深层次、立体化的品鉴研究——综合认定。

《诗经》一共有三百零五篇，每一篇讲一个故事，每一个故事有一个道理，可以说相当多了，然而用其中的一句话就可以涵盖《诗经》中所有的义理而没有丝毫遗漏，这就是《鲁颂·駉》中所说的“思无邪”，它的意思是，人的思想念头，都是由天理中生来的，而不是由私欲所扭曲的，这一句话，就把《诗经》的思想、道理完全概括了。诗人的言语有赞美的，有讽刺的，对善良的人和事，就用美好的语言来赞美它，以感发人的善心；对丑恶的人和事，就用尖刻的言语来讽刺它，以惩罚人的恶念。要提起人们善良的念头，除去人们丑恶的思想，使人们的性情温和纯正。如果人心的每个念头都是纯正的，没有被私欲邪念扭曲，那他的所作所为，自然是充满了善行，而没有恶行，充满了被赞美的行为，而没有被讽刺的行为。诗人的赞美和讽刺，也不过是为了劝善惩恶而已，因此由“思无邪”三个字，足以概括《诗经》的精神了。想要修身的学人务必了解，应该将功夫下在“慎思”之上。

然而，《诗经》堪称人类文化遗产中的瑰宝，它展示的是两千多年前古代先民的生活画卷，其中记载的人物数不胜数，包括帝王将相、诸侯大夫、忠臣奸佞、官吏庶民、政治家、军事家、思想家、文学家、艺术家、贵族王妃、将军士兵、说客策士、游侠隐士、明君贤士、孝子逆孙、淑女叛夫、思妇弃妇、贤妻良母、农夫商贾、君子小人等等。它所反映的社会生活内容十分丰富，包括天文地理、政治经济、军事战争、政策法规、外交辞令、治国育民、邦国兴盛、民族关系、阶级矛盾、民族民俗、伦理道德、工农生产、车马狩猎、祭祀典礼、服役徭役、定都建国、宴飨欢聚、田野耕耘、采摘渔牧、婚丧嫁娶、初恋思慕、闺怨春情、幽期密会、洞房花烛、迎亲送葬、怀人悼亡、风土人情、典章制度、礼教礼仪、山川草地、边疆河水、草木虫鱼、飞禽走兽、莺啼马鸣、风萧雨晦、波光山影、火山地震、祈祷祝愿、占卦圆梦等等,无所不包,生动表现了古人的七情六欲及宇宙人生、伦理道德、历史文化、宗教哲学等各种观念。涵盖之广,跨度之大,史无前例。

产生于浓厚人文、理性色彩这一肥沃土壤中的中国古代文学名著——《诗经》,极为重视文学作品的思想性,强调文以载道的教化作用,所以在内容上偏重于政治和伦理道德主题。将文学视为政治的附庸和说教,一直被当作一种无可非议的价值倾向。所以,君臣的遇合、民生的苦乐、宦海的浮沉、战争的胜败、国家的兴旺、人生的聚散、纲常的序乱、伦理的向背等等,一直是《诗经》的主旋律。如《诗经》中直接或间接反映战争的诗篇有三十多首,大致可分三类:

第一,《大雅》中的《常武》《江汉》《皇矣》及《颂》诗中的一些诗篇。这类诗篇多是对统治阶级、上层将领征伐武功的赞美。《常武》以激昂的文字,夸耀王师的兵强马壮与士气高昂,赞美宣王平定徐国叛乱的战役,突出了军队阵容之整齐、气势之盛大,以及宣王指挥若定的大将风度。《江汉》更是不吝笔墨,以近乎矫情的夸耀,直陈战功的辉煌。这种"主旋律"式的诗篇,多是对君王、诸侯、将领攻伐武功的歌颂,着力表现国力的强盛、胜利的辉煌、王师的威武与武功的浩大,呈现出壮丽雄浑的艺术格调。

第二,即使是保家卫国的正义之战,人民也要付出戍役、流血和生命的昂贵代价。而那些统治者穷兵黩武、任意发动的战争,更造成了无谓的牺牲和灾难。《邶风·击鼓》、《豳风》的《东山》和《破斧》等,诗篇的字里行间,则散发着浓郁的离愁别绪与厌战悲苦。如《小雅·采薇》便是爱国之情与思乡自伤之情的矛盾体,它既热情描绘了抗击外辱、保卫国家统一与安全的周朝军队,又从更广泛的层面揭示了兵役徭役给社会、家庭、民族关系等方面带来的深重灾难。首章曰:

"采薇采薇,薇亦作止。曰归曰归,岁亦莫止。靡室靡家,猃狁之故。不遑启居,猃狁之故。"

开首写征夫久戍不归,不能过和平生活,都是猃狁侵害之故。首两句道:我

今离家出戍，正当春月采取薇菜之时，薇菜初生，破地而出。“采薇”即采集野生的薇菜，食不果腹的士兵只好采薇而食，以野菜充饥。在人的诸项生存活动中，温饱是最根本的，也是首先要保障的，如果靠采薇菜来维持生存，那么，生活的艰辛就不言而喻了。“薇亦作止”，表明是春天，薇菜刚刚绽出小叶，即出征之时。诗以采薇起兴，是戍人回忆往事的线索。诗人巧妙地通过“采薇”，以引所抒之情，表达其日益深重的乡愁。故用一唱三叹的复沓形式反复咏唱：“曰归曰归，岁亦莫止”。此时心口相语，何时归乡啊何时归家？然而计之当在岁暮。突出表明士兵们渴望归家，十分心切。那么，“我”今所以舍其室家，为猃狁之故；所以不遑启居，为猃狁之故，非上之人故而如此苦于我。面对猃狁的侵凌，戍地不稳，但士兵虽归心似箭，而作为军人有守卫国土之责。诗人把怀乡情结与戍边责任感交织在一起，士兵虽有归心、私情、怨恨，但把这种情感归结到猃狁的猖狂入侵上，即“猃狁之故”；对周王朝没有半分指责，这大概就是古人称道的所谓“虽兼私情，公义言而重在义”吧！

前三章的首四句，虽用重章之叠词的复沓形式，但复中有变，或一字之变，或一句之变，或几句之变，循序渐进，抒发思家盼归之情，随着时间的推移，这种心情越发急切难忍。故次章曰：

“采薇采薇，薇亦柔止。曰归曰归，心亦忧止。忧心烈烈，载饥载渴。我戍未定，靡使归聘。”

次章，写归期之远，忧心如焚；征途艰苦，无暇顾家，派人问家安否？诗言：我当采薇菜之时，而出往戍地，其薇菜初生而柔脆。预计其归期之远，未免心忧，且忧心忡忡至于烈烈然。尤长途之苦，饥渴固所不免；但我戍役之久，方未停息，抗击猃狁，疲于奔命，何暇归家顾及亲人室家，只使人归问家之安否？“薇亦柔止”一句，是指薇菜茎叶柔肥，表明是夏天，暗示久戍不归。诗人真切地表达出，由于出征的艰苦，使得思归之情越加浓烈，日复一日，年复一年地盼望归家，但时间都过了“阳月”，归乡似乎还只是个遥遥无期的盼望。这都是为了抗击猃狁的侵犯，正是因为他们入侵中原，才害得自己出戍而居无定所。诗人在此章中叙述了久戍在外的士卒，大概有五种事是最感伤的：一是归期之远，离家之悲，未免忧心如焚；二是受长途之艰，忍饥受渴之苦；三是戍役之久，无暇休息之劳；四是不得家中音讯之忧；五是无暇回家，使人回乡问平安。而五种忧愁，可谓“忧心烈烈”。

想起这些艰苦、忧伤，都是猃狁猖狂入侵所致。因而对猃狁的痛恨更加深沉，要消灭他们的勇气也就更增加了。所以才会有下文一月三战而三捷的辉煌战果。

三章在叠咏的同时，情景亦有递进。薇菜由成熟而坚刚，而柔而刚，经历了从春到秋的变化，一年阳月将过，仍然是君问归期未有期。故三章曰：

“采薇采薇，薇亦刚止。曰归曰归，岁亦阳止。王事靡盬，不遑启处。忧心孔疚，我行不来。”

这里写不破来犯之敌，毫无归心；心忧国事，致使忧病缠身。诗言：我当采薇菜之时，离家而出往边关，其薇菜已成熟而坚刚，计算其归期，当在阳月。但因王事靡盬之故，不暇启居，而且心忧国事，至于忧病缠身之甚。我今此行，同仇敌忾，不破来犯之敌，无还之心！

诗人认为只要猃狁之侵犯一日不平，归乡就没有定期。王朝的差事从来没有休止，“我”也无暇休憩，心里充满了忧思。戍役不仅艰苦，而且漫长。如“薇亦作止”，这是春天，薇菜初生嫩芽；“薇亦柔止”，这是夏天，薇菜茎叶柔脆；“薇亦刚止”，这是秋天，薇菜茎叶已成熟而坚硬。“作”“柔”“刚”三字表示薇菜历经春、夏、秋三个不同的生长阶段，薇菜由嫩而坚，时间循序递进，它暗示着戍卒久戍不归。一年将尽，戍卒何时归乎？何时归到故乡呢？阅读悲壮而忧愁的诗句，仿佛看到面带忧伤的戍卒，一边采吃野菜，旷野征战，一边屈指计算着返乡的日期。“岁亦莫止”“岁亦阳止”，戍卒们屈指而计，其归期之远，从岁暮到夏历“阳月”（十月），时间流逝，物换星移，这漫漫岁月，不知何时归乎？故“心亦忧止”“忧心烈烈”“忧心孔疚”，戍边士兵家中上有父母，下有妻儿，久戍不归，其忧伤与痛苦能不日益加深？但“王事靡盬”之故，无暇安身憩息；战争频频，人民灾难之深，岂能回家探亲？而心忧国事，致使身患重病，苦不堪言。然而想到猃狁入侵甚猖狂，同仇敌忾而无归心。反映了久戍不归的士卒，既有抵御外辱的爱国思想，又有眷念故乡、自伤离乱的悲怆情绪。

第三，尽管战争总是给人们带来深重的灾难，但是当敌人入侵、国家安全受到威胁时，人民也意识到只有奋起抗争，才能消除战争；只有付出必要的代价，才能赢得和平和安定，此时国家利益和个人利益是统一的，所以他们积极地投入战争，不惜用鲜血和生命换取战争的胜利。如《秦风》中的《小戎》《无衣》等，都表现了同仇敌忾、共御外侮的精神。以《秦风·无衣》为例：

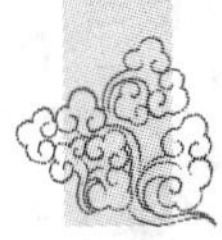

岂曰无衣？与子同袍。
王于兴师，修我戈矛。
与子同仇！

岂曰无衣？与子同泽。
王于兴师，修我矛戟。
与子偕作！

岂曰无衣？与子同裳。
王于兴师，修我甲兵。
与子偕行！

汉译为：

谁说没有军衣裳？和你共领长袍裳。
君王派兵去打仗，修我手中戈矛枪。
和你同心仇报上，同仇敌忾保故乡！

谁说没有军衣穿？和你共领一汗衫，
君王兴师救国难，修我长矛火戟杆。
和你偕行赴前线，同仇敌忾不畏险！

谁说没有军衣裳？和你共穿铠甲裳，
君王调兵去打仗，修我兵甲与刀枪。
和你结伴上战场，同仇敌忾保边疆！

这首诗采用赋体手法，直抒胸臆；并以复沓的形式，表现秦军战士出征前的高昂气势：他们互相召唤、互相鼓励，舍生忘死，同仇敌忾，诠释了秦军士兵团结友爱、共御强敌的精神，也反映了秦朝的军威声势。

《小雅》中有些战争诗，从正面描写了天子、诸侯的武功，表现了强烈的自豪感，充满乐观精神，《大雅》中的《江汉》《常武》，《小雅》中的《出车》《六月》《采芑》等等，大都反映了宣王时期的武功。《江汉》是写宣王命召虎领兵讨伐淮夷，很快平定了淮夷,班师回朝。宣王册命召虎,赏赐他土地、圭瓒、秬鬯等,召虎乃作召公簋,铭记其事。《常武》写宣王命大将南仲征伐徐国,集中歌颂了王师的威力。如第七章写王师行进迅猛异常,势不可挡,用一连串的比喻,将王师的声威、气概形象具体地表现了出来。又如《小雅·六月》写尹吉甫奉宣王之命,北伐猃狁并取得胜利的事迹。另外,秦风中的《小戎》《无衣》等,也是表现同仇敌忾,共御外侮,斗志昂扬,情绪乐观的战争诗。《诗经》中这类完全从正面歌颂角度所写的战争诗,不注重直接具体描写战斗场面,而是集中表现军威声势,如《小雅·采芑》,写大臣方叔伐荆蛮之事,突出写方叔所率队伍车马之威,军容之盛,号令严明,赏罚有信。他雄才大略,指挥若定,曾北伐猃狁扬威,荆蛮因此闻风丧胆,皆来请服。《诗经》战争诗中强调道德感化和军事力量的震慑,不具体写战场的厮杀、格斗,是中国古代崇德尚义,注重文德教化,使敌人不战而服的政治理想的体现,表现出与世界其他民族古代战争诗不同的风格。

由于诗歌的性质不同,其描述的内容也相应有所不同。如《周南》和《召南》地域文化最大的特色是推行所谓"文王之化",即把西周礼乐文化通过乐歌的形式向南方推广(化自北而南),如《毛诗序》所云:"先王以是经夫妇、成孝敬、厚人伦、美教化、成风俗。"朱熹《集传》说:"惟《周南》《召南》亲被文王之化以成德,而人皆有以德其性情之正。"全部二"南"都服务于这样的教化目的,所以称"正始之道,王化之基"。编辑示例:

《兔罝》,此是一首赞武夫田猎而实美忠勇公侯之诗。朱熹谓:"化行俗美,贤才众多,虽罝兔之野人,而其才之可用犹如此。故诗人因其所事以起兴而美之,而文王德化之盛,因可见矣"(《集传》)。但崔述却有独到见解,他说:"余玩其词,似有惋惜之意,殊不类盛世之音。……太平之久,上下恬熙,始不复以进贤为事,是以世胄常蹑高位,而寒酸苦无进身之阶。文士或间一遇时,而武夫尤难以逢世。以故诗人惜之曰:'此林中之施兔罝者,其才智皆公侯之干城,公侯之复心也。'惋惜之情,显然言外"(《读风偶识》)。崔氏之说,颇有启迪。

《芣苢》,这是一首妇女采集车前子之歌。朱熹认为"文王之化,自近而远,先及于江汉之间,而有以变其淫乱之俗,故其出游之女,人望见之,而知其端庄静一,非复前日之可求矣,因以乔木起兴,江汉为比,而反复咏叹之也"(《集传》)。朱子以道学家的眼光斥为"淫乱",极为不妥。清儒方玉润评论说:"读者试平心

静气涵咏此诗，恍听田家妇女，三三五五，于平原旷野、风和日丽中，群歌互答，余音袅袅，若远若近，忽断忽续，不知其情之何以移，而神之何以旷？则此诗不必细绎而自得其妙焉。……今世南方妇女，登山采茶，结伴讴歌，犹有此遗风焉”（《诗经原始》）。方氏以文学观点评析此诗，颇有创见。

本书论证的重点与难点：

《诗经》的品鉴与分类。例如：祭祀诗、颂祷诗、历史诗、宴饮诗、田猎诗、军事诗、战争诗、远征诗、服役诗、士卒诗、兵役诗、农事诗、怨刺诗、爱情诗、婚恋诗、讽喻诗、民俗诗、忧国诗、忠孝诗、招贤诗、念夫诗、思妇诗、政治诗、祭祀诗等等。编辑示例如下：

《采蘩》，这是一首描写贵族夫人祭祀尽职之诗。《毛序》云：“采蘩，夫人不失职也。夫人可以奉祭祀，则不失职矣。”毛以为此诗是贵族夫人“奉祭祀”而尽职之事。《集传》云：“南国被文王之化，诸侯夫人能尽诚敬以奉祀，而其家人叙其事以美之也。”清方玉润谓：“公侯之事，事者，蚕事也。公侯之官，官者，蚕室也。案《礼祭义》：‘古者天子、诸侯必有公桑蚕室，近川而为之，筑宫仞有三尺，棘墙而外闭之。’……盖蚕方兴之始，仆妇众多，蚕妇尤甚，僮僮然朝夕往来，以供蚕事。不辨其人，但见首饰之招摇往还而已。蚕事既卒，……又皆各言归，其仆妇众多，蚕妇亦盛，祁祁然舒容缓步而归，亦不辨其人，但见首饰之簇拥如云而已。此蚕事始终景象。”上述三说，颇得诗旨。

《邶》《墉》《卫》三风，都是春秋时期的作品，内容丰富，题材多样。其作者除个别上层贵族外，主要是中下层贵族和城市自由民，从各个方面反映了当时的“礼崩乐坏”、战乱、社会生活与民情习俗，但其中一部分被道学家斥为“淫诗”。如《击鼓》，是一首久戍士兵思妇之怨歌。首章叙南行之事；二章言久戍之由；三章陈死丧之忧；四章忆室家之约；五章感违约之痛。清姚际恒阐发说：“此乃卫穆公背清丘之盟救陈，为宋所伐，平陈、宋之难，数兴军旅，其下怨之而作此诗也。其时卫有孙桓子良夫，良夫之子文子林父。良夫为大夫，忠于国，林父嗣为卿，穆公亡后为定公所恶，出奔。所云‘孙子仲’者，不知即其父若子否也？”（《诗经通论》，下简称《通论》）

农事诗。由于周民族的始祖以农立国，很重农事，农作物产量的大幅度提高，展现了周代农业的繁荣景象。因而与农业生产有关的农事诗在《诗经》中表现很突出，《风》《雅》《颂》各部分中均有。明确写农事的诗有《周颂》中的《臣工》《载芟》《良耜》《噫嘻》《丰年》等，多赞颂农业成就，夸耀田土广大、农夫众多、收获丰盛，表达祈求丰年的愿望。

《小雅》中的《甫田》《楚茨》等，极力夸张谷物收获之丰盈，赞美农夫的勤敏和君上爱农以事神，与《颂》中的农事诗基本思想相似。《国风》中的农事诗以《周南·芣苢》和《豳风·七月》为代表。《芣苢》是一首优美的劳动小诗，它以重章叠句的形式，反复吟唱，语言朴实，感情真挚，意境清新，情调欢畅，读之“恍听田家妇女，三三五五，于平原旷野，风和日丽中群歌互答，余音袅袅，若远若近，忽断忽续”（方玉润《诗经原始》）。“七月亨葵及菽，八月剥枣，十月获稻……九月筑场辅，十月纳禾稼。黍稷重穋，禾麻菽麦。”这段诗中几乎囊括了后世的主要农作物，突出了农作物种类之多。故《七月》是全面反映农奴终年劳动情景的诗篇，首章至末章由春耕写到寒冬凿冰，反复咏叹，诉说男女奴隶一年到头除繁重的农业生产，还要为奴隶主贵族制衣、打猎、酿酒、修房、凿冰、服役，结果却劳而无获，无衣无食，充分揭示了奴隶们内心的悲苦和哀伤，真实而生动地展现了一幅古代奴隶社会的生活画图。

兵役诗。《诗经·小雅》中一部分诗歌与《国风》类似，其中最突出的，是关于战争和劳役的作品。《小雅》中的《杕杜》《何草不黄》，《豳风》中的《破斧》《东山》，《卫风》中的《伯兮》等，都是这方面的名作。与叙述武功的史诗不同，这些诗歌大都从普通士兵的角度来表现他们的遭遇和想法，着重歌唱对于战争的厌倦和对于家乡的思念，读来倍感亲切。

其中《豳风·东山》写出征多年的士兵在回家路上的复杂感情，在每章的开头，他都唱道：“我徂东山，慆慆不归。我来自东，零雨其濛。”他去东山已经很久了，现在走在回家路上，天上飘着细雨，衬托出他的忧伤感情。他一会儿想起了恢复平民生活的可喜，一会儿又想起了老家可能已经荒芜，迎接自己的也许是一派破败景象：“果赢之实，亦施于宇。伊威在室，蠨蛸在户。町畽鹿场，熠熠宵行。”但是，即使是这样，他也觉得还是故乡好：“亦可畏也，伊可怀也！”一会儿又想起了正在等待自己归来的妻子：“鹳鸣于垤，妇叹于室。……自我不见，于今三年。”然后又想起妻子刚嫁给自己时那么漂亮，三年不见，不知现在如何了：“其新孔嘉，其旧如之何？”全诗通篇都是这位士兵在归家途中的心理描写，写得生

动真实，反映了人民对和平生活的怀念和向往。这首诗对于后来的诗歌也有一定影响。

《诗经》出路

《诗经》是中国第一部诗歌总集，是反映上古社会生活的百科全书，后来又成为重要的国学经典。《诗经》还是中国古往今来最基本的教材之一，自孔子编辑成书之后，便成为各类教育的课本，使用的时段覆盖从春秋到清代的漫长岁月，沿用至今。

据说，由于孔子参与了《诗经》的整理工作，并在他的私学中用它作为教材，又对某些诗篇进行了解释和发挥；在汉代"罢黜百家，独尊儒术"的大背景下，《诗经》和其他儒家经典一起，受到统治阶级的特别重视，成为"五经"之一，更成为儒家最重要的经典之一。随着《诗》成为《诗经》，这部文学作品遂成为全民思想教育的教材、知识分子的晋升之阶，跻身国家意识形态的主流地位。《诗经》的这种地位决定了对于它的研究，必然成为封建社会的显学。但在很长时间中，《诗经》的传授和研究，只能在释经考据中钻牛角尖，这种研究把《诗经》作为治国安民的政治教材。从为《诗经》作《序》的毛亨开始，经过郑玄作《笺》，孔颖达作《疏》，朱熹作《集传》，最终形成了以政教伦理为读《诗》的出发点与归宿点的说诗体系。他们将诗中所体现的思想情感归结到政治伦理上，将《诗》中所发生的故事和事件，都用来印证历史上曾出现过的重要事件，《诗经》在这条阐释道路上成为"诗经""史诗""诗政"。千百年来，无数学者固执地在《诗经》那些优美的文字中揣摩着圣人的道德和先王的训诫，希望能寻找到修身治国的"圣王之道"，当生活的意趣和性灵的自由，都被先哲们安排上种种道貌岸然的哲理和准则，生活中的轻松和自得便消失殆尽，爱与哀愁也变成生硬的历史事件的投影。所以，两千余年的《诗经》研究，使许多学者皓首一生。综合研究和深入探讨《诗经》的论著，超出了以往任何时代。但同时《诗经》研究也出现了偏失。

故有学者认为，第一个偏失，否定了《诗经》之为"经"，也彻底否定了两千余年古代学者研究的《诗经》成果——"旧经学"，但自己却掉进了"新经学"的泥淖。就两千余年的中国历史而言，几乎没有一个文化人不读《诗经》的。面对《诗经》有两种不同的价值取向,一种是通过学习内化为自己的一部分,一种是研究其中的内涵意义。后者的行为产生了大批可供后人继续研究的思想性、学术性著作,是属于经学的。而前者,或见注于行为表现,或形之于诗文与艺术创作,是属于文学的。但即使对诗文及艺术创作的影响,大半也是因为它作为“经”的绝高地位所致。即如鲁迅所说:假若现在有人写出“关关雎鸠”那样的诗去投稿,定会被编辑扔进纸篓的。《诗经》研究必须面对这样的现实,也就是说,无论用哪一种方式阅读、接受《诗经》,都无法摆脱《诗经》作为“经”的巨大影响。它作为一种文化精神,已融化于传统中国人的学术思想、文学艺术创作、行为表现之中。每个时代的人对《诗经》的理解、阐释、接受,都体现着每一个时代文化主流精神与主流意识形态的变化。难道这种从《诗经》中为现行社会思潮或政治行为寻找理论根据的研究方法,不正是“经学”的新形态吗?

第二个偏失是,既然把《诗经》认作是纯文学作品,于是便用20世纪的文学观念来研究《诗经》。而20世纪从西方引进的某种“统一”的文学观念,将文学的价值认定在了“反映生活”上,于是《诗经》研究者便配合社会的政治与文化思潮,来研究《诗经》中的婚恋生活、军事战争、民族矛盾、服役徭役等等,甚至从《诗经》中寻找“奴隶社会”或“农民起义”的影子。把一部《诗经》认作是周代社会生活的镜子,不但否定了《诗经》作为中国文化的起源和传统文化的载体,也忽略了其作为文学展示人类心灵世界的意义。

《诗经》不仅从本质的创作冲动上讲是“诗”,而且从其对民族心理的提示、对民族文化的展示、对人性的发掘及其表达的高度概括和艺术上来讲,它无愧于“经”。它是一部“诗”集,但绝不是普通的抒情诗集,它是我中华民族最原始的情怀和道德情感的表现。这就使得它又高于一切其他诗集而成为“经”,所以,我们完全可以在全新的意义上重新给予《诗经》经典的地位。而《诗经》的当代意义与其历史意义一样,最主要的还在于它的“经”的地位。尽管《诗经》的本质是文学的,它固然是天生丽质,但它要不是乘坐“经”的“圣驾”,浩浩荡荡地穿行于历史的城镇乡村之中,怎能博得万千之众的“围观”与“喝彩”呢?怎能产生巨大的历史影响?《诗经》的基本素质虽是“文学”的,而它的文化血统、它的身份地位则是“经”的。“诗”是它自身所具有的,“经”则是社会、历史赋予它的殊荣。如果曾经是“皇帝”,即使被打倒,在经济和政治权利上被剥夺得一干二净,在世人心目

中他仍然不是普通人，他的影响要远远大于普通人。《诗经》就是如此。

《诗经》被称为“经”，不但指它是一部儒家思想哲学的重要典籍，也不单单表明这是一本关于诗歌的经典之作，它还是一部记载当时农业、生产、历法、政治、军事、战争、徭役、人物、矛盾、民俗、婚丧、爱情等社会生活的经典之作；

它更是表达喜悦、快乐、悲伤、怨恨、痛苦、思念、绝望等人类情感的经典之作。我们社会生活中的所有角落，都能在《诗经》中找到经典的映射；我们心灵中的每一次悸动，都能在《诗经》中找到经典的诠释。《诗经》是一部关于我们的过去、现在、未来生活的经典，这才是《诗经》的最好定位。因而对于《诗经》的研究与学习，应该同时从“诗”与“经”两个方面进行。我们今天学习、研究《诗经》，绝不能忽略其作为“经”对于中国文化与文学的影响，以及其所创造的文化对于当代人类的意义。作为“经”，我们要看到社会与历史赋予它的深厚与博大，以及它在筑造民族礼乐文化精神中的辉煌功绩；作为“诗”，则要看到它的鲜活与灵动，感受先民心灵深处的声音。

自汉魏以迄清末，《诗经》的研究基本上循着一条经学轨迹在进行。南宋治《诗》大师朱熹，攻讦《毛序》，废《序》不用，提出“就诗论诗”的原则。尽管他并没有真正做到这一点，但开创风气，意义是至为巨大的。当然，经学作为传统文化中很丰富的一部分，值得认真研究总结，但这不是作者写这部书的主要动机。《诗经》古今歧义颇多，如胡适先生所谓“《诗》三百篇有一半不可懂”，放在今天一样成立。虽然学术日进，出土资料愈多，但新问题、新课题也会随之愈多。本书梳理古义、辨证诸家歧说，或采近年新的研究成果，或抒己见，以成独家之说，或有破有立，或破而无立，冀望能把《诗经》研究推到逻辑与证据的极限处。

今天，我们的治《诗》眼光应该更加客观，可以更彻底地就诗论诗。《毛序》中正确的自当吸收，但牵强附会的必须否定，注重《诗》的文学功能，今天是必须特别加以揭示和阐明的。我们的愿望，是想恢复《诗经》的客观存在和本来面目。

我们衷心希望，此书编印，《诗经》这一光辉灿烂的文化遗产，将是一扇现代人开往古典的窗，是一声历史投给现代的呼唤；是一种关切与拥抱中国的开始，它也将是一盏盏《诗经》文化的灯火，在漫漫书海中，照出一条人生的、知识的、远航的路……笔者长期研读古典文学，窥探到《诗经》艺术魅力对后世文学的影响，而萌生研撰《世间最美的诗——诗经》(精华本)一书之志。所以，全力以赴，呕心沥血，以促成书，积十年之功，撰写而成。

由于本人知识与学历不足，虽几近努力，书稿付梓在即，其中的疏漏谬误仍在所难免，故力有未逮，诚惶诚恐，衷心期盼广大读者多予匡正，还望《诗》学专家不吝赐教。

目　录

小　雅

大 雅

小雅

鹿 鸣

呦呦鹿鸣，食野之苹。
我有嘉宾，鼓瑟吹笙。
吹笙鼓簧，承筐是将。
人之好我，示我周行。

呦呦鹿鸣，食野之蒿。
我有嘉宾，德音孔昭。
视民不恌，君子是则是效。
我有旨酒，嘉宾式燕以敖。

呦呦鹿鸣，食野之芩。
我有嘉宾，鼓瑟鼓琴。
鼓瑟鼓琴，和乐且湛。
我有旨酒，以燕乐嘉宾之心。

【概要】

君宴群臣乐其心，币帛筐篚娱嘉宾。
爱我明示正大道，诗人赋诗述情道：

【译文】

呦呦鹿鸣呼其群，野有苹草美茂盛。
鹿群相呼以食苹，君宴群臣犹鹿鸣。

我有嘉善之宾臣,弹瑟吹笙来助兴。
吹笙奏簧乐宾心,币帛盛筐奉宾臣。
岂仅仅羁縻其心?使冀望群臣嘉宾!
群臣有爱我之心,治国大道示我明。

呦呦鹿鸣呼其群,野有蒿草苍青青。
鹿群相呼以食蒿,君宴嘉宾如鹿鸣。
我有嘉善之宾臣,美德之誉甚贤明。
下化小民之偷薄,上为君子所则效。
群臣嘉宾贤如是,我有美酒宴嘉宾。
遨游观其礼仿效,岂我观法徒虚文?

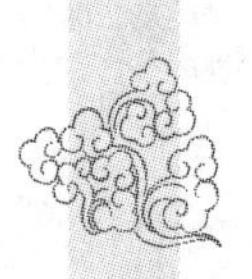

群鹿呦呦山野鸣,相呼和声食野芩。
君宴群臣犹鹿鸣,宴饮嘉宾和乐情。
我有嘉宾堂上迎,奏瑟弹琴来助兴。
尽渲君臣和乐情,旅酬之礼情意深。
君宴宾臣和乐久,旨酒非徒养口身。
安嘉宾而乐其心,庶告我而无私隐。

【注释】

*呦呦(yōu):鹿鸣之和声,象声词。鹿得美草相呼,以兴欢宴宾客。 食野之苹:野有苹草而群鹿相呼以食之。苹,藾萧,蒿属。《郑笺》释为"藾萧",青色,白茎,如箸。鹿鸣食野草,以兴君宴群臣。

*我:主人自称。 嘉宾:佳客,指所宴之宾客。 鼓瑟吹笙:燕礼所用之乐。瑟在堂上,笙在堂下,古者主人三献礼成之后而乐作,记所谓凡举爵三作而不徒爵,故作乐以乐之。鼓,动词,弹奏。瑟,是古代弹拨乐器。笙,乐器名,以匏为之,是古代一种簧管乐器。笙长四寸,十三簧,象凤之身。

*承:奉,捧。奉即"捧"之古体。 筐:筐属。主人命臣仆捧出盛币帛的竹筐。 是:音节助词,无义。 将:行。献。

*人：指嘉宾。 好我：爱我。 示：指示。 周行：大道，此处引申为为政所应遵循的正道。此章兴法。

*蒿：菊科植物，青蒿。

*德音：言其有美德之誉。指"人内在之德性与外在之言语"。一说明德。孔：很、甚。 昭：光明。

*视：古"示"字。三家《诗》均作示。古之字，以目视物，以物示人，同作视字；后世而作字异，目视物作示傍见，示人物作单示字，由是经传之中视与示字，多杂乱。 恌(tiāo)：偷薄，即不厚道之意。《鲁诗》作偷。一说轻佻，奸狡。 君子：指在位而言。一说指一般贵族。 是：于是。一说代词，指嘉宾。 则：以之为准则。 效：以之为效法。

*旨酒：美酒。 式：语助词。 燕：通"宴"，宴饮。 敖：遨游。此章兴法。

*芩(qín)：草名，蒿类植物。陆玑曰："茎如钗股，叶如竹，蔓生泽中，下地咸处，牛马亦喜食之"。

*湛(dān)：本字为"媅"。乐之久。耽、湛皆假借字，媅其真字，假借行而真字废。

*燕：安。《案》："上下之情不通，则君心臣心不能合。"《毛传》："不能致其乐，则不能得其志；不能得其志，则不能竭其力，是也。"此章兴法。

【品鉴】

《集传》："按《序》以此为燕群臣嘉宾之诗。而燕礼亦云：工歌《鹿鸣》《四壮》《皇皇者华》即谓此也。乡饮酒用乐亦然。而学记言大学始教宵雅肄三，亦谓此三诗，然则又为上下通用之乐矣。岂本为燕群臣嘉宾而作，其后乃推而用之乡人也与？然于朝曰君臣焉，于燕曰宾主焉，先王以礼使臣之厚，于此见矣。范氏曰：食之以礼，乐之以乐；将之以实，求之以诚；此所以得其心也。贤者岂以饮食币帛为悦哉？夫婚姻不备，则贞女不行也。礼乐不备，则贤者不处也。贤者不处，则岂得乐而尽其心也？"

《孔疏》："《序》发首云：'燕群臣则此诗为燕群臣而作，经无群臣之文；然则序之群臣，经之嘉宾一矣。故群臣嘉宾并言之，明群臣亦为嘉宾也'。"

《鹿鸣》是一首君王宴飨群臣嘉宾之诗。作于西周初年，是周代贵族宴会上

演奏的乐歌。《史记·十二诸侯年表》云："仁义陵迟，《鹿鸣》刺焉"。《太平御览》五百七十八引蔡邕《琴操》曰："《鹿鸣》者，周大臣所作也。王道衰，君志倾，留心声色，内顾妃后，设酒食佳肴，不能厚养贤者，尽礼极欢，形见于色。大臣昭然独见，必知贤士幽隐，小人在位，周道陵迟自以是始。故弹琴以风谏，歌以感之，庶几可复"。《鲁诗》和《御览》均以《鹿鸣》为刺诗，但恐与诗旨不合。然《毛序》以为《鹿鸣》是周王"燕群臣嘉宾"的诗，《郑笺》《孔疏》从《序》说，无异议。又据朱熹《集传》解说，此诗原是君王宴请群臣时所唱，后来逐渐推广到民间，在贵族和乡人的宴会上也开始演唱此歌。朱熹的推测是符合情理的。直到东汉末年曹操作《短歌行》，还引用了此诗首章四句，表示了渴求贤才的愿望，说明千余年来此诗影响颇深。

《鹿鸣》是《小雅》的第一篇，编辑者之所以放它在首位，是因为它是宴会使用乐歌中最重要的一篇。天子宴飨公卿及诸侯用它，各国国君宴飨群臣也用它，所以可称是代表五伦之礼中群臣一伦的乐章。

诗以鹿鸣兴而比，兴比下文之辞。野鹿是一种合群的兽，在山野得到可口的美草，必呼朋唤友来共同享用，和谐群处，这犹如一个国家中，君臣友爱，和睦相处，献计效力，共同安邦治国的情形。诗中叙述君上宴请臣下，吹笙鼓簧娱群臣，承筐珍馐敬嘉宾，奏瑟弹琴乐贵客，筐盛币帛奉忠臣。为的是群臣嘉宾能在和乐的气氛中，畅所欲言，指明治国之大道，提出立国建议，使君主在治国时作为施政的参考。它反映了周王宴饮群臣嘉宾的盛况，阐明和强调了为君者需以诚意对待贤臣嘉宾，给予隆重的礼遇，则臣下始得尽其忠心，君臣融洽相处，上下合心，一派和谐，国运才能兴隆的深刻道理。

诗共三章，每章八句。首章叙写开始作乐宴饮的盛况。每章前两句均以鹿鸣吃草作比兴句："呦呦鹿鸣，食野之苹。"此句采用兴而比的艺术手法，既是兴，也是比。《毛传》云："鹿得苹，呦呦然鸣而相呼，恳诚发乎中，以兴嘉乐宾客当有恳诚，相招呼以成礼也。"也就是说，在苹草苍苍的原野上，三五成群的麋鹿获得苹草，正悠闲自得地享用，还不时发出呦呦的鸣声，呼朋唤友，此起彼伏，和谐相处，营造了一个热烈而又和谐的氛围。诗以此兴而比，以群鹿和鸣兴出群臣嘉宾，以群鹿食苹草比君宴群臣，以成礼遇相待。周王宴饮群臣嘉宾，犹如那野鹿在空旷的原野中，呦呦然呼其群而食美草一样的诚恳之心，和睦群处；故君宴饮聚会,热情款待群臣、嘉宾,和谐相处,相互共食,以解君臣之分,以通上下之情。故五、六句写宴会之盛:如今我有嘉善之宾,贤良之臣;群臣满堂,嘉宾满座,奏瑟吹笙,在一片琴瑟声乐中,币帛盛筐,奉献于群臣;使君主以此表成礼待宾之意。如此君臣之间的宴会,是那种本已存在的拘谨和紧张的关系,顷刻就会宽松下来。然而,这岂仅仅是羁縻其心吗?有冀望于群臣嘉宾者,以其有爱我之心,而示我以安邦治国的大道!这才道出了宴飨群臣、嘉宾的真正目的。故朱熹在《集传》中说:"盖君臣之分,以严为主;朝廷之礼,以敬为主。然一于严敬,则情或不通,而无以尽其忠告之益,故先王因其饮食聚会,而制为燕飨之礼,以通上下之情;而其乐歌,又以鹿鸣起兴;而言其礼意之厚如此,庶乎人之好我,而示我以大道也。"是说君臣之间,等级森严,以严厉为主;朝廷之礼,礼数纷繁,以敬畏为主,这就形成思想上的隔阂。故为通上下之情,先王制定了饮食聚会,即宴飨之礼。通过宴会,可以沟通情感。这一切,都体现了君上礼遇群臣嘉宾的诚意。正是因为有诚意,才进一步赢得群臣嘉宾之心,使他们敢于陈述政见,提出忠告,愿竭诚为王室献计效力。从此诗中,我们可以看出,君上对待臣下,好像对待尊贵的宾客一般,情意优厚,谦中有礼,为的是群臣嘉宾能以忠言相告:"人之好我,示我周行。"表示愿意纳群臣之谏,诚恳听取嘉宾之忠告。为君者如此谦虚有礼,为臣者得到君上如此优厚的礼遇,哪有不被感动而愿赤诚尽忠的!自然就知无不言,言无不尽了。但是治国之道,千头万绪,从何说起?从中不难看出,宴请的君主是一个具有开明政治态度与政治远见的人。

首章写到嘉宾明示于我治国之正道,故次章写旅酬之礼已行,嘉宾德名昭著。开首仍以鹿在旷野中,呦呦然相呼而食野蒿作比兴,引出所咏之辞:"我有嘉宾,德音孔昭。视民不恌,君子是则是效。"这里明白地告诉天下之人:如今我有嘉宾满座,群臣满堂,其德高望重,令名甚昭著;盖名称其实,下之可化小民之偷薄,上之可为君子所则效,嘉宾群臣如此贤良。这样,他们才能作为下级官吏,成为百姓效法的典范。对群臣嘉宾的赞扬声中,又含有勉励的成分,希望他们提高道德修养,以身作则,辅佐国君更好的治理国政。正如朱熹《集传》所说:"言嘉宾之德音甚明,足以示民使不偷薄,而君子所当则效,则亦不待言语之间,而其所以示我者深矣。"君王要求诸位群臣、嘉宾,清正廉明,品德高尚,给国人做出榜样,以矫正偷薄的民风。如此看来,君宴嘉宾,行旅酬之礼,不徒饮食娱乐,而它

带有一定的政治色彩。真是不以偷薄示百姓，君子仿效有典型！君王夸赞嘉宾的令名昭著，语气诚恳。暗示此君王是一个政治开明，有远见卓识的人，表明群臣们对君王十分拥戴。故末尾说：今我有美酒，与之宴饮而遨游，以宴飨之礼款待嘉宾群臣，我盖有所观法，岂徒其虚文而已吗？由此可见，君王举行宴会不徒为乐而已，而是有一定的政治目的，那就是为安邦治国献计效力。

末章写宴会进入高潮，安乐其心，告我无隐。那鹿在旷野中，呦呦然呼其群而食芩；今群臣之宴飨，犹如野鹿和睦群处而呼食美芩。在次章中，没有写到"吹笙奏簧"，那是因为群臣嘉宾要恭听君王的致辞，故气氛固然肃静。至此，乐声又起：我有嘉宾，则弹瑟奏琴，以渲其和乐之情；此时旅酬之礼将终，其乐已久。此与首章遥相呼应，奏瑟弹琴来助兴，以渲染君臣之和睦之情。阵阵乐声响起，表明宴会已进入高潮；情绪气氛次第"增温"，越来越热烈。末二句曰："我有旨酒，以燕乐嘉宾之心"。意谓：我有旨酒，非徒养其口体，正所以安嘉宾而乐其心，庶告我群臣之无隐，嘉宾之无私。此是点睛之笔，将诗的主题深化。阐明君王宴飨群臣嘉宾，并非单纯的吃喝玩乐，而是为了安乐群臣之心，以增进君臣之间的和谐团结，和平安乐，示我以治国之正道，告我无隐情，无私心才是宴飨之礼的主旨。

孟子说："君王视臣如手足，臣之视君如腹心；君之视臣如犬马，臣之视君如国人；君之视臣如土芥，臣之视君如寇仇。"在我国古代，君权与臣权是相对的。而君臣的关系，平常受礼俗的拘束，虽有所建议，也不敢轻易出口，怕冒犯龙颜。而在此诗的叙述中，人君宴饮群臣嘉宾的时候却就不同了，在宴会中，诸位大臣、嘉宾，大家吃吃喝喝，说说笑笑，不觉拉近了君臣的距离，感情融通，上下一体。臣下在此时有立国之见、治国之道，即使是君王不爱听的话，他也不会生气的，这就是君王"乞言"的最好办法。孟子读了此诗，得到启示，因而《鹿鸣》一诗在《诗经》中也就有了它特别重要的地位了。方玉润《诗经原始》说："夫嘉宾即群臣，以名分言曰臣，以礼言曰宾。"君臣之间相互尊重，以礼相待，招揽贤才，展现出殷周之陈，到西周初年政治制度尚未洗脱原始民主思想的一个侧面。曹操《短歌行》直接将《鹿鸣》首章四句化入，可见此诗对后世的影响深远。

《鹿鸣》是周天子、诸侯、大奴隶主贵族宴食群僚的乐歌，它是"四始"之一。《风》之始为《关雎》，《小雅》之始为《鹿鸣》，《大雅》之始为《文王》，《颂》之始为《清庙》。

四 牡

四牡骈骈，周道倭迟。
岂不怀归？
王室靡盬，我心伤悲。

四牡骈骈，啴啴骆马。
岂不怀归？
王室靡盬，不遑启处！

翩翩者雏，载飞载下。
集于苞栩。
王室靡盬，不遑将父！

翩翩者雏，载飞载止，
集于苞杞。
王室靡盬，不遑将母！

驾彼四骆，载骤骎骎。
岂不怀归？
是用作歌，将母来谂。

【概要】

君劳使臣揣其情，代之言而述故因：

【译文】

我役使之甚辛劳，四马騑騑驶大道。
大道遥远家难到，岂不思归往家跑？
王事不可不坚固，未敢言归苦难熬！
不敢徇私废公要，是以内顾悲难消。

四马騑騑然不止，骆马啴啴然不息。
大道遥远家难至，岂不思归怀家室？
则王事靡盬之故，未敢言归尽差事。
无暇安处在家息，受命即行供子职。

鵻鸟翩翩然飞行，时飞时下多尽情。
群集丛丛栩树鸣，鸟亦下而栖树停。
今我劳苦奔于外，行役不返探亲情。
则王事靡盬之故，无暇赡养孝父亲。

鵻鸟翩翩然飞行，或飞或下且止停。
群集丛丛杞树鸣，鸟亦下而栖树顶。
今我辛劳奔于外，行役不归探亲情。
则王事靡盬之故，无暇赡养敬母亲。

我驾四骆驶周道，疾行骎骎然驰骋。
无私恩而非孝子，无公义而非忠臣。
忠臣孝子之行役，岂不思归探家亲？
因为这样编首歌，养母之情来告君。

【注释】

*四牡：四匹驾车的公马。牡，公兽，借指公马。 周道：大道，即岐周之道。倭（音威）迟：即今言“逶迤”。指道路迂回遥远。《韩诗》“倭迟”作“威夷”，曰：“威夷，险也。”

*岂不怀归：难道不思归吗？怀归，思乡，思归。思归者，私恩也。无私恩，非孝子。

*王事：官府的差事。 靡盬：不可不坚固。解见《鸨羽》。靡盬者，公义也。无公义，非忠臣也。一说止息。王引之《述闻》：“盬者，息也。王事靡盬者，王事未有止息也。”靡，不。盬（gǔ），不坚固。 我心伤悲：我心思念父母而伤悲。此章赋体。

*啴啴（tān）：喘息。马劳则喘息。三家《诗》作“瘅”。啴与瘅一声之转，故通用。瘅者，劳病也。《集传》训“啴啴”为“众盛之貌。” 骆马：黑尾黑鬃的白马。

*不遑：不暇。遑，空闲。 启：跪。“启”字当系“跽”字之假。古者席地，有跪有坐。跪者，双膝着地而直身；坐者，双膝着地而坐。 处：居处。不遑启处者，言臣受命即行，是不遑启处也。此章赋体。

*翩翩：鸟飞貌。 鵻（zhuī）：鸟名，鸠类。鵻者，鸠孝鸟也；故少皞氏以为司徒；一名祝鸠，似斑鸠而胸无绣采，又头有赘，鸠既为孝鸟，故养老之杖仿之。亦称夫不（即䳕鸠）。一说斑鸠。一说隼。一说鸽。陆玑云：“今小鸠也。” 载飞载下：时飞时下，或飞或下。载，句首语助词。俞樾《群经平议·毛诗》：“夫不，乃孝鸟。其载飞载下，或以恋其父母使然。”

*集：降落，指鸟栖集在树木上。 苞：草木丛生。 栩：栎树，即橡树。解见《鸨羽》。

*将：《诗》假“将”以为“养”，奉养。将，读与养同。将父，养父也；将母，养母也。此章兴法。

*鵻：马瑞辰《通释》：“左氏昭十七年《传》：‘祝鸠氏，司徒也’。《孔疏》引樊光曰：‘祝鸠，夫不，孝，故为司徒’。是知诗以鵻取兴者，正取其为孝鸟，故以兴使臣之不遑将父、不遑将母，为鵻之不若耳。” 止：停止。

*杞：灌木，杞树；又名枸杞、枸檵。其树如樗（chū），春生作羹茹微苦，其茎如莓子，茎叶及子，服之轻身益气。一说杞柳。

*不遑将母：无暇赡养其母。此章兴法。

*四骆：四牡皆骆，故曰四骆。 骤：奔驰，疾驰。 骎骎(qīn)：马疾驰貌。

*是用：为“用是”的倒文，因此。 作歌：因此作此诗歌。歌者，即此四牡之歌，歌作于上，假为使臣之辞，不啻使臣之作之也。 来：来告于君。一说当训劳，忧伤也。是来，劳古字通之证。一说语中助词，作用同“是”。王引之《经义述闻》：“来，犹是也。” 谂(shěn)：告诉。《释文》：“谂，音审。”《说文》：“谂，深谏也。”此则谓谂为念之同音假借。此章兴法。

【品鉴】

《四牡》是苦于王事的劳使臣思归怀亲之作，也是一首写孝子之志的诗。

诗共五章，每章五句，一、二章重调，三、四章重调，五章独立成篇。在重调的一、二章，三、四章中，均用赋而兴法，把诗人颠沛于路途的辛苦和思亲不归的矛盾心情淋漓尽致地咏唱出来。在诗的表达艺术上，诗人成功地借四马驰骋、孝鸟飞栖于树抒发了“王事靡盬”“岂不怀归”的感愤，写出了《四牡》这样的优美诗章。此诗虽非《诗经》中的名篇，却也是深得《诗经》神髓的佳作。诗的主题，是抒写自己“王事靡盬”之故，“岂不怀归”而孝养父母的情怀。作者并不直说心中之事，而是用赋而兴的寄托之法，即用四马疾驰起兴，用孝鸟归栖树木而自喻，曲折有致地表达出满腹的忧愤，阐述其久不归家而赡养父母的原因。篇幅短小，而思想感情包含广阔深厚，笔调浑成含蓄，举重若轻，不见用力之迹而力透纸背，显示出诗人的艺术高妙。

此诗可能作于殷周之际，其历史背景可能即如唐孔颖达《正义》所云：“文王为西伯之诗，令其臣以王事出使。”但细研此诗，推测情状，是这位使臣怀归思亲之感的真实流露。第一、二、五章采用了赋体表现手法，直抒胸臆，三、四章巧用兴法，引出所咏之辞。诗以第一人称口吻写成记叙性的抒情诗。一章写特以“王事靡盬”之故，未敢言归，“我”心徒自悲伤。首两句直叙诗人视野所见，然后叙其内心感受。“四牡騑騑，周道倭迟”作赋体句，处在诗的开头位置，描写道：“我”（使臣）役使之久而辛劳，驾驭四马，騑騑然疾速奔驰于周道，路途遥远而迂迴，漫无尽头，则逶迤难至。驱车行驶艰难险阻的背景，起到了烘托跋山涉水、路途遥远的氛围。这“周道倭迟”，不正是漫漫人生旅途坎坷曲折的象征吗？古往今来，多少仁人志士卫国救民,南征北战,奔波在人生旅途中而有“怀归”之思。“岂不怀归”?这吞吐含蓄而内涵深刻的反问句,表达了使臣主观意念中对家乡的怀念是那样的强烈,渴望回归。表现了丰富细腻、一言难尽的思想感情,十分耐人寻味。而风尘仆仆的使臣知道,车马驰得越快,离故乡和亲人就越远。此时此刻,他浮想联翩,想到故乡的亲人,想到归期在何时?但使臣在奉使途中,又时刻不忘公义,时常懔懔于心,怀有“王事靡盬”之感。想那神圣的“王事”不可不坚固,故未敢言归,“我”心徒自伤悲而已!且亦深感王事的繁重。秉承国君之明命,重任在身,故必须以公义为要务;这便是忠于职守,尽忠报国的表现。

二章写特以“王事靡盬”之故,无暇安居在家,以供子职。首章为全诗定下了基调,在“王事靡盬”与“岂不怀归”的矛盾冲突中,展现了人物“我心伤悲”的感情世界。故二章以下内容渗透着一种伤感色彩。诗言:四马则騑騑然驰骋不停,骆马则啴啴然驱使不息。驶得快,跑得累,骆马直喘粗气,突出马的疲劳,马犹如此,人何以堪!表现出使臣已经历了长途颠簸的艰辛。这和首章的“周道倭迟”相对照,道出了已经驶过和将要跋涉的路途都是如此遥远。这样,也就渲染、突出了此时使臣心理上的渺茫感。然“我”服役之久,岂不思归乎?特以“王事靡盬”之故,无暇安居在家,以供子职,完成君王之使命。“王事靡盬,不遑启处”两句,一是道出久不归的原因。二是表示使臣被周王朝驱迫到遥远地区服役,离故乡,弃父母,别妻子,飘然旷野;为王事辛劳,没有安居休息之处所。与上章遥相呼应,阐明“岂不怀归”“不遑启处”皆是引起内心“伤悲”的原因。诗紧扣所赋的行役之事,表现使臣之艰辛,显示出诗的深刻性。

三、四章的重调,开头皆采用兴而比的寄托艺术手法,以赋其事。不过以走兽变飞禽,把四牡换为鵻鸟。三章写“我”行役久而不归,特以“王事靡盬”之故,无暇赡养慈父。开首三句铺写鵻鸟之行止:那鵻鸟翩翩然飞行,时飞时下多尽情;飞而下则见其群集于丛丛栩树之上。诗人触景抒情,情景相生,写得明白如话而清新幽默。这景,是为情而设的,太阳即将落山,天高任鸟飞,飞来飞去在归巢,栖息在栩树之上。“鵻”指鸠孝鸟。马瑞辰明确告诉我们:“是知诗以鵻取兴者,正取其为孝鸟,故以兴使臣之不遑将父,不遑将母,为鵻之不若耳。”相比之下,更显出鸟还能孝顺父母,而自己却是“王事靡盬”之故,不能赡养年迈的慈父,痛惜人不如孝鸟!而“王事”之差役,迫使人不能奉养老父,其罪恶可想而知。诗人见景抒

情，有感于孝鸟竟能归巢，而自己却不能返乡，况且“不遑启处”，何谈孝敬父母呢？鸟与人形成了鲜明的对照，表现出对“王事”的不满与激愤。最后两句用赋体手法，直抒胸臆，侧重于表现使臣无法实现思亲怀归的遂愿之愁苦，及其对父亲无法赡养的忧虑和悲伤，而更加思念父亲！在这里异常生动地勾画出诗人大声疾呼、痛苦欲绝、气愤填膺的形象，暴露出忠臣与孝子必然形成的矛盾。

四章写“我”行役久而不归，则以“王事靡盬”之故，无法赡养慈母。首先映入诗人眼帘的，夕阳斜照在迷茫的杞树上，山野水边觅食的鸠孝鸟，翩翩然飞翔，自由自在，尽情飞上飞下，逸豫闲暇；累了在茂盛的栩树上栖息，在茂密的杞树上飞停，还不时急促地飞回巢窝。垄上的杞树，被秋风吹打，飘落下片片黄叶。都是这种迷茫凄楚、怆遑急促、孤寂悲凉的景象使诗人思乡万千。现在深秋时令又到了，连孝鸟都知道寻踪飞回旧地，何况我这个漂泊旷野的游子呢？然而自己的家乡，如今还有年迈的慈母，因为“王事靡盬”之故，使我久役而不归家，不能尽孝、赡养老母。既写了尽忠“王事靡盬”之事，又叙说了养母之心，也抒发了激愤之情，揭露了王朝的罪恶，确实收到了一石三鸟的效果，正是乡思的真情流露。到这里，首尾呼应，作者的感情经过层层推进，已经发展到最高点，下面就自然地过渡到诗的结尾了。

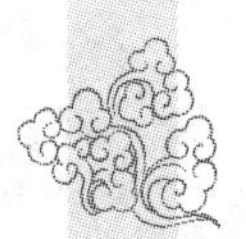

四章写编支歌儿诉衷肠，以将母之情，告君日念我爹娘。诗人妙笔生花，又回到四骆驾车，骎骎然驱使在遥远的周道上。紧接着由四骆驰道而引出：“岂不怀归”，反复咏唱思亲之情。然而，无公义而非忠臣，无私恩而非孝子，阐明了自古忠孝不能两全，也反映了诗人进退维谷的矛盾心理。因而赋此诗歌，宛然以养母之情，来告诉君主。是篇末点明赋诗宗旨，道出因为尽忠而不能尽孝的悲哀，作歌以排遣，写得有情入理，十分自然。从结构来看，首章“岂不怀归“而“伤悲”，是定调；二章“启处”，是安居乐业尽孝的基础；三、四章“将父”“将母”是赡养父母之情。《集传》云：“独言将母者，因上章之文也。”先曰“将父”，后曰“将母”，是尊父；既曰“将母”，又曰“将母”，是亲母，此孝子之志，人情之实。故“父天母地”是古人的观念，次序不能更易。末章念母，是承四章而来，以母概父，层次井然有序。但抒情主人公四次提到“王事靡盬”，说明作为使臣，尽忠为先，而后奉养父母；不以私情弃公事，不以家事辞王事。《集传》云：“《传》曰：‘思归者，私恩也；靡盬者，公义也；伤悲者，情思也。无私恩非孝子也，无公义非忠臣也。君子不以私害公，不以家事辞王事。'范氏曰：'臣之事上也，必先公而后私；君之劳臣也，必先恩而后义。'"阐发诗旨颇透彻，而后世"忠孝不能两全"之意，或以此诗为滥觞。

从构思而言，五章采用层层递进，环环相扣的笔法，衔接极为严密。而每个章层，又都从不同的角度，加深和强化主题。诗中交互运用了赋而兴的表现手法，创造了一定的意境，使人仿佛看到了一位出使官员驱车滚滚、风尘仆仆跋涉于周道的图画。通过直接披露自我心态的方式，将使臣的情感，绝妙地呈现给了读者。诗章的笔调虽有不同，但能相辅相成，各得其妙。诗句含蓄蕴藉，优美动人。故这首诗，可谓是《诗经》的佳作之一，它不仅对使臣生活着的那个时代的矛盾有所反映，有比较深厚的现实内容，而且运用圆熟精深的艺术手法，把内容完美地表现出来，直到今天，仍然具有极其强烈的感染力，使读者百读不厌。

皇皇者华

皇皇者华，于彼原隰。
駪駪征夫，每怀靡及。

我马维驹，六辔如濡。
载驰载驱，周爰咨诹。

我马维骐，六辔如丝。
载驰载驱，周爰咨谋。

我马维骆，六辔沃若。
载驰载驱，周爰咨度。

我马维骃，六辔既均。
载驰载驱，周爰咨询。

【概要】

君遣使臣遍访察，访问诸侯求贤达。
知上之德欲其宣，明下之情欲其达：

【译文】

使臣征途观察见，煌煌然草木花放。
高原湿地皆吐艳，原隰均可采花鲜。
思谋大邦小国事，皆有可采国民情。
駪駪然众多使臣，常怀不及国使命。

我驾驹马疾驰往，六条缰绳鲜泽光。
奉命出使咨采访，广询博访遍察详。
驰骋而往民间访，遍于访问奔他乡。
察善恶而问疾苦，诹然聚议民事商。

我驾骐马奔四方，六条缰绳如丝亮。
奉命出使访国况，访问商讨把民养。
驰驱而往勤问访，遍于查询奔远方。
察善恶而问疾苦，可否计谋富国强？

我驾骆马驶四方，六条缰绳润泽光。
奉命出使访民况，调查研究谋事广。
驰驱而往广采访，遍于查访勤苦忙。
察善恶而问疾苦，谋划国事宜妥当。

我驾骃马驰四方，六条缰绳调匀忙。

奉命出使民意访，广泛咨询民体谅。

驰驱而往博探访，遍于察访求贤商。

取善道而民富祥，询其究竟谋国强。

【注释】

*皇皇：犹煌煌；煌煌而光明者，是草木之华，指草木的花光彩耀眼。 者：助词。 华：古音“敷”，与“夫”隔句韵。古花字，草木之华。 原隰：高平之地曰原，低湿之地曰隰。

*駪駪(shēn)：形容人众多，疾行的样子。《鲁诗》作“侁侁”。《韩诗》作“莘莘”。駪駪，莘莘皆侁侁之同声假借，释为往来行声貌，亦通。 征夫：使臣、随行者自谓之词。《毛传》《孔疏》皆训“征夫”为“行人”。 每怀：时常担心。每，经常。怀，思，担心。 靡及：不及。未完成的使命，或完不成使命。此章兴法。

*维：语助词，无实义。 驹：马六尺以下为驹，马高六尺为骄。骄与驹双声，古盖读骄如驹以与濡、驱、诹合韵。后人据音以改字，遂作驹。 六辔：古代一车驾四马，六条缰绳。辔，马勒与马缰的统称。马勒即马嚼子。 濡：濡者，沾湿之义。如濡，鲜泽也。

*载驰载驱：且驰且驱，又驰又驱不停地奔驰。四章同用此句，则此字非韵。 周：遍。即普遍、广泛。《集传》：“周，遍。”一说忠实。一说周京。爰：于。咨：访问于善为咨。 诹(zōu)：访取事物的情况。此章赋体。

*骐：青黑色花纹的马。 如丝：条直。指马缰用麻绳编成，而其白柔如丝。《集传》训为“调忍”意。

*咨谋：访问、谋划。咨事之难易曰谋。此章赋体。

*骆：白马黑鬃曰骆。 沃若：犹如濡也，润泽。 咨度(duó)：访问衡量、谋划。度，指某事如何谋划方合宜。咨礼义所宜为度。此章赋体。

*骃：毛色黑白相间的马。 均：齐一，调匀；古匀字，今作均。

*询：有究问之意，既欲以告上，故贵详审，冀得其实也。此章赋体。

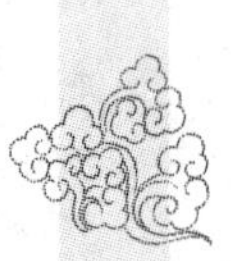

【品鉴】

据说周王室有派使臣到各诸侯国广问博询、征集舆论、了解民情、掌握国事的制度。《皇皇者华》就是一首人君遣使臣出外访问之诗，即使臣受君之命而出使到各诸侯国访问咨询时写的诗，其后乃移为他用。大约作于周王朝初年，作者为使臣，自述其出外访问经历，以补其不及之职。“夫天下至大，朝廷至远，民间疾苦，何有周知？惟赖使者悉心方察，以告天下。故膺兹选者，凡修废、举坠之在所当议；边防、水利之在所当筹；兴利、除害之在所当酌；遗逸、耆旧之在所当询者；莫不殷殷致意。上之德欲其宣，下之情欲其达，故不可以不重也”（方玉润《诗经原始》），方氏评说阐明了使臣之大务。周时因为交通不便，各诸侯国以聚族而居，平时不得擅越疆界，彼此连接的道路只有一条，信息的流通当然依赖特定的制度和方式，“使者悉心访察”就是周代下情上达的管道之一。诗中的使臣“每怀靡及”，是恪尽职守的表现，故使臣受君之命，身负使命，为完成重任，必须咨诹善道，广询博问，调查研究；体察民情，了解国事；上之德欲其宣，下之情欲其达；以期达成使命，因而“咨访”实为使臣完成的使命。

诗以草木之花寄意，用浪漫主义手法，展开抒写如何访问调查，察访民情，恪尽职守。诗人笔调委婉，曲折尽致，反反复复抒写了使臣访问咨询的辛苦经历，却寄寓了访问疾苦的思想情绪，因而显得比较深沉，读后确有“尽职尽责”之感。

诗共五章，每章四句。首章独用起兴，以引出所咏之辞；后四章皆用赋体，直抒胸臆。首章兴起使臣而常怀不及之虑，下详其服役使臣以补其不及之职。诗人触景生情，开首着意描写途中的景色和所见所感。“皇皇者华，于彼原隰”两句为兴而比，比中有兴。诗言：使臣外出咨访，征途观察所见，煌煌然草木之花光彩耀眼，高平之原、低湿之隰皆有野花含苞待放；那高原下隰草木茂盛，白花吐艳，均有可采之花；犹如大邦小国均有很多邦国政事、民情疾苦、边防水利等等，勤使臣皆有可采之事。然而是以駪駪然众多使臣，奉命奔驰于征途中，身负国家的使命，常怀不及之虑。首章描写了勤使臣乘马在高原洼地中行进，举目遥望，到处都是湿湿润润的，飞鸟在碧绿的水面上纷纷点水嬉戏；草木之花遍地吐艳，落花缤纷，芳草萋萋，浮香原野，景色怡人。倒也可以任意赏花，随意采花，这些朦胧中的景物自然是很美的，但有暗示出一种忧郁的气氛。使臣所忧惧的，只是能否完成咨访使命，国事在身，民众疾苦必采问；心怀民事，求田问舍，走乡串户，体谅民苦。高原隰地采鲜花,大邦小国采政事。使臣调查访民,自伤抱负不能实现,担心不能尽其职的深深忧愁,令人感动。真是“忠臣奉使,能光君命,无远无近,如花不以高下易其色”。后两句,笔锋从草木之华的采摘镜头转到现实。诗人用“骁骁征夫”一句,形容使臣甚多,说明广问博询的国政民事极多。所谓“每怀靡及”,是诗人故作忧虑之笔,诗意委婉而寄意深长,既以慰劳使臣行道的辛苦,又戒其必须忠于使命,常以“靡及”自警。其实是他们关心民生,体恤民苦,以补其未尽之职。

首章述其心虑后,四章详述使臣访问咨询的国政民情之事。盖惟其有是心,而后有是事,惟其事之敏则其心之勤,益可周知。故诗以使臣勤奋采访国政民事来印证他们有“每怀靡及”的心事。故用具体事例,来说明如何采访,采访什么,咨询何事,提出了自己的观点。后四章特以“直陈其事”的赋体手法,直述使臣驾驭“维驹”“维骐”“维骆”“维骃”四类不同而各具特征的骏马,为驷马驾车;而驾车驷马,体形高俊,神态庄严,毛色美盛;表现使臣出使威仪隆盛,勤奋驰驱而往,奔向四方之国,展开咨访活动,反映了他们的敬业精神。使臣手握各有装饰不同特色的“如濡”“如丝”“沃若”“既均”的六条缰绳,既强调缰绳柔软润泽、驾驭适宜,又描摹渲染其车马之精美,也表明驾技精湛,游刃有余。那么,诗人为什么赞美车马之盛呢?这主要是借此烘托出出使使命的光荣神圣,来陪衬使臣忠于使命,恪守事业的尽职热情,故车马格外精神,令人光彩夺目。“载驰载驱”,四次反复,使人感到奔驰速度之快,时间之久,地域之远,故迭四次。而凸现使臣在大邦小国遍于访问,广询博访,来往奔驰,不辞辛劳,并将采访的国事、政事、民事、基建等,全部上告朝廷,说明恪尽职守,忠于国事。诗人通过选取“咨诹”“咨谋”“咨度”“咨询”四个典型事例,阐明采访内容之重要,方法之妥善。“诹”者,咨才为诹;即访问求贤,聚议商讨,将采访之事悉以报告上诹;“谋”者,咨事为谋;即计划筹谋,谋其可否?将咨询之事为朝廷能否提供决策依据;“度”者,咨议为度;即度其所宜,商议谋划,将访问之事为体恤民苦为重;“询”者,咨亲为询;即咨询访问,询其究竟,察善恶而问疾苦,要对民事究问到底,调查落实;而贵在详细审查,使朝廷得到真实情况。反映了周代信息的流通,当然依赖特定的制度与方式,“使者悉心访察”,“咨访其事悉以告上诹”是周王朝上之德欲其宣,下之情欲其达的重要管道,具有现实意义。

《集传》:"按《序》,以此诗为君遣使臣。《春秋内外传》皆云:'君教使臣,其说已见前篇,仪礼亦见《鹿鸣》,疑亦本为遣使臣而作,其后乃移以他用也'。然叔孙穆子所谓君教使臣曰:'每怀靡及,诹、谋、度、询必咨于周,敢不拜教,可谓得诗之意矣'。范氏曰:'王者遣使于四方,教之以咨诹善道,将以广聪明也。夫臣欲助其君之德,必求贤以自助。故臣能从善,则可以善君矣;臣能听谏,则可以谏君矣;未有不自治而能正君者也。'"朱子论述,颇得诗旨。

此诗中,少景语,多叙述,语言朴厚,不事夸张,却能于娓娓叙述之中,表达出使臣恪尽职守、体谅民苦的情感,具有一种感人的力量。如此艺术效果,与诗人所使用的诗调的特殊形式、特殊笔法有关。首章仿佛是序曲,后四章同格,在总体上形成一种回环复沓的格调,只变换各别字句,且句法结构相同,于是在章与章中又各自形成了回环复沓的格调。这样,回环之中有回环,复沓之中有复沓,反复歌咏,自有一种回环往复、音韵天成的韵致。

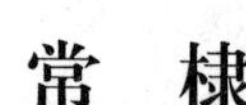

常　棣

常棣之华,鄂不韡韡?
凡今之人,莫如兄弟。

死丧之威,兄弟孔怀。
原隰裒矣,兄弟求矣。

脊令在原,兄弟急难。
每有良朋,况也永叹。

兄弟阋于墙,外御其务。

每有良朋，烝也无戎。

丧乱既平，既安且宁。
虽有兄弟，不如友生。

傧尔笾豆，饮酒之饫。
兄弟既具，和乐且孺。

妻子好合，如鼓琴瑟。
兄弟既翕，和乐且湛。

宜尔室家，乐尔妻帑。
是究是图，亶其然乎？

【概要】

悯管蔡兄弟失正道，周公自伤所遭不幸。
故当合族劝戒之时，特赋此诗述兄弟亲：

【译文】

郁郁苍苍棠棣花开，有萼承借鲜艳茂盛。
花萼依倚而遍地生，岂不韡韡鲜明交辉？
况人有兄弟同胞亲，不如花萼相依为命。
我观察而遍阅世人，谁能比上兄弟亲情？

同胞兄弟胜于他人，平时不知血脉相亲。
一值变故则知恩深，是故死丧可畏之事，
惟有兄弟甚相思情；不幸裒尸原隰之间，

惟有兄弟往而求寻，天性之亲自不容论。

我更急难之时观察，鹡鸰水鸟性飞则鸣。
行则摇而相依为生，失水在原鸣摇更甚。
兄弟急难如鸟相援，天性之亲救难而前。
一闻急难莫不奔救，兄弟固可倚而求救。
常日良朋无如之何，惟长叹而岂能助护？

更在御侮之时观之，兄弟不幸忿争墙内。
然当外人来相侵侮，同心出援抵御侮威。
常日良朋当此之时，非不关切岂能助你？
兄弟血亲天定之意，遭遇危难奔救无疑。

兄弟遭遇变故之时，奔走呼唤力助救难。
死丧祸乱平息之后，生活宁静且乐家安。
往往视兄弟不患难，不如友生关切之善。
血肉兄弟共父之称，颇少往来弗思之甚。

今日傧陈笾豆器餐，兄弟饮酒而餍饫酣。
当此兄弟既俱之时，相聚家宴固爱无间。
情亲义厚孺子相慕，孺子无不爱慕其亲。
孺子无不敬其兄长，兄弟手足敬慕之诚。

世人恩爱妻子情深，多疏远兄弟骨肉亲。
试思妻子好合之恩，如琴瑟调和信可乐。
设兄弟阋墙而忿争，虽有妻子和乐之情，
岂能安宁和乐融融？兄弟翕合妻乐永恒。

一家之情无不相宜，由于兄弟相依为命。

妻帑之乐得以长久，由于兄弟和睦恩深。

急难御侮是共忧患，莫如兄弟慷慨相援。

且孺且湛是共安乐，莫如兄弟逸乐和善。

试详究而深图根源，天性之亲岂不信然？

【注释】

*常棣：木名，唐棣，又名棠棣。古训为夫移，亦单称移。《鲁诗》"常"作"棠"。唐同"棠"。《说文》："移，常棣也。"盖"常""唐"皆"棠"字之假借。一说常棣之华，车上帷裳的花。 鄂：花鄂，即花苞。华以覆鄂，鄂以承华，华鄂相覆而光明，犹兄弟相顺而明显。鄂与萼古通，此《诗》假"鄂"以为"萼"，俗曰"萼"。一说"鄂，犹鄂鄂然华外发也"(《毛传》)。一说"鄂然外见之貌"(《集传》)。一说鄂(hè)：怎么。曷的音假。疑问词(闻一多《新义》)。 不：岂不，否定副词。一说鄂不，胡不。一说花蒂。一说语词，无义。 韡韡(wěi)：光明貌。此用以花色鲜艳。鄂不韡韡，犹言夭之沃沃。茂盛。

*凡今之人，莫如兄弟：凡今天世上的人，谁能比上兄弟亲？

*威：畏惧。死丧可畏怖之事，维兄弟之亲，甚相思念。威，畏双声，古通用。古者谓兵死曰畏。 孔：甚，非常。 怀：相思，怀念。一说孔怀意很悲伤。

*原隰：高原和低地。原者，隰也，以相与聚居之故，故能定高下之名，犹兄弟相求，故能立荣显之名。 裒(póu)：通"抔"(póu)。聚集，指死尸堆积。或曰聚土成坟为裒，即抔字之别体。

*脊令：水鸟名，雍渠，又名鹡鸰。俗称"点水雀"，常在水边觅食昆虫。脊令，大如鷃雀，长脚、长尾、尖喙；背上青灰色，腹下白，颈下黑如连钱。脊令共母者，飞鸣不相离，故取以喻兄弟。 在原：水鸟今在原，失其常处，则飞则鸣，求其类，天性也，犹兄弟之于急难。 急难：急于难，火速抢救其难。言兄弟之相救于急难。

*每有：虽有。当急之时，虽有善同门来，兹对之长叹而已。 况：更加。况古作"兄"，长也。故兄、况古今字。古书中凡言而况者，为更进之词。《集传》"况，发语辞，或曰：当作怳。"按，怳(huǎng)，即今之"恍"字，失意之状。 永：长。或言因失意而长叹。此章兴法。

*阋(xì):争斗,怨恨,争讼。 于墙:在墙内,即在家里。 外:指对外。 御:抵御。 务:通"侮",侮的假借字。《左传》作"侮"。即侵侮、欺侮。兄弟虽内阋,而外御侮也。

*烝(zhēng):乃,就是。发语词。烝与"曾"同音为叠韵。烝当为"曾"之借字,释为乃。一说众多。 戎:相助。《案》:"以上三章,历言兄弟身遭变故。"范处义曰:"此周公遭变之后,故其言多丧乱急难之事,是也。"

*丧乱:丧亡。世乱则有死亡之忧,故云丧乱。 既平:已经平息。 既安且宁:既安身且家宁。

*虽有兄弟,不如友生:言丧乱平定后,兄弟还不如朋友,愈见兄弟当亲。

*傧:陈列,陈设。 尔:第二人称代词,你。 笾(biān):均系古代用来盛放祭祀、果品等食品的器皿,形如豆,用竹编成。 豆:古盛肉器。 之:犹是,语中助词,无实义。 饫(yù):私宴,家宴。

*既具:已经俱来。兼无故与俱来二意,具,俱。 和乐:和顺而乐。 孺:小儿之慕父母也。情亲义厚,无异孺子相慕;孺子无不爱其亲,无不敬其兄者;人欲未萌,天理昭著也。此章赋体。

*妻子:老婆,孩子。像妻子相亲爱相配合。 好合:感情和谐,好,谓情好。如鼓瑟琴:像奏鼓琴瑟音调的和谐,比喻妻子和好,用妻子来衬兄弟。

*既翕(xī):已和睦相聚。 湛:"媅"之假借字。乐之久,乐之甚。此章赋体。

*宜:犹善也。即对待和善适宜,恰到好处。 尔:指兄弟。 室家:指夫妻一家中的人。 帑(音奴):通"孥"字,子孙之通称。《鲁诗》作孥。王安石曰:"兄弟不和,以至毁其室家,危其妻子者有之矣,管、蔡是也。"

*是:通实。 究:穷究。 图:谋虑。是究是图,究极其理,而谋之于心也。亶(dǎn):信,诚。 然:正是如此。指"宜室家,乐其帑"。此章赋体。

【品鉴】

《常棣》是一首宴飨兄弟、劝诫和睦友爱的诗。《毛序》曰:"《常棣》:'燕兄弟也。闵管、蔡之失道,故作《常棣》焉。'"感于管、蔡兄弟失正道的教训,周公自伤所遭之不幸,故当合族之时,而赋此诗。约作于平息管、蔡叛乱之后,申述兄弟之情是天性之亲,不应阋墙忿争,而该团结互助,和善友爱,相依为命,阐明了兄弟之情是天性之亲的深刻主旨。

周公东征，管叔死，蔡叔囚，但西周王朝仍需从周宗族团结的立场，完善封建制度，巩固姬姓政权。同时，封建制度亦要延及“友生”，安抚各邦国旧臣遗民，方能长治久安。管、蔡、武庚的叛乱，一度动摇国本；东征平叛的战事，亦十分曲折艰难。“原隰裒矣”的变迁，“死丧之威”的恐怖均系周初平乱的真实写照。据《正义》记载，厉王之时兄弟恩疏，召穆公又“重歌此诗”。“赋诗”又有“造篇”与“诵古”两种情况，召穆公“作诵古之篇”，正属于“用诗”之义。“阋于墙”的悲剧，“永叹”与“无戎”的绝境的重生，皆令周公旦生“原隰”沧桑之慨(公木、赵雨《诗经全解》)。

常棣，俗称唐棣，又名棠棣，也就是野棣树，子如樱桃，可食。古人常用常棣来比喻兄弟的天性之亲，同胞之情。

诗分八章，首章总言世人之亲，莫如兄弟。诗一起句，就以“常棣之华，鄂不韡韡”作兴比句，即用兴而比的艺术表现手法，引出所咏之辞：“凡今之人，莫如兄弟”的主旨。首两句言：常棣花开，一簇又一簇，华盛鲜艳，光彩夺目；而且花有萼以承借，彼此相依为生，岂不韡韡然交辉茂盛？况人有兄弟，反不如常棣之花萼相依。棠棣之花之所以鲜艳茂盛，是因为有萼相托兴盛，所谓棣花须要萼苞相倚扶持，花以覆萼，萼以承花，花萼相覆而光明。二者相倚互助，才能相得益彰，缺一则不能光彩夺目。这仿佛兄弟手足之亲情，同心患难，互救互援，抵御外侮，相依为命，才能有辉煌的事业，强大的生命力。诗人以此既起兴，又比喻兄弟同根同族，同血同母；应须相互倚傍，相依为生。诗人进而开宗明义地立论，天下人很多，但谁的关系都比不上与兄弟一般亲密，故点出兄弟之情是天性之亲的观点：“凡今之人，莫如兄弟。”意谓：我盖遍阅世人，诚未有如兄弟之相亲的。说明了世上任何人的人际之亲，都比不上兄弟手足之亲情。因为，兄弟之亲，是天性之亲，总提诗旨。这既是诗人对兄弟亲情的赞美，也体现了华夏先民传统的人伦观念。在我国古代的宗族室家中，同胞兄弟利益相连，血肉相关，一荣俱荣，一损俱损。因此，钱钟书在《管锥编》中论《常棣》云：“盖初民重‘血族’之逸意也。就血胤论之，兄弟天伦也；夫妇则人伦耳；是以友于骨肉之亲，当过于刑于室家之好。……观《小雅·常棣》，‘兄弟’之先于‘妻子’，较然可识。”可想而知，古人对兄弟之情看得极重，大大超过了妻子、朋友之情，深刻揭示了《常棣》主旨的历史文化根源。

接下来诗人选取独特的角度来论证他的观点。次章以死丧不弃，申述兄弟之亲情。此章用赋体，直述其事，特以具体事例，来印证兄弟亲情是天性之亲的观点。先后用两个典型事例，申述说明兄弟之情，是天性之亲的主旨。遭遇死丧则兄弟相求："死丧之威，兄弟孔怀。"诗言："盖兄弟胜于他人，平时而不知，一旦遭受变故则知之，是故死丧可畏之事，唯有兄弟甚相思牵挂，出而救援。"诗人认为，当一个人遭遇死亡、畏惧、侵害时，兄弟彼此间是那么关心、思念，不顾生死地访求，这最能见出兄弟情义的亲密与深厚。特别举出死于战场，尸横遍野的典型事例："当战乱时，裒尸原隰之间，唯有兄弟毫无畏惧而奔往求收；盖天性之亲，自不容论。"因为战争带给人民的灾难，致使堆尸满野，难以寻找亲人的尸体。然别人都畏惧死尸，更何况到战火弥漫的战场！但兄弟骨肉亲深，纵然跋山涉水，即使万分危险，十分艰难，也要找到兄弟的尸体，以便掩埋而悼念。说明在生与死的危急关头，只有兄弟伸出救援之手，亲情最可靠。

也许会有人问，古人为什么那样看重和强调骨肉亲情？上古先民的部族家庭，以血缘关系为基础。在他们看来，"兄弟者，分形连气之人也"(《颜氏家训·兄弟》)。三章于急难之中，对照兄弟、朋友，再申述兄弟之情至。此章采用比而兴的艺术手法，以引所咏之辞。列举了遇急难则兄弟相救的典型事例，并以朋友之比，以明兄弟之情至。诗人举目遥望，观察到鹡鸰水鸟飞翔，便触景生情地说：我更在急难之时观之，那鹡鸰水鸟，其性飞则鸣，行则摇；失水而在原，鸣摇更甚。兄弟遭急难似如此。鹡鸰水鸟同母依傍，飞则鸣叫，行则摇尾，飞鸣不相离，好像时时相倚互助。诗以鹡鸰失水在原，兴而比，比喻兄弟遭遇危难，如鸟依傍，互鸣援，共患难。兄弟天性之亲，一旦闻有急难之危，迫不及待，义无反顾，未有不奔走互救的。兄弟同母，骨肉相联，是兄弟固可倚之亲情。"每有良朋，况也永叹"——至于虽有常日良朋好友，当此之时，非不关切；然无如之何？惟长叹而已！岂能力救乎？每当危难之时，朋友虽然也会安慰你，同情你的遭遇，也许做些援助，但全心全意关注你的急难，替你分忧解难的，莫如兄弟。

诗在二、三章中特选典型情境、常人难能的情事来表现兄弟最可信赖，并以"良朋"的"永叹"来对照，见出兄弟之情的深厚、精纯，发自深衷，出自天然。然四章以下均用赋体手法，直抒胸臆。四章列举了抵御外侮一事，推说莫逆之良朋，莫若阋墙之兄弟，诗意递进。诗言：我更在抵御外侮之时观之，兄弟虽不幸而忿争墙内，然当外人来相侵侮，则同心协力，出御抵抗。常日莫逆良朋，当此之时，岂能有所援助吗？这里进而申述了兄弟之情，是天性之亲，虽在家中有时吵嘴打架，但无论有过什么矛盾，一旦有强大外侮，就激发了兄弟之情，坚定不移地站在一起，共同抗击。只有你的兄弟才不会惧怕死亡的威胁，救你于危难之中。此时虽有良朋，也难以相助。诗人从不同的侧面，不同的角度，选举"死丧""裒尸""急难""外御"四个典型事例，阐明了兄弟是骨肉之亲，必然团结互助，远远超过良朋之情，使其显得更有生趣。其中"兄弟阋于墙，外御其侮"，成为传诵千古的典故成语。

诗人选取四个典型事例来阐述兄弟亲情，是按照由急而缓，由重而轻，由内而外的顺序进行排列，构成一个颇有层次的"倒金字塔"，凸出了强烈的艺术魅力。故五章承上启下，独立成章。转而叹息丧乱既平，安乐之后，兄弟反"不如友生"。诗言：当兄弟值变故之时，全力奔救，相助如此；至于丧乱既平之后，不知前日兄弟之可恃；但并不特别安身，而且举家安宁。当此之时，往往视兄弟不如友生之善，更不甚思念啊！甚至以至亲相指责，则兄弟而生怨，故有以为朋友贤于兄弟。这里诗人笔锋一转，推出一个特写镜头：祸乱平息、身安家宁后，在安乐的生活环境中，兄弟之间的亲密，常常被日常的平淡冷漠所掩盖。一旦丧乱危机止息后，生活恢复平静，人们更乐于结交朋友，认为朋友善于依赖，反而疏远同胞兄弟——自己骨肉之亲人反"不如友生"。诗人对此现象持批驳态度，语气是十分沉痛的。且不说衰周时期，统治阶级内部骨肉相残的众多事实，就是在西周初年，也出现过管叔、蔡叔(周公的兄弟)的叛乱，周公东征，管叔死，蔡叔囚，酿成骨肉相残的大悲剧，令人痛心。据此，可知诗中的申述，是有一定的现实生活为其依据的。故朱熹《集传》反驳道："安宁之后，乃有视兄弟不如友生者，悖理之甚也。"诗人所举的典型事例，不仅大都切合兄弟之情，而且用得妥帖自然，毫无斧凿痕迹。

危难时兄弟相救，友生作壁上观，而生活安乐宁静后，竟出现了至亲反为路人的"悖理"。诗人把这一悖理放在"丧乱既平"的背景上，这就发人深思，促人警醒了。所以诗人强调要加强兄弟间的骨肉之情，在六章中直述兄弟齐聚宴饮，合家和乐，笃爱无间。诗人惟妙惟肖地描绘出兄弟家宴的欢乐场面：今日傧陈笾豆器皿，与你兄弟饮酒而餍饫，当此兄弟齐来团聚之时，固宜极其和乐融融，而且

爱慕之诚！诗人通过对这种和谐气氛的描写和渲染，进一步阐明在一个家庭中，如果能与自己的同胞兄弟、妻子、儿女全家人团团圆圆、和和美美团聚在一起，和谐融洽相处，岂不是天伦之乐才会长久吗？谢枋得明白地告诉世人："亲情义厚，无异孺子相慕，孺子无不爱其亲，无不敬其兄者；人欲未萌，天理昭著也。"谢氏诠释了兄弟之情，是天性血肉之亲的深刻哲理。

在六章申述兄弟相聚之乐的基调上，七章以妻子和洽做陪衬，申言妻子之乐长久，必有兄弟翕合相倚相聚，才会有如琴瑟之调和之乐。诗人认为，人世之间亲妻子，而疏远兄弟者甚多；试想与妻子恩爱好合，如琴瑟之调和，信可乐之甚。设兄弟阋墙而忿争，虽有妻子之乐，岂能安其乐之久？故兄弟必须翕合而亲爱，而后才有妻子恩爱之和乐，且可安乐永久。这里复举妻子，以明兄弟之当厚。所谓一家之中，必须兄弟和乐，才能享受妻子和乐。因为朋友、妻子都是以人结合的，而兄弟的关系却是天生的，是天合的，兄弟者共父之称，推而广之，皆是同姓宗族。以人合的，虽亲而实疏；以天合的，虽离而仍合。夫妇朋友相处和睦，则是夫妇朋友；否则夫妇背弃，朋友反目，都会形同路人。而兄弟就不同了，在任何情况下，兄弟骨肉之亲是不能改变的。

七章诗意进一步递进，将"妻子"与"兄弟"进行对照，表达了兄弟之情胜过夫妇之情的观点。兄弟和则室家安，兄弟和则妻帑乐。所以，末章承上而来，也是全诗的总结。作者直接警戒世人，要深思熟虑，牢记此理：是知一家之情，无不相宜者，由于兄弟翕合而相聚；妻帑之乐，得以长久者，由于兄弟和睦而相依；兄弟之宜，亲爱如此。总而言之，急难御侮，是共忧患者，莫如兄弟；且孺且湛，是共安乐者，也莫如兄弟。试详穷究而深图之，岂不信然乎哉？正如王安石所论："人情皆知保其室家，私其妻子，而罕知厚其兄弟，然兄弟不和，以致毁其室家，危其妻子者，有之矣，管、蔡是也"(《诗义钩沉》)。王氏之说，印证了"凡今之人，莫如兄弟"的中心论点。事实上，血缘的因素占了很大一部分。亲兄弟毕竟是血脉相连，犹如结在一根藤上的瓜，开在一棵树上的花。这同夫妻关系不一样。夫妻是不同血缘的两个人的结合，两个人之间的感情是一回事(感情可变化)，血缘又是一回事。其次，大概同父系社会的观念有关。男性是社会生活中的主角，大至国家，小至家庭，都由男性主宰着。男性也是传宗接代的主角，比起女性要重要的多。兄弟既担着这双重主角的重任，自然要引起重视，要在观念中得到强调。作为对比，我们很少见到对于在血缘上出于同一层面上的姊妹关系的重视、强调和歌颂。

《集传》阐释说："此诗首章略言至亲莫如兄弟之意；次章乃以意外不测之事言之，以明兄弟之情，其切如此。三章但言急难，则浅于死丧矣。至于四章，则又以其情义之甚薄，而犹有所不能已者言之。其《序》若曰：不待死丧，然后相救；但有急难，便当相助。言又不幸而至于或有小忿，犹必共御外侮。其所以言之者，虽若益轻以约，而所以着夫兄弟之义者，益深且切矣。至于五章，遂言安宁之后，乃谓兄弟不如友生，则是至亲反为路人，而人道或几乎息矣。故下两章，乃复极言兄弟之恩，异形同气，死生苦乐，无适而不相须之意。卒章又申告之，使反复穷极而验其信然。可谓委曲渐次，说尽人情矣，读者宜深味之。"朱熹之说，甚有启迪。

全诗很朴素，也很精要地阐述了血浓于水的观念。在后来中国文化的发展中显得很特别的是，兄弟关系确实成为一种重要的关系，但血亲的兄弟之情却慢慢淡去。翻开中国的古典小说，对兄弟关系的称颂着实不少，刘关张桃园三结义、梁山一百零八将、瓦岗英雄、大五义、小五义……不过都是结义兄弟，亲生兄弟反而说得不多。我们只记得刘备的二弟是关云长，三弟是张飞，可是有多少人知道他的亲兄弟是谁呢？

然而，由于诗中并未明言强化兄弟和睦的政治目的，这就给读者留下了丰富的想象的余地，人们可以从各自不同的经历、遭遇、思想境界出发来领会、欣赏此诗，并从中得到启迪。诗中包孕的"团结御侮"的思想，曾经成为后代不少仁人志士，以至广大群众的精神武器。它激励人们在国难当头、民族危机严重的时刻，捐弃前嫌，求同存异，加强家庭内部以至民族、国家内部的团结，为共同抗暴、抵御外来侵略和争取社会进步而进行不懈的斗争，具有现实意义。

伐 木

伐木丁丁，鸟鸣嘤嘤。
出自幽谷，迁于乔木。
嘤其鸣矣，求其友声。
相彼鸟矣，犹求友声。
矧伊人矣，不求友生？
神之听之，终和且平。

伐木许许，酾酒有藇。
既有肥羜，以速诸父。
宁适不来，微我弗顾。
于粲洒埽，陈馈八簋。
既有肥牡，以速诸舅。
宁适不来，微我有咎。

伐木于阪，酾酒有衍。
笾豆有践，兄弟无远。
民之失德，干糇以愆。
有酒湑我，无酒酤我。
坎坎鼓我，蹲蹲舞我。
迨我暇矣，饮此湑矣。

【概要】

王者宴请朋友故旧，亲亲以睦不弃故友。
须友以成民德归厚，诗人赋诗爰述其由：

【译文】

砍伐木材响声叮叮，百鸟和鸣歌声嘤嘤。
此鸟本出幽谷之中，飞升乔木力攀高顶。
如今乔木被伐之声，飞鸟嘤嘤然惊惧鸣。
仓猝之际不忘其类，相呼而作求友之声。
追寻朋类歌声回应，仰望鸣鸟求友殷勤。
我视鸟鸣犹求其类，况人不如鸟求友情！
竟自无朋不求友生，人诚笃友恩德之深。
感通神明神灵必听，和平安宁终赐福星。

伐木材许许然声响，甘醇清酒喷喷飘香。
惊鸟飞鸣高歌求友，奈何急待苍天明亮。
陈设酾酒膘肥羔羊，召之诸父亲朋宴飨。
召之不敢拘其必来，宁使适然有故不来。
无使议我不肯顾念，洒埽庭堂粲然明亮。
陈馈八簋寻友宴享，丰盛佳肴鲜嫩异常。
肥牡既俱美味浮香，召之诸舅亲友宴飨。
宁使适然有故不来，无使谓我有失礼愆。

砍伐木头地在上坡，甘醇美酒愆然甚多。
鸟惊飞鸣高歌求友，更何急待日光西落。
澄滤酾酒愆然甚多，笾豆器皿践然成列。
我同异姓兄弟宴乐，庶几兄弟莫远俱迩。
民之失德失礼之遇，失德之愆干糇礼薄。
故我待友必尽其情，宴飨必有故旧之礼。

有酒令人湑者是我，无酒令人酤者是我。
命人坎坎击鼓是我，命人蹲蹲起舞是我。
待我稍暇再宴诸友，共欢畅饮所湑酾酒。
笃友义深无不顾咎，免失德之愆而飨友。

【注释】

*丁丁：象声词，伐木声。 嘤嘤：象声词，鸟声调和。鸟在木上，闻伐木之声则惊鸣。

*出自幽谷：指古“罢民”之获释，犹言时来运转。幽谷，隐谷，深谷。幽，隐。 迁：升迁。 乔木：高大树木。木上勾曰乔。“幽谷”与“乔木”对言，有逆境顺转之意。

*嘤其：犹嘤嘤。 友声：指同类的声音。友，指其类言。

*相：视，看。一说犹“夫”，发语词。

*矧(shěn)：况，何况。矧，本作矤，音同；矧，矤之俗字，况词也。 伊：是。 友生：友之于人，德业相劝，过失相规；患难相救，皆胥匡以生之道。生，语词。唐人诗“太瘦生”及凡诗“何似生”“作么生”“可怜”之类，皆以生为语助词，实此诗及《伐木》诗“友生”倡之也。

*神之听之：即神之圣之。圣、听古通。此诗神之圣之，应训为神之明之。“神”字或读为“慎”(shèn)，其义为“顺”，即顺从。神之即慎之，“神之听之”即言“顺之听之”。此章兴而比法。“之”为语助词，无意。听，犹鉴。 终：既。“终……且……”“既……又……” 和：谓戾气不作。 平：和平，谓变故不生。

*许许(hǔ)：犹浒浒。拟声词，众人伐木的共力之声，犹今劳动“号子”。 酾(shī)酒：醇酒，美酒。酾，犹滤。用草筐滤酒，去掉酒糟。 藇(xǔ)：形容酒色美好。实指酒味甘美。酒过滤之后味醇。

*羜(zhù)：出生五个月的羔羊。 速：召，邀请。 诸父：对同姓宗族长辈的尊称。

*宁：宁可。竟然，副词。一说愿。一说何，表反问语意。 适：赶上，凑巧。正之假借。 微：无使，不要。 弗顾：不肯顾念，不顾及。此二句应为倒装。宁召之适自不来，无使言我不顾念也。

*于(wū):叹词。《释文》:"于,如字,旧音乌。"一说语气助词。一说发语词。 粲:明净。于是粲然洒埽其室庭。 洒:涤。 埽:弃,谓以水湿地而扫除之。 陈:陈列,排列。 馈(kuì):食物,进食于尊曰馈。 八簋(guǐ):言食器盛多。簋,盛黍稷器皿。指古代宴会、祭祀用的一种盛食物的器皿。

*牡:雄性的兽,此处指公羊羔。 诸舅:朋友之异姓而尊者。先言诸父,后言诸舅,亲疏之序。

*咎:过失,怪罪。

*阪(bǎn):同坂,坡者曰坂,山坡。 衍:犹衍衍。多貌。本义为流淌,此指酒多被筛下而流淌。谓多溢之美。

*笾豆:古时用于祭祀或宴饮的餐具,笾为竹制,豆为木制。 有践:有陈列,行列。 兄弟:同辈亲友,堂兄弟,表兄弟皆在内。 无远:不要疏远。无远,皆在也。

*失德:丧失恩德,指失朋友之德。 干糇:干粮,此指粗薄的食物。干糇薄物,而待朋友之礼寓焉,失礼是失德也。 愆:即失德之愆。愆者,过错也。

*有酒湑我:此乃"有酒我湑"的倒装句。湑(xǔ),义同酾,澄滤。按周时酒,如今米酒,(贵州称"甜酒")之类,需要澄滤,成为清酒。一说我:语尾助词。 无酒酤我:此乃"无酒我酤"的倒装句。酤,通"沽",买酒。酤者,买也。

*坎坎:击鼓声,拟声词。或曰伐木声。《鲁诗·伐檀》作欿欿(kǎn),疑"竷竷鼓我"容取《三家》,与毛异。 蹲蹲(cún):舞貌。奏之以鼓,重之以舞,尽其所有以乐之。此两句为倒装句:为我击鼓坎坎然,为我兴舞蹲蹲然。

*迨(dài):及,趁。 暇:空闲。 湑:清酒。此处作名词。滤过渣酒。

【品鉴】

《伐木》是《小雅》中宴飨朋友故旧的诗,也是《诗经》中可以代表五伦之礼中朋友一伦的作品。砍伐木头,非一人之力可以成功。凡今之人,少不了良朋好友的鼎力相助。尤其是治国育民,国泰民安,更需要许多仁人志士的无私奉献,全力协助。此诗的主旨就是强调朋友的贵重。"人之所资乎,朋友者以明道也。"因此,待友人应诚笃厚道,不能干糇薄礼而疏远。德之所存,即我友之所存。否则,"民之失德,便是人之失礼。"人伦废而天理灭,得罪于天矣,岂能得到亲朋好友

的患难相助？

《伐木》是一首宴飨亲朋好友之诗，与《常棣》一诗蝉联，可谓是姊妹篇，是当时古代奴隶主贵族生活和思想感情的反映。

三家《诗》以为是讽刺诗，《韩诗》云："《伐木》废，朋友之道缺，劳者歌其事。诗人伐木自苦其事，故以为文。"蔡邕《正交论》："周德始衰，颂声既寝，《伐木》有鸟鸣之刺。"然析研诗义，毫无刺意。朱熹明确地说："此燕朋友故旧之乐歌。"朱子一语道破了诗旨，使人豁然开朗。旧说是咏王之诗，或指为天子之诗："王者燕朋友故旧而作诗也。"但诗的作者及创作年代前人则没有深考，而《郑笺》认为是周王之诗，《孔疏》申郑，认为是咏文王之诗，但皆无依据。也有人认为："周厉王不听'防民之口，甚于防川'的劝谏，终于导致了国人暴动。同时也导致王室内部人心离散、亲友不睦，政治和社会状况极度混乱和动荡。周宣王即位初，立志图复兴大业。而欲举大事，必先顺人心。《伐木》一诗，正是宣王初立之时王族辅政大臣为安定人心、消除隔阂，从而增进亲友情谊而作。作者很可能就是召伯虎（详见赵逵夫《论西周末年杰出诗人召伯虎》）。"此说亦有道理。

此诗本分六章，现分三章。因诗中首章用"伐木"二字，而全诗只三云"伐木"，故知朱子当改为三章。今从朱子的分章为准。

诗虽以《伐木》为题，但作者思考的核心是如何处理好朋友故旧的关系。

首章写人生在世，必定求友，和睦相助，终得和平之福。开篇用对偶句："伐木丁丁，鸟鸣嘤嘤。"诗以丁丁然伐木之声，嘤嘤然鸟惊飞鸣而求其类作兴而比，兴出求友之事，喻人生在世须求朋友和睦相助，终得和平之福的主旨。诗的开首，将我们引入郁郁苍苍的山林，一位孤独的伐木工正在这里砍伐树木，听到丁丁然伐木之声。也许不会为人类特别关注的是，大树正是鸟儿安家栖息的地方，随着树木应声而倒，筑巢于树枝上的鸟儿，因为惊惧，所以对同伴发出求助的召唤。它们预感灾难即将来临，相呼而作求友声，匆忙飞鸣而迁徙，仍不忘引朋呼伴，飞向它乡而避难。嘤嘤然的啼鸣声，既是慌乱的表现，又是对同类的呼唤，众鸟于是纷纷飞行。飞鸟本出自幽谷之中，而不久迁飞升于乔木之上；如今仓促之际，犹不忘其类，飞鸣而寻知音相伴。是友情使得大家及时脱离险境，继而过着和平安宁的生活。使我们仿佛置身于一个远离尘世的仙境，只有这伐木之声和悦耳的鸟鸣在浩瀚的森林中回荡。"丁丁""嘤嘤"使诗旨加以渲染，谱成一曲山林鸟鸣的交响乐，颇得山林静趣。

接着诗人触景生情，抒发感慨说：我视幽谷山林之禽鸟，尚且知道大难来临而鸣声，呼唤同类相伴而相助，更何况作为万物之灵的人类，竟不求友生！何不求友生和睦相助？“迁于乔木”，象征人们寻朋求友是应该互求上进，虽身居高位，也不能忘记昔日的好友。“矧伊人矣，不求友生”这一理直气壮的反问句，既是承上启下，又包涵着某种人生感悟。看着失散的鸟儿还呼唤自己的亲友，“我”不禁感慨，为什么人反而不能珍惜彼此的友情呢？真是很希望上天成全。何楷告诉我们：“友之于人，德业相助，过失相规，患难相救；皆胥匡以生之道也。”由此可知朋友的珍贵。故人诚笃朋友恩德之好，则感通神明，神灵也必然听到，而终赐予国民和平安宁之福。“神之听之，终和且平！”这是对神的祈求，还是对神的宣誓？从贯穿全诗的思想脉络看，是号召国人改变现实，寻友情，笃友谊，和睦相助；戾气不作，变故不生，终得和平之福。因为许多矛盾和纷争的发生，都与不珍惜友情有关。诗人主张应努力争取恢复友情，避开政治而为政治，让国民和谐相处，团团圆圆，平平安安。这就是诗人既体察民心，又深谙作诗的劝诫之道的良苦用心。此是回揽诗的整体的传神之笔，写得高妙而自然。

陈良的学生陈相，不知学好，要抛弃儒家之学，而去向许行学神农之说。孟子听到后责备他说：“吾闻出自幽谷，迁于乔木，未闻下乔木而入幽谷者。”所谓人往高处爬，不该抛弃华夏的文化而去向蛮夷之俗学习，骂陈相太不善于改变自己了。虽是引诗的另一意义，但表明此句已成为千古名句，可知影响之深。

次章言备八簋酒肴，埽除庭堂，热情宴请亲朋挚友。起句而巧借本格调，用语与首章部分重叠，强调伐木之声，不言鸟鸣而实写鸟鸣；显得整饬又有变化，读来流转自然。此章仍以伐木起兴，用“伐木许许”一句，其余如对鸟鸣一概略去，但“举伐木可兼鸟鸣，古多省文是也。”“省文”也是一种变化的方式，有变化才会有发展，内容为之深化，形式也愈加富丽多姿。“许许”作为拟声词，本是众人共力之声。《淮南子》曰：“举大木者呼邪许，盖举重劝力之歌也。”伐木工为同心协力，发出了许许然伐木之声，众鸟惊鸣而求友，何待言乎？“酾酒有萸”，表达了主人愿设酾酒待友的诚心。《正义》曰：“二章酾酒文连伐木，是酒为伐木而设，即伐木之人是朋友矣。”诗人以此作为引子，而所咏宴请朋友故旧的情景。故展现在你面前的是，宴席的热烈场面：是陈设甘醇的酾酒，味鲜的菜肴，肥嫩的羔

羊，还有其他许多可口的食物；以召诸父，召之不敢拘其礼而必来；宁使其适然有故而不来，无使议我不肯顾念同姓之情谊。此是宴请诸父的隆盛场面，可见主人对亲朋的诚心诚意。此是隆盛场景之一。继而主人召集人力，于是洒埽堂内庭外，打扫得干干净净，粲然鲜明，光彩夺目。且陈馈八簋丰美佳肴，肥牡浮香，菜肴俱备；以召诸舅，宁使其适然有故而不来，无使谓我有失异姓同侪礼仪之愆。可见主人对亲友赤心相待，十分尊重。此是隆礼场景之二。然他宴请客人，不仅只出于礼仪，更是寻求友情。被宴请的客人，有同姓之长辈、亦有同侪之朋；有异姓之长辈、亦有同侪之友，主人冀望他们莅临赏光。"宁使不来，微我弗顾。""宁使不来，微我有咎。"这是他的忡忡顾虑，忧心猜忌，欲不落个礼仪不周的骂名。这种"患得患失"的情绪是真实的，也是感人的！表明主人求友之心是恳切真诚的，追求友情是坚定不移的。深刻反映了人之有德，礼之丰厚，更阐明了寻找友情的可贵。

然先言诸父，后言诸舅，是亲疏之序，表明主人宴礼有序有节，也反映了华夏的传统文化。酾酒、洒埽、肥羜、肥牡，皆一时之事。二者为一体，互文以相通。清陈启源云："诸父诸舅，天子不施于同姓异姓之臣也；父舅兄弟而以为者，天子之下父；王过百辟卿士，周之布在列位者，非王懿亲；即王姻党，舍父舅兄弟无可为友矣。"(《毛诗稽古编》)

末章承上启下，是第二章的延续和发展，依然写设宴请客。上章是宴请长辈，此章是宴飨同辈兄弟，即所谓"父之党""母之党"。当然，也指朋友之同侪的，包括同姓异姓在内；表示对同辈也非常尊重，更说明宴请是广泛交友，普遍寻情。不过旨在阐述民之失德，有失礼之遇。开首以伐木之地于山坡而山鸟惊鸣而求友起兴，作为引子，引出所咏之辞。作为人类须求友相助，此时不求，更待何时？于是酾酒则愆然甚多，表明主人诚心相待。"笾豆有践，兄弟不远！"这次宴请的是同侪，然酒肴之丰盛，礼仪之隆重，安排之有序，周到热情不减于前：笾豆器皿则践然成列，热情宴飨"我"同姓异姓之兄弟，庶几同侪兄弟莫疏远，而俱来亲迩相聚。此是隆重的场景之三。这种建立和发展友情的手段，虽然单调，但既表示诚心厚礼相待，又体现对兄弟、朋友的尊重。同时，他明确地表达了这样的观点：无论长幼、同姓异姓、亲疏远近，都应博爱互助，亲近交友，这是诗旨所在。"民之失德，干糇以愆。"这明白地告诉世人：民之所以失德，正由于不能厚朋友故旧之礼，以至干糇之薄礼，致使而不和，以获愆过。是故“我”对朋友故旧必尽其情，盖宴请必有礼遇。朱熹明确地说“人之所以至于失朋友之义者，非必有大故；或但以干糇之薄，不以分人，而至于有愆耳。故我于朋友，不计有无，但及闲暇，则饮酒以相乐。”朱熹阐述了如何交友情，颇有启迪。友朋之间，人与人之间，往往因为宴飨之礼考虑不周，待友不公而引起矛盾和纷争。故民之失德，有失礼之遇，失德之愆，是由于干糇之礼薄。礼之所存，德之所存，即亲友之所存，岂能以贵贱亲疏之分而对待亲朋好友呢？诗人强调要诚心以礼公平待人，不设酒肉圈套。所以“有酒湑我，无酒酤我；坎坎鼓我，蹲蹲舞我。”这里主人一片冰心在玉壶，明确表态：有酒而令人斟酒的是我，无酒而令人买酒的是我；命人而坎坎然击鼓的是我，命人而蹲蹲然起舞的是我。宴会上融洽的气氛，让众亲朋不由得开怀畅饮，喝得尽心，酾酒也分外醉人；鼓乐齐鸣，咚咚有力，大家载歌载舞，翩翩动人，畅叙衷情……一派升平景象。多么欢快的场面，多么友好的人群！此时所体验的一切快乐，正源于亲朋的相聚！诗人用对偶排比手法，两句对偶一排，一共对偶两排，在整饬中又有参差错落之致，将欢宴亲朋的真诚之情、热烈气氛表现得淋漓尽致，有礼而更有情。人和者政必通，最后两句是以拖宕之笔留有后情：待我稍暇再飨诸友，共饮这湑然澄滤的甘醇酾酒。诗人用饱经沧桑的笔调，描绘着自己的寻友之情，令人惊心动魄的情意绵绵，风格柔婉，可谓求友笃厚之至。牛运震评此诗的首尾特色说：“伐木、鸟鸣二语幽静之极，空山无人读之，始见其妙。‘迨我暇矣，饮此湑酒。’宕笔作结，隽逸而耐人讽思。唐人诗‘数瓮犹未开，来朝能饮否？’亦以拖宕之笔，收结成趣。”

《伐木》一诗很质朴地体现血浓于水的宗族观念。无论过去有什么不愉快，或者为了什么而分离，朋友终究是亲密朋友，亲人终究是一家亲人，民族终究是同一民族，国人终究是同一国人。团结和睦，相爱互助，才能带来朋友、家族、民族、国家的兴旺和个人的和平幸福！

这个观念，无论在过去，今天还是未来，都是不会过时的。

天保

天保定尔，亦孔之固。
俾尔单厚，何福不除。
俾尔多益，以莫不庶。

天保定尔，俾尔戬穀。
罄无不宜，受天百禄。
降尔遐福，维日不足。

天保定尔，以莫不兴。
如山如阜，如冈如陵。
如川之方至，以莫不增。

吉蠲为饎，是用孝享。
禴祠烝尝，于公先王。
君曰卜尔，万寿无疆。

神之吊矣，诒尔多福。
民之质矣，日用饮食。
群黎百姓，徧为尔德。

如月之恒，如日之升。

如南山之寿，不骞不崩。
如松柏之茂，无不尔或承。

【概要】

君能下下以成其政，臣能归美以报其上。
人君祝君以德获福，君位安定而甚坚固：

【译文】

上天保您安定君位，江山坚固而甚太平。
使您福禄万物丰厚，让您尽厚天下之民。
何福不消受而日新，使您增益而多丰盈。
物产丰裕来益无方，莫不富庶民富国强。

上天保您安定君位，既稳固而尽善多美。
万事顺达尽无不宜，蒙受天赐百种福禄。
天遂降您遐远之福，赐您洪福初无限量。
日复一日唯恐不足，年复一年不见止足。

天之安定您实甚固，国业莫不兴盛而富。
是故祝语崇高之势，宛如山阜冈陵抬升！
福积之厚五位之高，如山如阜如冈如陵。
福继而长如川江流，万物之收莫不增有。

君之受福而非无本，遍观祭神而方知功。
诹日择士无一不善，齐戒涤濯无一不洁。
酾酒佳肴无一不备，孝以尽志享以尽物。
春祠夏禴秋尝冬烝，举祭吊唁先公先王。
尸传神意言曰卜您，社稷之主万寿无疆！

祖先圣灵赐您多福，更征诸民民气淳朴。
日用之间不识不知，只按耕井饮食之常。
皆由君德政而隆升，群黎百姓万象更新。
皆遍而为君之德政，是知神所凭依在德。
庶民观感在德养民，此非自求多福之实。

君诚以德而获福祥，可谓有本民富国强。
福如月永恒之上弦，如日东升方昌未艾。
如南山之无损无坠，历久长存而永长寿。
如松柏之叶长茂盛，旧叶未落新叶已生。
无不为君新故代承，不觉雕落福成永昌。

【注释】

*天保：即王位。 定：安定。 尔：您，指君主。诗人称谓之常。通篇十“尔”字，皆指君上。 亦：语助词，无意。 孔：甚。 之：语助词，无义。 固：坚固，巩固。

*俾尔：使你，让你。 单厚：与下文多益皆合二字成义，谓受福之厚益。单，厚，音亶。《鲁诗》作亶。亶之假借字，厚（古音户）。 除：易，以新易旧曰除，除旧而生新。

*俾尔多益，以莫不庶：易损五父或益之，十朋之龟弗克违，莫不庶之谓也。多益，多所受益。 以：语助词，无义。 庶：众多，富庶。

*戬（jiǎn）：闻人氏曰戬，与翦同，尽。穀，善；尽善云者，犹其曰单厚多益。《毛传》训“戬”为“福”；训“穀”为“禄”。

*罄（qìng）无不宜：行尽没有什么不适宜，万事如意。罄，行尽。 百禄：百是虚数，许多。古代福、禄不分。

*降尔遐福，维日不足：天又下予女以广远之福，使天下薄蒙之，汲汲如日且不足也。遐，广远。维，通“惟”，唯恐。

*以莫无兴：指事业无不兴盛。兴，兴盛。

*阜(fù):高丘。 冈:山脊。 陵:丘陵。山、冈形容高;阜、陵言其大。指物产丰盛,福禄盛多。高平曰陆,大陆曰阜,大阜曰陵,皆高大之意。

*川之方至:谓涨水时节。形容财富如大河滚滚而来。川之方至,谓其水纵长之时,万物之收皆增多。此章赋体。

*吉蠲(juān):指吉日祭祀前斋戒沐浴。吉,善,吉日。蠲,清洁。吉者,言诹日择士之善。蠲,言齐戒涤濯之洁。 为饎(chì,亦音xī):置办酒食。饎,酒食。凡黍稷为酒为食,是曰饎。 是用:倒文,用这。是,这,指饎。 孝享:祭祀祖先孝以尽志,享以尽物。指献祭;祭祀。享,献。《尔雅》:"享,孝也。"孝、享双声,二字同义。

*禴(yuè)祠烝尝:四时宗庙之祭祀名。《尔雅》:"春祭曰祠,夏祭曰禴,秋祭曰尝,冬祭曰烝。"尝,尝新穀;烝,进品物。董仲舒《春秋繁露四祭篇》:"古者岁四祭。四祭者,因四时所生熟而祭其先祖父母也。" 于公先王:先公谓祖绀以上,先王谓太王以下。于,对于。公,先公,谓后稷以下至公叔祖类。先王,太王以下。

*君曰:即尸传达神的话。君,君通谓先公先王。此尸传神意以嘏主人之辞。按古代祭祀,用活人充当神象,接受众人膜拜,叫作"尸"。且作为具体的神象,可代神灵讲话。 卜尔:赐予你。卜者,前知之谓。卜字通于畀,即赐予、给予。

*神:即上先公先王。 吊:至。 诒:通"贻",遗,予。

*质:实。犹常。言其质实无伪,日用饮食而已。 日用饮食:日以饮食为事,形容人民质朴之状态。日,日日。用,以。

*群黎:群众。 百姓:庶民。犹言百官。 编为尔德:普遍受到你的德政。犹云编化尔德。编,同"遍"。为,音义同讹,感化。为与化,古皆读若讹,故为、讹化古并通用。

*如月之恒:如月上弦而就盈。恒,上弦。《孔疏》:"似弓之张而弦直谓上弦也;取渐进之义,故言上弦,不云望。一说长久,永恒。 如日之升:如日始出而就明。升,出。月上弦而就盈,日始出而就明。言王德位日隆,有进无退;如月之上弦,稍就盈满;如日之始出,稍就明盛。

*骞:亏损。山的小部分亏毁为骞。 崩:毁坏。

*尔:指示代词,你。 或:有。或、有二字古通。或,读若"有"(yǒu)。或之言有。如松柏之枝叶常茂盛,青青相承,无衰落。一说或:助词,无义。用于宾语的

提前。 承:相继。言旧叶将落而新叶已生,相继而长茂也。一说承:延伸。

【品鉴】

《天保》是一首人臣祝颂其君以德获福的诗。清人方玉润《诗经原始》评论此诗说:“全诗以德字为主。”这句话颇有道理。而全诗充满溢美之词,表达了臣民对君主的热情赞美和殷殷期望,以及隐藏着的深厚的忠诚。

此诗所赞美的对象,旧说以为是周文王,内在的依据是:其一,“天保定尔”的旧读:上天安定您的王位。由此可知,诗应作于成王定鼎成周之际。其二,诗中提及“先王”,当作于周武王之后。“于公先王”,《集传》云:“公,先公也,谓后稷以下至公叔祖类也。先王,太王以下也。”又云:“文王时,周未有曰先王者,此必武王以后所作。”其三,观《鹿鸣》以下五诗,此诗也应作于武王以后,成王之际。诗人以臣下的身份祝颂其君,以德获福而作此诗。由此而知,作者并非普通庶民,这是周代奴隶主阶级的臣下,对其君主的祝颂之辞。然此诗运用赋体手法,并兼用比喻,通篇铺叙。反映出当时邦国强盛,江山坚固,政权牢靠,黎民百姓耕田而食、凿井而饮的盛世景象。诗中连用九个祝福之词,为后世所广泛应用,影响颇深。“寿比南山不老松,福如东海长流水”,此祝寿名句就来自于此诗。

诗共六章,前三章授天命即位、赐君福禄,后三章愿祖宗神灵赐君福寿。诗的主旨是君王以行德政、安抚百姓而获福。第一章,言天授王位,江山坚固。开首两句谓:“天保定尔,亦孔之固。”诗一开始,就将我们带到遥远的古代宫廷宴会之上,在这里,我们似乎看到君临万国的天子正中而坐,诸侯、大臣两侧而坐侍。顿时鼓乐齐鸣,琴瑟奏响;大臣起立,觥筹交错,高高举起,衷心祝颂道:上天已安定您王位,不但江山坚固,而且政权牢靠。表达了周人对其君主的忠诚,以及对苍天的虔诚之情,也深刻反映了周人心中原始的“天人合一”和天命君位的观念。在庄严肃穆的祝祷声中,人们又听到群臣再次致辞:愿上天赐福于君王,福禄极其丰厚,何福不消受而日新月异?如是则使您多所受益。最后愿君消除顾虑,树立建功立业的信心:如今物产处处丰裕,固无不众多而富庶。透露出邦国兴盛,政权稳固,民生安乐的和平景象。

第二章,言天命王位,祈祷上天恩赐福禄。前三章反复吟咏“天保定尔”,热情讴歌上天保佑,降赐福禄。此章前四句说:上天保定您王位,万事顺达,江山既巩固而多益，斯尽善尽美；是以所行尽无不宜，而又蒙受天赐百种福禄，这里臣下愿天赐君众多的福禄。“降尔遐福，维日不足。”祈求天遂降您遐远之福，初无限量，而日复一日，不见其止足。表达了祝颂君王赐予诸多福禄，而源源不断，无止无尽。然这一切福禄都是劳动人民耕田凿井而获，带给君王的并非天赐，反映了周朝统治者“敬天保民”的思想。

第三章，言福之兴盛，福之盛长。在此章中，诗人用“反复譬喻”的博喻艺术手法，来抒发臣下对君主的赞颂之情。这种设譬联珠，着意渲染，精心描拟，从不同角度和侧面形容君王之福位，可以使描写对象的形象更加鲜明生动。诗言上天安定您君位，坚实而稳固，莫不极其兴盛。是故祝语崇高之势，就连山阜冈陵也无一论比；福积而高，宛如山阜之高，仿佛冈陵之大；祝语盛长之势，川流皆不若；福继之长，犹如百川汇集之方滚滚而来，百种福禄莫不增加。严粲说：“川本源深流长，而方至则又盛长之初，其增不可量也。”严粲阐明了君之福禄，宛如大川滚滚而来，增福不可量。此章中诗人连用五个“如”字，形容天安君位，福之长，犹如大川之水长流不息；君位之高，如山阜冈陵抬升；禄之高，如山阜冈陵堆旷野。“莫不增”与“莫不兴”相应，形容不尽之意。高侪鹤说得很确切：“此即蒙上二章来，以上文称祝不尽，复形容一番。”史无前例的比喻，令人只觉福如排山倒海，翻滚而来，使君主荣华富贵，享用不尽。

第四章，言卜君长为社稷山川之主而万寿无疆。诗人认为君之受福，非无本源，民安耕井饮食之常，皆由君德所致。故此诗不以福言福，而以德为福，可谓知所本源。歌颂有德之君，德施万民，德政抚民，表现了以德政获福的思想观念。这章开头先写择取吉日，为君举行祭祀先祖的仪式，冀望先公先王保佑：观察祭祀先祖神灵而知之，我君诹日择士，无一不善；齐戒致洁于心，涤濯致洁于物，无一不洁。而且醴酒佳肴无一不备，孝以尽志，享以尽物。而举行春祭曰祠，夏祭曰禴，秋祭曰尝，冬祭曰烝。四季祭祀祖庙，按时奉祀历代的先公先王，皆为“孝享”。周人通过祭祀，表示对祖先的纪念和尊重，继承祖先的基业和意志，以获祖先神灵的保佑庇护。但须注意的是，诗中所言敬祖，重在继承周族祖先的德行(《国语》所谓“孝鬼神”，即遵循先祖的作为)，表现的是“敬天保民”的思想观念。结尾两句为尸传神意以假主人之辞：“君曰卜尔，万寿无疆！”君者，指先公先王之神灵。卜您长为社稷山川之主，而国强民富，万寿无疆。按古代祭祀祖先时，用

活人装扮神像，接受众人膜拜，名曰“尸”。而作为祭祀具体的神像，可代神讲话，故“君曰”，即尸传达神的话。诗人采用赋体手法，直抒胸臆。此章表示其君以德获福之本源之一。

第五章，言祖先神灵赐君多福。诗的开端两句写：“神之吊矣，诒尔多福，”这里承上章祭祀而言。然则祖先神来格外赐您诸多福禄，不但如此，更有庶民的淳朴厚道。这首诗所反映出的周人敬天保民意识，与殷商只崇拜神灵而不体恤黎民百姓疾苦相比，无疑是有其进步意义的。“民之质矣，日用饮食。”“质”即为常，谓民安其常。《集传》云：“质，实也，质实无伪。”意思是说，民气淳朴，质实无伪，日用之间，不识不知，民惟有农事，耕田而食，凿井而饮，只乐其日用之常。无事乎浮华侈靡之习，无事乎虚妄谲诈之风；如是则民物安阜于下，人君端拱于上，所谓多福，孰有加于此哉？此皆由君德所致。但上天是否安定君位，保定周王朝，不仅仅是“天”的意志，统治者是否有德，人民是否爱戴是其最重要的因素。所以，诗人最后写道：“群黎百姓，编为尔德。”这两句写君德隆于上，但见黎民百姓，则万象更新，皆遍而为君之德，是知神所凭依在德，民所观感在德，此非自求多福之实。在诗人看来，老百姓都是淳朴厚道的，只要日用饮食有所保障，天天吃得饱肚子，他们就会接受德化教育，统治者如果能做到这一点，人民就会拥护他。由此，国强民富，天下太平，此是君王以德获福的本源之二，也是最根本最主要的问题。

第六章，祝君以德而获，福寿安康。诗人连用四“如”的比喻手法，栩栩如生，生动地传达了君主的威严、福禄气势。“如月之恒，如日之升。”比得奇，比得妙。君王诚心以德获福，可谓有本源。故君王德位日隆，有进无退，其福禄如月之上弦，稍就盈满；如日之东升，稍就明盛，方昌而未艾。福禄与事业，本是抽象之物，通过以月日的比喻，使之变得更具体可感。尤其是结尾两“如”的比喻：其德位又如南山之无损无坠，历久而长存；又如松柏之叶茂盛，旧叶未落，新叶已生；无不新故代承，而不觉其雕落，福至而禄成。表达了愿君百业兴旺，欣欣向荣。明人钟惺说得好：“前九如字，笔端鼓舞，奇妙。”诗人开创性的比喻，比得异想天开，比得饶有风趣，比得耐人寻味。吟咏起来，和谐悦耳，在回环荡漾的美感中，还使人起庄重肃穆之情。故对后世诗歌创作产生了很大影响，所以，《天保》九如成为后世祝颂之辞：

像高山一样雄伟,像平原一样宽广,像山冈一样坚强,像山川一样源远流长,而且与日俱增……像上弦明月,像初升朝阳,寿比南山且永无挫无损,如松柏常青,所有这些祝福都将为您降临。

采 薇

采薇采薇,薇亦作止。
曰归曰归,岁亦莫止。
靡室靡家,猃狁之故。
不遑启居,猃狁之故。

采薇采薇,薇亦柔止。
曰归曰归,心亦忧止。
忧心烈烈,载饥载渴。
我戍未定,靡使归聘。

采薇采薇,薇亦刚止。
曰归曰归,岁亦阳止。
王事靡盬,不遑启处。
忧心孔疚,我行不来。

彼尔维何?维常之华。
彼路斯何?君子之车。
戎车既驾,四牡业业。

岂敢定居？一月三捷。

驾彼四牡，四牡骙骙。
君子所依，小人所腓。
四牡翼翼，象弭鱼服。
岂不日戒，猃狁孔棘。

昔我往矣，杨柳依依。
今我来思，雨雪霏霏。
行道迟迟，载渴载饥。
我心伤悲，莫知我哀。

【概要】

君命将帅遣戍役，代为之言赋此事：

【译文】

正当春月我出戍，薇菜嫩绿新芽出。
当采取薇菜之时，薇菜初生破出土。
斯时心口而相语，何时归乎何时归？
计谋当在岁暮归，我今所以舍室家，
为猃狁侵陵之故；无暇栖息安定居，
为猃狁侵犯之故，非上之人以我苦。

我往边疆出戍卫，薇菜始生而柔脆。
何时归乡何时归？念计归期之遥远。
思谋归期心忧闷，忧心烈烈如火焚。
长途之苦不堪言，饥渴之苦固不免。

我出戍役未定息，何暇念计顾室家。
无法回去探室家，使人归问家安否？

采薇菜呀采薇菜，薇菜茎叶成坚硬。
正当采薇菜之时，我往边疆抗外侵。
何时归家何时归？计岁归期在阳月。
但王事靡盬之故，无暇栖息安身骨。
心忧国事不安宁，至于病魔缠我身。
我今此行抗猃狁，敌王所忾无还心。

那东然盛者何花？鲜艳夺目常棣花。
那乘路车者何人？骏马驾车将帅乘。
此时兵车驾驰骋，四牡业业然壮胜。
将帅而作气于上，士卒而奋勇于下。
岂敢安居而停歇？不致外侵边关过。
如是则一月之间，庶乎三战而三捷。

四匹雄马驾驰骋，四牡骙骙然强盛。
兵车行载衣粮运，粮草齐备止营卫。
是将帅之所凭依，是士卒之所倚庇。
四牡翼翼马力齐，象弭鱼服器械精。
然不再恃此而骄，岂不日日相警戒？
猃狁出没甚飘忽，不可一日忘战备。

我为猃狁侵之故，抗敌岂敢言劳苦？
然而戍役之悲苦，无论往时归亦然。
试预道归时之状，窃谓昔日我之往。
杨柳依依而茂盛，今归雨雪霏霏甚。
迟迟远道随军行，忍饥受渴故乡奔。

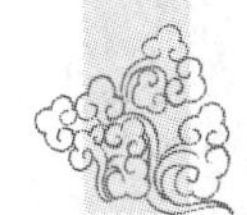

我心徒自而伤悲，尔谁能知我哀痛！

【注释】

*薇：菜名，豆科植物，俗称野豌豆。冬生芽，春长大，可食。又名巢菜。解见《草虫》。 作：初生，谓芽初出土。 止：语尾助词，下同。

*曰：发语词，无实义。 归：回故乡。 莫：古暮的本字，晚上。岁暮即岁末，指一年将尽之时。

*靡：否定词，无。 室、家（古音姑）：指妻子。 猃狁（xiǎn yǔn）：我国古代北方的一个少数民族。先周称畎夷，西周晚期称犬戎，春秋时称为狄，战国、秦、汉称匈奴，隋唐称突厥。又写作"猃狁""荤粥""熏育"等。

*不遑：没有闲暇。 启居：古人席地而坐，两膝着席，腰部伸直称跪；臀部和脚跟相触称为坐。此谓没有闲暇坐下来休息。启，跪。居，坐。

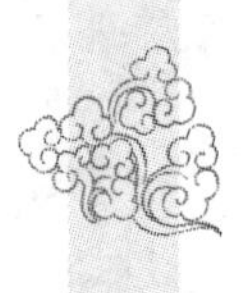

*柔：初生之薇菜十分柔嫩。

*忧止：因归期晚而忧虑。

*烈烈：本是火势猛烈，用来形容心忧如焚。 载饥载渴：又饥又渴。载，又，则。

*戍：戍役。驻守。 定：停止，结束。 靡使归聘：无人可使归而问其室家之安否也？使，使者。归，遣使归乡。聘，慰问，探问。据罗克《诗经注译》，聘字中的"耳"示意用耳去听。此章兴法。

*刚：成熟，坚忍。既成而刚，指薇菜茎叶由柔嫩变得坚硬。

*阳：十月。周历自四月到十月为阳月。《郑笺》："十月为阳"。十月纯坤用事，嫌于无阳，故名此月为阳。

*王事：国事。此指征讨猃狁之战。 靡：没有。 盬：止息。解见《鸨羽》。启处：与首章"启居"同。

*孔：很，甚，副词。 疚（jiù）：古音几。本意为久病。犹如生病，痛苦。 不来：无归心。此见士之竭力致死无还心。

*彼：那些。 尔：三家《诗》作"薾"（nǐ），言花盛，字当从艹，是薾为正字，尔为假借字。一说尔为弥省，示意草木弥漫。 维：通"惟"，语气词。含有"是"意。常：常棣。 华（古音敷）：古花字。

*路:通“辂”,车名。指大夫所乘之大车。又名戎车。 斯何:犹维何。斯,语词。含有“是”意。 君子:指将帅。

*戎车:将帅之车。 四牡:上古战车由四匹马驾驶。周代战争用车战。按《司马法》:兵车一乘,马四匹,甲士十人,步兵十五人。甲士身穿戴盔甲,三人立车上,称为甲首。其余甲士七人,在车旁步行。步兵十五人随在车后。另有步兵五人保护辎重车。计一辆兵车共有三十人。 业业:强壮。一说高大的样子。一说排列齐整貌。

*岂敢:何敢。 定居:停止而安居。 三捷:三战而三胜。捷,胜。一说指多次胜利。一说捷为接触。这里指交战。一说行军抄小路。

*骙骙(kuí):强壮。马行威仪。一说马排列齐整貌。

*君子:谓将帅。 依:依靠。指将帅倚靠在车厢上。《集传》训“依”为“犹乘”。 小人:谓士卒。 腓(fēi):庇;庇护,掩护。《毛传》:“腓,辟也。”《释文》:“腓,避也。”荫佑之义。

*翼翼:车马行止行列整治之状。《毛传》:“翼翼,闲也。”意谓驾驭娴熟有序。翼,本指羽翼。 象弭(mǐ):用象牙装饰的弓。弓的两端缚弦处为弭,镶上象牙叫作象靡。弭者弓弰之名。 鱼服:用鱼皮制的箭袋。外面蒙上一层鱼皮,叫作鱼箙。或说箭袋是鱼形,或说箭袋上画有鱼鳞。鱼,兽名。服,古“箙”字。假“服”以为“箙”,矢箙,盛箭之器,古以竹为之,故字从竹。

*日戒:每日警备。戒,警戒。 棘:急迫。一说荆棘。此指扎手,厉害而难于制服之意。

*往:指当时出征时。 杨柳:蒲柳。 依依:茂盛而随风飘扬。依、殷古同声,依依犹殷殷,殷亦盛也。 思:语气词,如“兮”。 雨雪:雨夹雪。 霏霏:芳菲反。雪盛貌。杨柳依依,薇作薇柔之时;雨雪霏霏,岁莫岁阳之时。

*行道:行路。 迟迟:指道路的长远。一说缓缓。

*我心伤悲,莫知我哀:哀,伤悲。上之人述其情,如此则其知之可谓尽矣,而犹口莫知我哀,可见其体悉之心无有穷极也。

【品鉴】

这是一首遣戍役之诗,一位戍边士兵在归乡途中所作的诗。也是《诗经》中

脍炙人口的名篇。

此诗可能是殷商晚期周族的诗，具体为周文王时期的作品。《毛序》以为是文王遣戍役之诗。毛《序》曰："《采薇》：遣戍役也。文王之时，西有昆夷之患，北有猃狁之难；以天子之命，命将帅遣戍役，以故歌《采薇》以遣之，《出车》以劳还，《杕杜》以勤归也。"《序》以为诗旨是"遣戍役"，并将时代确定在殷周之际的文王时代，考之于史，"猃狁—畎夷—犬戎"族曾长期对周王朝构成威胁。《汉书·匈奴传》云："(周)懿王时，王室遂衰，戎狄交侵，暴虐中国，中国被其苦。诗人始作，疾而歌之曰：'靡室靡家，猃狁之故。……岂不日戒，猃狁孔棘。'"士卒们是为了抗击猃狁的侵害而踏上征途的。据此，文王时，北方猃狁侵周，周文王为了解除猃狁的侵略威胁，并缓冲国内的阶级矛盾，命将帅领兵出征，便发动了征伐猃狁的战争，打退猃狁，戍边的士兵就唱出了这首歌。而方玉润却说："以戍役归者自作为近是。至作诗时代，或以为文王时，或以为宣王时，更或谓季历时，都不可考。大抵遣戍时世难臆断，诗中情景不啻目前，又何必强不知以为知耶！"方说虽然明确了此诗为"戍役归者自作"，但提出了作诗时代的不同看法。

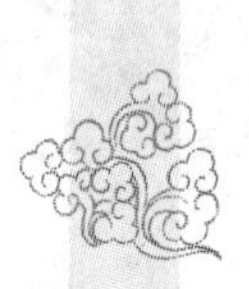

《采薇》一诗，共分六章，每章八句。诗人以一位戍边士兵的口吻，细致描写了士兵"出戍之时采薇以食，而念归期之远"的征途艰难过程，以及他们久戍不归和战后归途中，追述戍边的境况、思乡之忧及复杂的思想感情，真切深刻地反映了当时猃狁侵边的危急局势。前三章均以采薇起兴，但兴中兼赋。

第一章写"我"久戍不归，都是猃狁侵害之故。首两句写：我今离家出戍，正当春月，采取薇菜之时；薇菜初生，破地而出。"采薇"即采集野生的薇菜，食不果腹的士兵只好采薇而食，以野菜充饥。在人的诸项生存活动中，温饱是最根本的，也是首先要保障的，如果靠采薇菜来维持生存，那么，生活的艰辛就不言而喻了。"薇亦作止"，表明是春天，薇菜刚刚绽出小叶，即出征之时。诗以采薇起兴，是戍人回忆往事的线索。诗人巧妙地通过"采薇"，以引所抒之情，表达其日益深重的乡愁。故用一唱三叹的复沓形式反复咏唱："曰归曰归，岁亦莫止"。此时心口相语，何时归乡啊何时归家！然而计之当在岁暮。突出表明士兵们渴望归家，十分心切。那么，"我"今所以舍其室家，为猃狁之故；所以不遑启居，为猃狁之故，非上之人故而如此苦于我。面对猃狁的侵凌，戍地不稳，但士兵虽归心似箭，而作为军人有守卫国土之责。诗人把怀乡情结与戍边责任感交织在一起，士兵虽有归心、私情、怨恨，但把这种情感归结到猃狁的猖狂入侵上，即“猃狁之故”；对周王朝没有半分指责，这大概就是古人称道的所谓“虽兼私情，公义言而重在义”吧！

前三章的首四句，虽用重章之叠词的复沓形式，但复中有变，或一字之变，或一句之变，或几句之变，循序渐进，抒发思家盼归之情，随着时间的推移，这种心情越发急切难忍。故第二章写归期之远，忧心如焚。诗言：我当采薇菜之时，而出往戍地，其薇菜初生而柔脆。预计其归期之远，未免心忧，且忧心忡忡至于烈烈然。尤长途之苦，饥渴固所不免；但我戍役之久方未停息，抗击猃狁，疲于奔命，何暇归家顾及亲人、室家，只使人归问家之安否？“薇亦柔止”一句，是指薇菜茎叶柔肥，暗示久戍不归。诗人真切地表达，由于出征的艰苦，思归之情越加浓烈，日复一日，年复一年地盼望归家，但时间都过了“阳月”，归乡似乎还只是个遥遥无期的盼望。都是为了抗击猃狁的侵犯，正是因为他们入侵中原，才害得自己出戍而居无定所。诗人在此章中叙述了久戍在外的士卒，大概有五种事是最感伤的：一是归期之远，离家之悲，未免忧心如焚；二是受长途之艰，忍饥受渴之苦；三是戍役之久，无暇休息之劳；四是不得家中音讯之忧；五是无暇回家，使人回乡问平安。而五种忧愁，可谓“忧心烈烈”。想起这些艰苦、忧伤，都是猃狁猖狂入侵所致。因而对猃狁的痛恨更加深沉，要消灭他们的勇气也就更增加了。所以才会有下文一月三战而三捷的辉煌战果。

三章在迭咏的同时，情景亦有递进。薇由作，而柔而刚，时序经历了从春到秋的变化，一年阳月将过，仍然是君问归期未有期。故第三章写心忧国事，致使忧病缠身。诗言：我当采薇菜之时，离家而出往边关，其薇菜已成熟而坚硬，计算其归期，当在阳月。但因王事靡盬之故，不暇启居，而且心忧国事，至于忧病缠身之甚。我今此行，同仇敌忾，不破来犯之敌，无还之心！诗人表示只要猃狁之侵犯一日不平，归乡就没有定期。王朝的差事从来没有休止，“我”也无暇休憩，心里充满了忧思。戍役不仅艰苦，而且漫长。如“薇亦作止”，这是春天，薇菜初生嫩芽；“薇亦柔止”，这是夏天，薇菜茎叶柔脆；“薇亦刚止”，这是秋天，薇菜茎叶已成熟而坚硬。“作”“柔”“刚”三字表示薇菜历经春、夏、秋三个不同的生长阶段，薇菜由嫩而坚，时间循序递进，它暗示着戍卒久戍不归。一年将尽，戍卒何时归乎？何时归到故乡呢？阅读悲壮而忧愁的诗句，仿佛看到面带忧伤的戍卒，一边

采吃野菜，旷野征战，一边屈指计算着返乡的日期。“岁亦莫止”“岁亦阳止”，戍卒们屈指而计，其归期之远，从岁暮到夏历“阳月”（十月），随着时间的流逝和物换星移，这漫漫岁月，不知何时归乎？故“心亦忧止”“忧心烈烈”“忧心孔疚”，戍边士兵家有老母、妻儿，久戍不归，其忧伤与痛苦能不日益加深？但“王事靡盬”之故，无暇安身憩息；战争频频，人民灾难之深，岂能回家探亲？而心忧国事，致使身患重病，苦不堪言。然而想到玁狁入侵甚猖狂，同仇敌忾而无归心。反映了久戍不归的士卒，既有抵御外辱的爱国思想，又有眷念故乡、自伤离乱的悲怆情绪。

诗的前三章为一层，均以“采薇采薇”起兴，追忆思归之情，叙述不归之“玁狁”之故、“王事靡盬”之故。第四章描写将帅车马之盛，一月三战而三捷，全获大胜的实况。诗人笔锋一转，开始叙写行军作战生活令人振奋的一面。全篇气势为之一振，其情调，也由忧伤思归之情转而为激昂的战斗之情。前四句，诗人自问自答，开句以“那东然鲜艳盛开者何花？是常棣之花光彩而夺目”作为比兴句，自然引出所咏乘车之人。“那乘路车者何人？将帅之车驰威风”。将帅出场，仪容威武，宛如棣花而鲜艳光彩，格外引人注目，这是率兵抵御外侮的主要人物，表现出奋勇抗敌的英雄气概。继而围绕战车，将镜头推向战场列队的庄严场面：“戎车既驾，四牡业业；岂敢定居，一月三捷。”具体地描绘出威武的军容、高昂的士气和敢于取胜的英雄气概：此时兵车既驾，浩浩荡荡；四牡业业然壮胜，威武英俊，排列整齐，整装待发；将帅鼓气于上，士卒奋勇于下，盔甲整齐，兵器锐利。岂敢栖息而居安？如此则一月之间，庶乎可以三战而三捷。士卒雄赳赳气昂昂，士气之盛，令人只觉战争硝烟弥漫和局势急迫，战斗频仍。然他们一月之间就大获全胜，可见忠勇报国的豪情。而士气之盛，与之前的沉郁形成强烈的对比。

诗没有描述与玁狁作战的具体场景，只是淡淡地陈述一月之间，取得了三战而三胜。也许，血腥的厮杀场面作者并不想去回忆。

第五章描述车马倥偬，武器精良，士卒浴血苦战的实况。前四句，具体描绘在战车的掩护和将帅的指挥下，士卒们冲锋陷阵的场面：驾驰四匹雄马，而骙骙然强盛；兵车行驶，满载衣粮等物资，而止于营卫；是将帅之所凭倚，是士卒之所倚庇。战斗场面的描写虽着墨不多，但将帅如何指挥战斗，士兵如何借战车掩体，军容之盛，军情之急，意味着即将开始的拼杀，都表现得惟妙惟肖。诗人细腻地描写了古人所用的车战之法:且四牡翼翼,马力齐盛;象弭鱼服,武器精良,然不再恃此而骄;此是获胜的条件之一。在这里,诗人从战争开始写到抗击玁狁的激烈,从车马之强,将帅之威,士气之盛,阵容之大,武器之精到将士们的战斗方式,从而细致地勾勒了战争的全貌。最后指出:"岂不日戒,玁狁孔棘"——岂不日相警戒?诚以玁狁出没飘忽,既艰难又急迫,不可一日忘记戒备。这样,就交代了玁狁的猖狂,军情紧迫的形势。所以,士卒们抗敌备战,时时刻刻处在警戒状态,随时歼灭来犯之敌,反映了抗敌任务的艰巨。此是获胜的条件之二。研读此诗,使人感觉整个人生就如一场战争。活着就会被迫卷入这场战争之中,就会有忧伤、痛苦、烦恼、恐惧、绝望和无助等生活体验。表达这些体验的诗,本身就是动人的生存哲学。

第六章是总述往返之辞。前五章回忆戍边之苦,抵御外侮之胜的喜悦以及思乡之情,最后一章却采用对比手法,而描述次序为春夏秋冬。那么如今凯旋,应庆生还,感到高兴才对。可是人的感情变化是多端的。想到战争时期的艰辛、付出,得到胜利果实的牺牲代价:我因为玁狁侵害之故,岂敢言劳?然而戍役之苦,无论出征时,还是归时之艰亦如此。则试预道归时之情状,窃谓昔日我出征,正值春季,路边杨柳尚依依而盛,似亲人招手向自己告别。今我凯旋时,却遇上了雨雪霏霏的冬天。虽然踏上归途,但尚行迟迟之远道,险阻重重;还要忍受饥渴的煎熬而前行,而我心徒自伤悲,又有谁能知道我之哀痛呢?戍卒唱出一曲忧伤的歌,总不至于得罪大人君子们吧!无家无室的忧虑,居无定所的烦恼,频繁作战的辛苦和疲惫,思念故乡的痛苦;对个人命运的感慨,对入侵之敌的仇恨,对和平安宁生活的向往;触景生情的感伤,命运无常的恐惧,遥遥无期的等待,这一切无时无刻不冲击着敏感多思、忧患焦虑的心灵。把他们唱出来,是一种自我遣怀,自我抚慰,犹如受伤的小动物,只有自己舔吮伤口,自己忍受痛苦,自己体验悲伤。

此诗在四个方面曾引起后人赞誉:

其一是诗句的优美。晋朝大将谢安曾问他的子弟们说:"你们认为《诗经》中哪几句最好?"他的侄子谢玄就答道:"昔我往矣,杨柳依依;今我来思,雨雪霏霏。"谢安却不赞成说:"我认为'吁道定命,远猷辰告'(《大雅·抑》篇)两句最好。"谢安所说,自是宰相口吻;但后世诗人,多喜欢谢玄所提两句。成为《诗经》中最

佳诗句之一，对它的赞誉之声不绝于耳。

其二是"以乐景写哀，以哀景写乐"的表现手法。如王夫之《姜斋诗话》："昔我……"四句，以乐景写哀，以哀景写乐，一信增其哀乐。其"借景言情"的诗歌创作手法对后代诗人有广泛影响。

其三是诗人巧妙地以春夏秋冬的季节变化为线索，以表达日益深重的乡愁。

其四是运用比兴和设问句的艺术表现手法，加强了诗的感染力。

牛运震评此诗曰："悲壮凄婉，全以正大之笔出之。结构用意处更极浑成。后世出塞曲，伤于惨而尽矣。"方玉润评说："绝世文情，千古常新。"可知此诗对后世影响之深。

出　车

我出我车，于彼牧矣。
自天子所，谓我来矣。
召彼仆夫，谓之载矣。
王事多难，维其棘矣。

我出我车，于彼郊矣。
设此旐矣，建彼旄矣。
彼旟旐斯，胡不旆旆！
忧心悄悄，仆夫况瘁。

王命南仲，往城于方。
出车彭彭，旂旐央央。

天子命我，城彼朔方。
赫赫南仲，玁狁于襄。

昔我往矣，黍稷方华。
今我来思，雨雪载涂。
王事多难，不遑启居。
岂不怀归？畏此简书。

喓喓草虫，趯趯阜螽。
未见君子，忧心忡忡。
既见君子，我心则降。
赫赫南仲，薄伐西戎。

春日迟迟，卉木萋萋。
仓庚喈喈，采蘩祁祁。
执讯获丑，薄言还归。
赫赫南仲，玁狁于夷。

【概要】

二人君而劳还率，作此诗而述其事：

【译文】

将帅出雄师之始，则曰我出车之时。
我出我统之戎车，在那郊外之牧地。
自天子之所授命，我来膺门外之事。
得王命召那戎仆，命他们装载武器。

我即载车而出行，当王事多难之时。
军情而兵贵神速，此行急迫而汲汲。

我出我统之戎车，在那牧内之郊野。
龟蛇战旗迎风扬，旐旗竖在戎车上。
建立旄旗统前军，后军有旐更有旟。
旟旗招展兵车行，旟旐先后相辉映。
何不旆旆而飞扬？惟是兵凶而战危。
将帅忧心则悄悄，戎仆不辞辛劳瘁。

周王命令南仲将，赶往筑城守朔方。
但见出车浩荡荡，彭彭然众盛轮响。
旗旗旐旗树车上，央央然鲜明飘扬。
车马驰骋至朔方，将帅命令军中曰：
天子命我守边疆，筑城之地于朔方。
南仲威名赫赫扬，扫除猃狁不可抗。

伐猃狁果尔屈服，终可还归探思妇。
归期转迟何为甚？念我受命而往征，
黍稷开花方且盛。今计来返之归时，
雨雪冻释而泥涂，归计若此又延期。
西戎助虐国多难，徂征而不暇安居。
岂不思归期之早？王命懔懔畏简书。

南仲出征方还归，草虫喓喓而和鸣。
阜螽趯趯而跳跃，今岁晚秋之时过。
室家感物而念君，未见君子南仲归。
忧心忡忡不安宁，如见君子甚高兴。
我心始降而下沉，室家虽思南仲君。

赫赫南仲威名振，薄伐西戎报忠心。

猃狁昆夷伐平息，二寇驱除王事毕。
春日则迟迟舒缓，卉木则萋萋茂盛。
仓庚则喈喈和鸣，采蘩则祁祁众多。
所执者讯问渠魁，所获者相胁而从。
国人共喜大将归，奏凯而还咸曰美！
赫赫南仲猃狁荡，平定而不复生王。

【注释】

*我：指南仲，出征将帅。一说语助词，犹乃。一说意为哦或啊。 出车：出车马于牧地。 于：往。 牧："古音墨，转音牧。"郊外。邑外谓之郊，郊外谓之牧。

*自：从。 天子：指周王。 所：处所，指周京。 谓我来：即使我来。谓，使。

*召：召集。 仆夫：御夫，即驾驭车马的人。 谓之载：命他们装载兵车而出征。载，转音"哉"，装载。使装载物而往。

*王事：王室封疆之事。 多难：时猃狁、西戎并起为患，故曰多难。 难：危难。 维：发语词。陈奂《传疏》："维，发声。凡言维其，其也。" 其：指猃狁、西戎。棘：紧急，指兵贵神速。

*郊：城外为郊，亦指放牧之地。郊，在牧内，前军已至牧，而后军犹在郊。

*设：陈设、建立。 旐(zhào)：龟蛇曰旐，指画有龟蛇图案的旗。 建旄(máo)：注旄于旗杆之首，指建立旗杆头上有牦牛尾装饰的军旗。

*旟(yú)：画有鸟隼图案的军旗。鸟隼曰旟。谓画朱雀及隼。鸟隼曰旟。鸟隼龟蛇，曲礼所谓前朱雀而后玄武也。杨氏曰："师行之法，四方之星，各随其方以为左右前后；进退有度，各司其局，则士无失伍离次矣。" 斯：语词。 胡不：何不。 旆旆(pèi)：风吹旗帜飘扬之状。

*悄悄：忧伤。 况瘁：恐惧而憔悴。况，兹也。御夫则兹益憔悴，忧其马之不正。

*王：周王。 南仲：即张仲，宣王时统兵之大将。《路史》云："言禹后有南氏二臣势均争权而国分南仲即其后。" 城：动词，筑城设防，修筑工事。 方：朔

方，今灵夏等州之地，近猃狁之国。

*彭彭(古音旁)：为骋骋之假借字。指车马盛多。彭、旁皆假借其正字，则马部之“骋”也。言马而假彭声之字者，其壮盛相似也。 旗(qí)：画有交龙图案的旗。交龙为旗，此所谓左青龙也。 央央：“英英”之借字，音意相同，鲜明貌。与上句彭字为韵。

*朔方：北方。古语称北方为朔。北方则猃狁不能乘虚为患。

*赫赫：指威名显著。 襄：“攘”之假借字，除。从此征猃狁，于是而平除之。《齐诗》作“攘”。襄，如字，本或作攘。

*黍、稷：同为粟类；黍黏，稷不黏。 方华：正开花。方，方旦，正。华，动词，开花盛。“六月时”，此指夏季，为借代修辞。

*思：语尾助词。 雨雪：雨夹雪。 载：在。此言其既归在途。一说满，雨雪下满了路途。一说却是。 涂：“途”之假借字。雪落而冻释为途泥。冰冻方释而征途泥泞，此指春时，亦为借代修辞。

*不遑：没有空闲。 启居：安坐休息。征伐猃狁，因伐西戎至春冻释而来反，其间未有休息。

*畏：畏者懔懔钦承之意。 简书：戒命。邻国有急，则以简书相戒命也。或曰简书，策命临遣之辞也。

*喓喓(yāo)：虫鸣声。 草虫：一说指蝗。或指草间之虫。一说蝈蝈。 趯趯(tì)：跳跃貌。 阜螽：蝗类，即蚱蜢。草虫鸣，阜螽跃而从之，天性也。“喓喓”以下六语，亦俱同《草虫》篇。

*君子：妇女称丈夫为君子，即征夫。 忡忡：忧虑而不安。

*既见君子：此是妻子感时物而念君子的情景。 我心则降：我心始降而下。

*薄：借为搏，即搏击。

*迟迟：舒缓。指春天白昼漫长。 卉(huì)：百草的统称。 萋萋：草木茂盛。“草之与木，已萋萋然茂美。”

*仓庚：黄鹂。 喈喈：犹唧唧，黄鹂之和声。 采蘩：一种蒿子，又名白蒿。可扎蚕以供结茧。 祁祁：众多。解见《七月》。

*执：捕。 讯：讯问。其魁首当讯问者。 获：诗假“获”以为“馘”(guó)。释馘为获，则此诗获字即为馘之假借字。 丑：众敌。周人称异国敌人为丑。如今语

呼之为鬼子。此指男俘虏。 薄言:发语词。一说薄为急忙。

*夷:平息。

【品鉴】

《集传》:"此劳还率之诗。"《案》:"王命南仲。《毛传》:'王殷王南仲,文王之王。'考《竹书纪年》:'帝乙三年,王命南仲西拒昆夷,城朔方即此诗事也。'"何楷曰:"文王作此以劳南仲,故篇中曰自天子,所曰天子命我可知非二乙劳之也。"

《出车》是一首劳还率之歌。写的是西周大将南仲受王之命,帅师平定玁狁后凯旋,这很可能是周宣王时期的征战歌。但《毛序》认为是周文王时之作,恐不可信。《鲁》说:"周宣王命南仲、吉甫攘玁狁,威荆蛮"。认为本篇是周宣王时诗。在《小雅·采薇》中,苏辙云:《采薇》《出车》《杕杜》,此三诗皆言文王为西伯,以纣之命而伐玁狁,故其诗曰:"自天子所,谓我来矣。""天子",谓纣也。然此诗之作则非文王之世矣,故其诗曰:"王命南仲,往城于方。""王"谓文王也。文王未王而称王,后世之所追诵也。而毛氏以"王"为纣,故叙以为文王之世,歌此诗以遣劳之。夫纣得命文王而不得命南仲,故"王"得为文王而不得为纣。王不得为纣,则此诗非文王之世之诗明矣。程俊英、蒋见元《注析》云:"《汉书匈奴传》:'宣王兴师,命将以征伐之(指匈奴),诗人美大其功,曰:薄伐玁狁,至于太原,出车彭彭,城彼朔方。'《汉书古今人表》又将南仲列于宣王世。王先谦《诗三家义集疏》认为此诗与《六月》同为宣王时诗,三家诗说是有根据的。……周时用兵玁狁事,其见于书器者,大抵在宣王之世,而宣王以后即不见有玁狁事。"程氏之说足可信。至于书的作者,方玉润《诗经原始》曰:"大略此诗作于当时征夫,后世王者采以入乐,用劳还率以酬其庸,盖将以南仲之勋业望之而已。"但根据诗调,揣摩诗义,作者不应是普通士兵,而应为随南仲出征的部将。

从历史上看,周宣王时代,北有玁狁(北狄),西有昆夷(西戎),以朔方玁狁为首的戎狄部落举兵侵周,对宗周威胁最大,加之西戎助虐,使周王事多难。宣王为了缓解国内矛盾,转移人民的视线和目标,当然也是为抵御征伐二寇,自保其土,宣王数次派兵,便发动了征伐玁狁的战争。南仲是当时的大将,而受命率兵出征,历经数战,玁狁受到致命打击,向北遁逃。南仲出征,一举击败了玁狁、西戎二寇,班师回朝,凯旋,终于取得了平定四夷的胜利,开创了"中兴"局面,此

诗就是叙写这次战役的。诗人在诗中赞颂了周王平定四夷的功绩,称颂显赫的大将南仲,勤劳王事,克敌有功,忠于邦国。同时,也描写了将士们久战不归,而转战劳瘁的情景,以及室家对将帅的牵挂。诗人身历其境,饱尝战争的苦难,也分享了胜利的喜悦,这种种复杂的思想感情,在《出车》中都有所反映。

诗的前三章则如秋霜之肃,后三章则如春风之和。如此,然后谓之王者之师。

前二章为南仲口吻,采用赋体艺术手法,直抒胸臆。首章写道:"我出我车,于彼牧矣。"劈头就说:"将帅出师之始,便是我出我所统帅之戎车,在那郊外之牧地。"先交代出征之地点:戎车已达郊外的牧区。写得有声有色,隆盛威武。接着追述天子命"我"为将:"我自天子之所奉命,来到膺门外之事,既得周王之命,即召那御夫,而命他们说,我即刻出征,载车而行。"这里的"我",指南仲自我。是诗人以南仲的口吻在进行叙事。可知此行出征是天子所命,使命之重,任务之艰。于是招纳御夫,驾驭战车,装载兵器,雷厉风行地做好出征的准备工作。写出了军队集结、出发时的神速情景及军容盛况。真是声势赫赫,惊心动魄!重大责任在身,所以上下都必须谨慎从事。最后写"王事多难",军情急迫,形势严峻。表明猃狁侵犯甚猖狂,邦国多有患难,兵贵神速。把当时军情火急的紧张氛围全盘推出,真是扣人心弦!

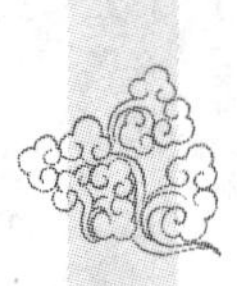

第二章直叙军旗飘扬,兵车壮盛。"我出我车,于彼郊矣。"直言:"我出我所统领之戎车,在那牧内之郊。"意谓前军已行驶牧地,而后军犹在郊外,表现了军车浩浩荡荡,众多隆盛。重点突出全军的建旗盛况:"尤为耀其旗帜,在戎车之上,设立画有龟蛇图案的旐旗以统帅后军;在戎车之上,建立旗杆头上有牦牛尾装饰的旄旗以统领前军,更复有画有鸟隼的旟旗迎风前行。那旟旐旗帜后先辉映,何有不旆旆而飞扬乎?"古曲礼所谓前朱雀而后玄武,而行师之法:四方之星,各随其方;以为左右前后,进退有度,各司其局;则士卒无失伍离次之事;阐明了军纪之严明,进军之有序,统领之有方的行师之道,不愧是一支威武之师。"胡不旆旆"一句有力的反诘,显示出旗帜垂然的一片肃穆气氛,象征着抗狁战争的必胜。并通过对"军旗之盛,旟旐飞扬"的铺叙,"大将征伐,声势赫赫写出。"(方玉润《诗经原始》)这一切,就为下面写战胜猃狁、平定西戎做了铺垫。"忧心悄悄,仆夫况瘁。"这两句说:"只是兵凶战危,作为将帅使命重大,必然则忧心忡忡；作为仆夫英勇抗敌，当此时也不辞其艰辛劳瘁。”然御敌卫国之精神，终究是将士承担的重要使命。写出了大将思谋深沉、士卒辛劳而敢洒热血的一面，表现了一种紧迫的战争气氛。使人只觉战车滚滚，军旗列列，杀声阵阵，真是金戈铁马，洋溢着驰骋沙场的威风！

第三章叙述赫赫南仲大将，奉命筑城朔方，抵御猃狁之侵。诗言：“为将帅者，南仲是也。周王命之往筑城朔方，但见出车则彭彭然众盛，旗旗则央央然鲜明。将至朔方，乃令于军中将士曰：天子命我，在那朔方之地筑城。此时南仲之威名赫赫，而入伐猃狁之难，从此除之不难。”诗人直书南仲大将传天子之命，以命军师，显得异常郑重，义正词严，声灵百倍。于是兵车隆盛，旌旗飘扬，鲜明夺目，真是威灵气焰，赫然动人！体现了全军上下同仇敌忾的昂扬士气。“兵事以哀敬为本，而所尚则威。二章之戒惧；三章之奋扬；并行而不相悖。程子曰：‘城朔方而猃狁之难除，御敌之道，守备为本，不以攻战为先也。”（朱熹《集传》）因此，奉王命只是筑城朔方，已使敌人丧胆，闻风而逃。如不是以南仲大将的显赫威武，上能承天子之威灵，下能共士卒之甘苦，又怎能收得如此神速的功效？真是所谓“其出也有名，其作也有勇，而其往也无敌；此之谓王者之师，此之谓王者之将。”

此诗在结构上极有特点，前三章实写出征前的准备工作，军容壮盛，装备精良，可谓气象庄严，气氛肃杀。后三章却突然调转笔墨，略过战争的具体过程，直接描写凯旋的情景。可谓情调和乐，风情款款。这样前四章为第一部分，抚今追昔，归途遭雨雪；王事多难，无暇休闲。诗人采用对比写法，以叙事抒情。诗人略去了战斗或筑城御敌的历程，直接写出猃狁被击败的结果。“昔我往矣，黍稷方华。”这两句说：“此时猃狁果尔屈服，可以凯旋而还归了。因念昔我受命而往，黍稷方且开花。”承上，点明此次奉命出师北伐的时间是在夏季。“今我来思，雨雪载涂。”这两句说：“今计来返之时，雨雪霏霏而下，土则已冻释而道途泥泞，所以归计若此不绥。”启下，联想出征时黍稷开花茂盛，今归时雨雪交加，点明凯旋是在冬季，说明归途之艰。“王事多难，不遑启居。”“然诚以西戎助虐，王事多灾多难，复承王命徂征，而无暇启居安身。”由此转入描写讨伐西戎的事。联想到“雨雪载涂”和“黍稷方华”，诗人以时空和季节的变换，让读者自己去想象战争的艰苦和出征长久不归的悲伤，把有限的笔墨节省下来，抒发自己的内心情感。难道不思早日归家吗？是因畏惧王有“简书”。出征的辛苦，思归不得的怨忧，自是人

之常情。但总以王事为重,不能因私情妨碍公义。

第五章插入一段室家之思,描述将帅出征,室家思君君不归,征伐西戎是使命。前六句诗言:“南仲凯旋方来归,那草虫喓喓而和鸣,阜螽趯趯而跳跃,正是今岁晚秋之时,其室家感时物而念君子,则曰未见君子南仲,忧心而忡忡;然如使既见君子南仲,我心始降而放下心,”这里借用《召南·草虫》中的诗句,变为室家之口吻,以抒写思妇对征夫翘首以待的思念之情与如见凯旋而平安归来的丈夫的欣喜之情。此处诗句中的“我”,当然是指室家了。“未见”而忧心,“既见”而降心,室家神魂颠倒的一番悬想,形成了鲜明的对照,典型地诠释了室家的情感世界;也写出了思妇和世人对战事的关注与饱受其苦的心态。这些细致入微的人物心理活动,做到了整体与细节、客观与主观的巧妙组合。而猃狁被一举击败,和前方将士一样,“我”也发出了对英明统帅南仲“赫赫”的由衷赞颂。正喜于征夫之能够归来团聚,却不料又有西戎助虐之战。故最后两句说:“此时室家虽思南仲,而赫赫南仲方且薄伐西戎,初若不知有其家者,可谓忠于国事。”表现了南仲不为私情,而为邦国,忠于王事,恪守国土,反映了他为国建功立业的奉献精神。诗人在写法上变换角度,写“未见君子”及“既见君子”的内心感受,以及那一忧一喜的心理,又富有温柔旖旎的气氛,此“想象之笔”对唐代大诗人杜甫有颇大影响。

第六章描写凯旋的盛大喜庆。二寇既平,王事已毕。春日妍丽,迟迟舒缓;卉木则萋萋然茂盛;仓庚则喈喈然和鸣,采蘩女祁祁而盛多,脸上漾着笑容,呈现出一派和平景象。在这样的春光明媚中,将士们胜利凯旋。于是“执讯获丑,献俘天子”,报功献俘于明堂之上,审讯一批又一批的战俘,渠魁所获者相胁而从。如此一来,猃狁平除,昆夷征服;使四夷震惊,边患永除;真是畅快淋漓,举国欢庆。南仲大将完成如此赫赫战功,实在了不起呀！诗人多角度多侧面描写人物内心感受,善于化用民间诗句,以丰富表现内容,这些都收到了很好的艺术效果。

方玉润评此诗说:“全诗一城猃狁,一伐西戎,一归战俘,皆以南仲为束笔。不唯见功归将帅之美,而且有制局整严之妙,此作者匠心独运处,故能使繁者理而散者齐也。”

日人竹添光鸿批评此诗说:“句句是大将举止,出师尚严;读首三章,便凛如秋霜,凯归贵和。读后三章,便蔼如春露,其间有整有暇,有勤有慎,有威有断。我出我车,责任专也;自天子所,宠命渥也;忧心悄悄,临事惧也;执讯获丑,恩威着也。全是专阃(专阃:执掌军事大权之将帅)气象。”

杕杜

有杕之杜,有睆其实。
王事靡盬,继嗣我日。
日月阳止,女之伤止,
征夫遑止。

有杕之杜,其叶萋萋。
王事靡盬,我心伤悲。
卉木萋止,女心悲止,
征夫归止。

陟彼北山,言采其杞。
王事靡盬,忧我父母。
檀车幝幝,四牡痯痯,
征夫不远。

匪载匪来,忧心孔疚。
期逝不至,而多为恤。
卜筮偕止,会言近止,

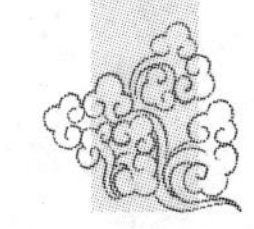

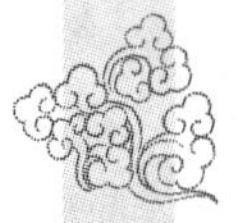

征夫迩止。

【概要】

二人君而劳还役，追述室家念之情。

【译文】

特生之杜长茂盛，睆然成实交秋冬。
王差靡盬无穷尽，日复继日忙不停。
我征夫行役之日，归乡归乡十月日。
归期正当阳月时，阳月而拖犹未至。
怨女感杕杜之成，心中忧思而伤情。
征夫此时可闲暇，能否安身何归家？

曾几何时落杜实，生叶萋萋又春时。
王差靡盬而不歇，我感时物之变谢。
忧思之心夫不忘，叫我如何不感伤？
百草花木不独生，杜叶萋萋而茂盛。
草木皆然相伴生，女心倍益含悲情。
庶几征夫速还归，子日望之把家回。

高登北山而遥望，采摘枸杞奔山冈。
春已暮而杞可食，时物之变晚秋至。
盖托以望君子归，王事靡盬而不止。
忧我父母无所倚，父母之忧何归期？
檀车之坚而衰敝，四牡之壮而罢疲。
征夫之归亦不远，渴望相聚使心愿！

车敝马疲久行役，竟不装载拖归期。
我心忧郁痛苦深，至于甚病痛难忍。

归期已过犹不至，未知安否存亡兮！

百端交集忧实多，俱问卜筮言会合。

二者之言皆曰近，征夫之归果不远。

室家思望之情切，今归喜乐何如耶？

【注释】

*杕(dì)：特生孤立。一说茂盛。 杜：木名，与棠相类。解见《唐风·杕杜》。以特生孤立的棠树起兴，喻征夫孤独无依。 睆(huǎn)：果实浑圆成实。一说颜色鲜明貌。一说果实盛多。 实：果实。有睆其实，喻子孙众多。

*靡盬：无休止，无尽头。 继嗣：继续。嗣，续。此句指王事继续不断。 我日：指延长我征夫之役期。或曰垂日，垂为传之义，指行役之期连续不断，行役续嗣其日。日，指归期。古代行役，规定春行秋返，秋行春返。诗中所写征夫已过秋时而不返，归期一再拖延。

*日月阳止：大月为阳，兼言日者，阳月之日。周历自四月到十月为阳月。阳，十月。一说阳为暖。一说阳指阴历十月。止，句尾助词。下同。

*遑：暇。

*萋萋：枝叶盛茂。春将暮之时也。其叶萋萋，喻室家盛也。皆天性之事，今役夫在外，不得尽天性，是杕杜之不如。

*我：女，自我也。怨女自称。

*卉木：草木。卉，百草的总称。末章所谓“春日迟迟，卉木萋萋”，即此时也。然曰“薄言还归”，则已归在途，尚未至家；故其家人不知而思念之耳。王者之体悉如此。 萋：犹萋萋。

*归止：可以归乡。

*陟：登山。登山采杞。 北山：一说南山。 言采：《诗经》中固定搭配“薄言采”的省略。 杞：枸杞。杞，非常菜也。杞木本非食菜，而升北山以采之者，是托有事以望汝也。采杞，即“卉木萋止”之时。

*忧我：使我父母忧念。“我”，征夫自我。言征夫之父母常为忧念。 父母：夫之父母。盖谓父母思之当早还归。指丈夫久役不归，使父母也很牵挂，岂止是我？

*檀车：役车。檀木为车，取其坚固。 幝幝(chǎn)：本义为布单，车的帷帐，

此引申为破敝。 四牡:四马。征夫以从征之,故其甲士所乘之车而备四马,故曰四牡非庶人寻常得乘四马。 痯痯(guǎn):疲惫,疲病。

*征夫不远:征夫之还归也不远了。此句为妇人猜测之辞。

*匪载:不装载车。匪,通"非"。 匪来:不归来。来,本义为归。 孔:大,甚。 疚:病。

*期逝:归期已过。期,归期,即约定时间。《鲁诗》期作胡。逝,往,已过。《齐诗》《鲁诗》逝作誓。 不至:不到来。 多为恤:百端交集所忧实多。恤,忧愁。以忧愁为多。

*卜筮:占卜算卦。卜,用龟甲占卜。筮,用蓍草算卦。灼龟曰卜,揲蓍曰筮。偕:俱。指思妇灼龟占卜和蓍草算卦俱问于卜筮,所言会合。 止:语尾助词。下同。 会言:三人合言。指占卜算卦合言。会,合。合言于繇为近。 近:归期不远。

*迩:近。古近字多与几同。近,以双声读几,与迩为韵。《释诂》:"几,近也。"是近字于此可读如"几",与下句之迩字为韵。

【品鉴】

《杕杜》是一首劳还役而闺怨思慕征夫之诗。《盐铁论·繇役》篇云:"古者无过年之繇,无逾时之役。今近者数千里,远者过万里,历二期。长子不还,父母忧愁,妻子咏叹。愤懑之恨发动于心,慕思之积痛于骨髓。此《杕杜》《采薇》之所作也。"这段话将《采薇》列为《杕杜》的姊妹篇,是有道理的。《采薇》写久役不归的征夫思念闺妇,《杕杜》写征夫长期在外服役,久不归家,闺怨思慕之心越来越强烈,淋漓尽致地反映了"王事靡盬",带给人民的灾难苦不堪言,深刻揭露了战争的罪恶,也反映了人民向往和平、夫妻长守、爱慕情深的宁静生活。然朱熹《集传》云:"范氏曰:'《出车》劳率,故美其功;《杕杜》劳众,故极其情。先王以己之心为人之心,故能曲尽其情,使民忘其死以忠于上也。'"朱熹深刻地揭示了《杕杜》之旨。

诗共四章,每章七句。前三章均采用起兴的艺术表现手法,而兴中有赋;都描述室家私情而兼征夫行公义,又专劳之以私情,大概与《四牡》《采薇》《出车》同本于公,私情以慰之。一章描述"王事靡盬",征夫行役久不归,妇人思慕而悲伤。诗开卷起读,便觉境界阔大,思绪万千,触景生情,写思妇的伤秋怀人之情:

"有杕之杜，有睆其实，"这两句采用《诗经》中常用的起兴表现手法，以兴出下文所咏之辞。特生孤立之杜，硕果累累睆然成实则秋冬之交。孤杜——象征着夫妻分居，彼此孤独；然特生之杜尚能结出丰硕之果，而分离的夫妻却不能尽其天性，可叹人不如"杕杜"。以特生之杜睆然成实来点明节令，则是秋冬之交，应是征夫归期之时，借以兴起室家思望之情，故室家感于时物之变而思之。诗人即景抒怀，将眼前特生之杜的繁茂盛长之景与室家思夫不归的悲愤沉郁之情，自然地交融在一起，形成全诗忧思沉闷的风格。中间四句说，如今因为王家之事靡盬然不停，征夫日复继日，顶风冒雪作差事，旷有时日。而我征夫行役之日，曰归曰归，岁月也已是阳月（即十月），归期正当阳月之时，阳月而犹未归。我们不难想象，在征夫望归的同时，诗中的闺怨，自丈夫离家行役后，便屈指计日，旦暮望归。而好不容易挨到深秋十月，归期已到，却不见征夫归来。所以，家中妇人感杕杜之成，怎不因之而忧伤！后一句则来一曲折，想象征夫现在应该是有闲暇之时，王事毕而可还归了。前后相衬，表现其盼望团聚之殷切。

第二章叙述"王事靡盬"，我心悲伤，庶几征夫还归。此章由外界景物的描绘转入内心情感的抒发，前两句仍以杕杜起兴：曾几何时，而杕叶飘谢，果实凋落；日复一日如流水，时光转眼又一年，生叶萋萋然又居春季之时，今君因"王事靡盬"行役而久不归；作为妻子的我，深感于时物之变而思望，岂不悲伤？且此时不独杜叶萋萋，草木皆然。妻子不免睹物兴情，忧思不绝，故心中倍益含悲凄，庶几征夫早还归，我日日盼望来相聚！第二句的"其叶萋萋"与第五句的"卉木萋止"，这与"昔我往矣，杨柳依依"处于同一手法，均以乐景兴悲。诗人巧借联章复沓、反复咏唱的形式之格，在重复强调"王事靡盬"四字后，又引出春风送来的"卉木萋止"，使"女心悲止"，幽咽凄厉，句句扣击室家的心扉。细细品味，其中包含着多少无可奈何之情！室家的离愁如此深重难遣，其中原来更有着期约难见的悲愁。想当初，临别之际，自己与征夫相约在杜花开放的秋天重逢。可是花开几度，人别数载，事与愿违，日日盼归来，年年负归期。每念及此，怎不令人肝肠寸断！有味的是，作者并没有花费笔墨去写征夫，而是直叙："征夫归止"，真是盼归夫君泪洒襟，望眼欲穿不见人！诗到此处，戛然而止，这就给读者留下了驰骋想象的余地。王昌龄的《闺怨》："闺中少妇不知愁，春日凝妆上翠楼。忽见陌头杨柳色，悔教夫婿觅封侯。"旨趣与此章颇近。

第三章描述父母思念而忧愁，征夫归期该不远。诗以孤生之杜起兴，象征征人的孤独。然此章改用赋体，又以枸杞结实可食，暗示征夫行役久不归，自然生出对亲人的思念。但诗人变换视角，写家中思妇的思念。天各一方，情系一处，有力地突出了共同的主题。而此章采用一般习见的上景下情的写法。开头两句：登上北山采枸杞，春已暮而杞可食。暗示春将过，秋已临，征夫行役久不归。"言采其杞"：《孔疏》云："杞木本非食菜，而升北山以采之者，是托有事以望汝也。"这句不仅形容枸杞茂密繁盛，又从另一个角度暗示了思妇采杞，而登高望远怀人的忧伤心情。写景有动景，也有静景；在动与静对比的同时，用暗示衬托出思妇的情怀。"王事靡盬"四字复沓咏唱，抨击了王差继而不断，征夫归期拖延，我心悲伤，父母无依而忧愁，皆是王事所故，揭示了统治阶级带给人民的悲欢离合与苦难。内涵之深，诗旨已明。最后三句描述妇人的心理活动。她觉得丈夫行役久不归，可如今，檀木之车虽坚，也该幝幝然破敝了，四牡之壮盛，也已痯痯然罢疲了，于是她想象：丈夫行役归期已不远，即将驾驭四匹雄马，乘着檀木坚车，可见千山万水被抛在身后，荣耀而归。诗从不同的角度暗示征夫行役久未归，表现了思妇幽闺寂寞，尽日凝望的神态。这种以抒情为主而景中有情的写法，过渡到下章抒情，使得全诗章与章的关系显得更为密切。

第四章直述妇人思念之久而患病。此章仍用赋体手法，直抒胸臆。那深深庭院里，重重帘幕中的思妇，是怎样忍受着相思的煎熬和独处的寂寞。前两句说：檀车破敝，四马疲惫，丈夫行役该回来了；然竟不装载，竟不归来；我朝盼暮望，忧心忡忡，至于郁积成病而甚重，表明了思妇患病之因是忧思所致，痛苦之深，可想而知。此是第三章伤悲、忧愁、痛苦、失望心情的发展。而三、四句则直抒：盖归期已过，而征夫犹不至；未知安否存亡，吉凶莫测，百端交集所忧实多。表现在患病之际，仍念念不忘征夫的安否与归来，年复一年地翘首盼归，不言而已尽言了。最后三句写思妇：她用龟甲占卜吉凶，用蓍草卜问安祥，于是俱问于卜筮所言会合，皆曰归期已近，吉祥如意。占卜正说明思念之切而无所不为，反映了她忧心慌乱的心理状态。想然之词正说明思痛情深而极其盼归，使其诗"煞有顿挫，雍容闲雅"，"曲体人情，命意特高"（《诗义会通》）。

《集传》阐释说："此劳还役之诗。"又云："郑氏曰：'遣将帅及戍役，同歌同时，欲其同心也。反而劳之，异歌异日，殊尊卑也。'记曰：'赐君子小人不同日，此其义也。'王氏曰:'出而用兵,则均服同食,一众心也。入而振旅,则殊尊卑,辨贵贱,定众志也。'范氏曰:'《出车》劳率,故美其功;《杕杜》劳众,故极其情。先王以己之心为人之心,故能曲尽其情,使民忘其死以忠于上也。'"朱熹之说,内涵深刻。

总之,诗人直笔写思妇之离愁,以暗墨写闺人之幽怨,两地相思,一种情愫,在萧索秋景的衬托下,更显得深挚动人。故此诗之妙在淋漓尽致,含蓄空灵,又有着不同的艺术造诣。

鱼丽

鱼丽于罶,鲿鲨。
君子有酒,旨且多。

鱼丽于罶,鲂鳢。
君子有酒,多且旨。

鱼丽于罶,鰋鲤。
君子有酒,旨且有。

物其多矣,维其嘉矣!
物其旨矣,维其偕矣!
物其有矣,维其时矣!

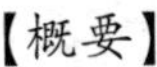

【概要】

美君子备礼宴宾,以见万物之盛多。

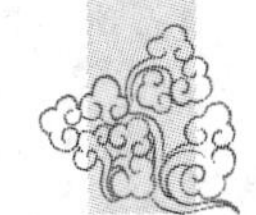

后宴飨通用之乐，诗人爰赋其辞曰：

【译文】

鱼儿遭捕那罶笼，不止一鱼落网捆，
鲿鱼鲨鱼皆被捉。犹宴宾而附于主，
不止一宾而宴饮。君备酒食宴嘉宾，
以怡宾主之欢愉，甘美物品多丰富！

鱼儿遭捕那罶笼，不止一鱼入网窟，
鲂鱼鳢鱼皆被捉。犹宴宾而附于主，
不止一宾而宴请。君备酒宴敬嘉宾，
以怡宾主之欢兴，甘美物品多丰盛！

鱼儿遭捕那罶笼，不止一鱼落网中。
鰋鱼鲤鱼皆被捉。犹宴宾而附于主，
不止一宾而宴请。君备酒会宴嘉宾，
以怡宾主之欢欣，甘美物品多丰盈！

是故所荐之物品，多而丰富都甜美。
又恐杂取而不精，唯其嘉肴更纯净。

是故所荐之物品，旨而丰盛皆鲜美。
又恐味偏而不和，唯其佳肴俱齐备。

是故所荐之物品，有而丰盈均味美。
又恐强求而违性，唯其佳肴新鲜盛。

【注释】

*丽：丽有系义，系有捆绑义，引申为附着、遭捕之义。《孔疏》："笱，捕鱼之

器。丽,通'罹'(lí);罹,遭也。"《毛传》《集传》均训为"历也。"状鱼之遭捕。陈奂《传疏》:"言鱼在罶录录历历然也。" 罶(liǔ):葫芦形捕鱼的竹笼。又名笱,大口狭颈,腹大而长,无底的竹笼。字中"四"为网,字中"留",鱼留在其中。 鲿(cháng):鱼名。鲿,扬也,今黄颊鱼是也。似燕头鱼身;形厚而长大,颊骨正黄,鱼之大而有力解飞者。 鲨(shā):鱼名,即鮀(tuó)鱼。又名吹沙,似鱼狭而小,体圆而有黑纹。常张口吹沙,故曰吹沙。

*君子:指主人。 有酒:酒宴之通名。统肴馐而言。 旨且多:美且多。旨且多,多且旨,旨且有,自专指酒言之。

*鲂:鱼名,一名鲂。形似鳊鱼。解见《汝坟》。 鳢(lǐ):鱼名,鲖鱼,又曰鲩鱼,形似圆筒,头扁;鱼圆长而斑点有七,点作北斗之象;夜则仰首向北而拱焉,有自然之礼,故从礼胆独甘也,故从醴。一说黑鱼。

*鰋(yǎn):鱼名,无鳞,即鲶鱼。大首方口,背青黑,无鳞,多即涎鳀鱼也。 鲤:鱼名,即鲤鱼。

*物:指宴饮待客的佳肴美酒等食物。 多:即承首章多字。 维其:如是,所以如此诗文法倒装。维,发语词,此处含有"是"意。其,那样,下同。 嘉:美。

*旨:即承次章旨字。 偕:俱。此指齐全。偕,遍也。遍与俱义同。鱼既美,又齐等。

*有:即承三章有字。 时:时令,此指得其时。谓及时之物,指每个季节新出的新鲜食物。

【品鉴】

《鱼丽》是一首宴飨通用之乐歌。此诗美君子(指宾客对主人的美称)备礼宴宾,可见物之盛多;而其后遂为宴飨通用之乐歌。诗人描绘贵族的豪奢生活和主人礼仪宴宾的殷勤,以及宾主共同宴飨的欢乐盛况,反映了统治者不劳而食而享受丰盛物质的情况。而诗《序》认为这是文王、武王时的诗歌。

《诗经》的句型以四言为主体。"前人曾评价《诗经》的句式:三百篇造句大抵四言,而时杂二三五六七八言;意已明则不病其短,旨未畅则无嫌于长。短非蹇也,长非冗也。"这是说,《诗经》以四言为主,但它又兼采杂言,形式灵活多变;既有工整和谐的格式,又不受其束缚,用以表现各种不同的内容,造成各种不同的

语言，做到工整与灵活相统一。

《诗经》的章句，多少、长短不等。有的诗篇有十章，有的仅有一章；有的一章多到二十二句，有的一章只有两句。孰多孰少，孰长孰短，视表达的内容而定。

但此诗在句式、章法上颇有特色。诗分六章，前三章每章四句，而四句中兼采二字、三字、四字三种句型，按诗意为一组一意，无浅深，皆赞酒之美。后三章变为每章二句，且每句为四字，按诗意为一组一意，言物之丰美。

前一组，每章均以"鱼丽"起兴，以此引出所咏之辞，即赞美主人酒宴的丰盛，礼遇的殷勤，宾主得以尽情享受，可谓是全诗的所咏主题。诗人从鱼和酒两方面着笔，并没有写宴会的盛况。诗一开始，就展现了一幅美丽的图景：那鱼儿纷纷游入水中的捕鱼罶，且不止一鱼；其中有鲿鱼、鲨鱼；有鲂鱼、鳢鱼；又有鰋鱼、鲤鱼等。犹如宴宾附于主，且不止一宾；其中有文武官员、文人政客；有名人绅士、亲朋好友；又有族人长辈，贤士仁人等。君子陈备酒食，以怡宾主之欢，既"旨"而且"多"，既"多"而且"旨"，既"旨"而且"有"，可以遍及宴飨之人。诗由物品之多，而赞美到物品之嘉；由物品之旨，而赞美到物品之全；由物品之有，而赞美其生产之及时。表明年丰物阜，万物盛多，既是人类勤劳创造的结果，更是主人赐予宾客的一片衷情，其用心在于笼络人心，其目的在于治内。以滋味鲜美的鱼类之多，成为宾客乐于称道的佳肴，暗示其酒宴之丰盛；以酒的既旨且多，表明宴会之隆重，反映了主人宴飨礼遇的殷勤。远古时候，能吃上鱼的人并非平民百姓，而玉樽美酒也不是平民百姓拥有得起，享用得起。即是今天，能吃上鲿、鲨、鲂、鲤、鰋一类鱼的能有几人？而诗中宴会上鲜鱼品种多，数量大，显示了万物盛多，体现了宴饮规模之大也标志着一种价值观念：以奢侈作为其炫耀财富、地位、身份的外包装，以为这样可以博取人们的尊重。反映了奴隶主贵族锦衣玉食、挥霍奢侈的剥削生活，殊不知他们纵欲享用的珍馐美酒，万物盛多，正是奴隶们辛勤劳作的结果。而宴飨主要是一种社交的仪式，但诗中主人也可以利用它，在社交场合作为笼络人心的手段。主人宴宾，广泛交友，交友而得友心，得友心而可治内，治内而必治外，内外相治而得民心，得民心者得天下。这也许就是诗《序》所谓"文武以《天保》以上治内，《采薇》以下治外"的主题。

朱熹阐发说："《鱼丽》，燕飨通用之乐歌。"又云："按仪礼，乡饮酒及燕礼，前乐既毕，皆间歌《鱼丽》，笙由庚；歌《南有嘉鱼》，笙崇丘；歌《南山有台》，笙由仪；

间代也，言一歌一吹也。然则此六者，盖一时之诗，而皆为燕飨宾客上下通用之乐。毛公分《鱼丽》以足前什，而说者不察，遂分《鱼丽》以上为文武诗，嘉鱼以下为成王诗，其失甚矣"(《集传》)。

这首诗在章法上参差变化，在内容上前后映带，在语言上相对整饬。故后三章，变换表现形式，采用赋体，直抒胸臆。诗人紧扣前三章中酒食"多、旨、有"三字，不仅赞美酒肴多且美，而且阐释了美万物之盛。首章言，所荐之物其多，又恐杂取而不精，则惟其嘉；次章言，所荐之物其旨，又恐味偏胜而不和，则惟其偕；末章言，所荐之物其有，又恐强求之而违性，则惟其时，此达主人之诚意。这三章首句皆言"物"，末句进一步补充，以此概指宴席上的酒肴量多味美。又品类齐全，尽是应时鲜味。故后三章起到了画龙点睛的效果。朱熹《集传》做了深刻的阐释，他说："苏氏曰：'多则患其不嘉，旨则患其不齐，有则患其不时。今多而能嘉，旨而能齐，有而能时；言曲全也。'"苏氏之解，颇得诗旨，使人深受启迪。

然诗中描绘的宴饮是一种冷眼看穿浮华世界的方法：以豪饮暴食、极尽奢侈为荣的，不外乎是其富有和洒脱，而在其向世人展示这一点的同时，也在展示其贪得无厌、空虚无聊、虚伪凶恶的嘴脸。

此诗前三章着力于气氛的渲染，形象的描绘，重在展示丰盛的宴会图景。后三章紧承上意，做了进一步的概括和补充，重在热情礼赞主人宴宾之情。前后各章回环呼应，加重韵味。故戴震曰：后三章曰嘉、曰旨，皆美也。曰偕、曰有，皆备也。多贵其美，美贵其备，备贵其时。酒之备，谓诸酒；物之备，谓水陆之羞。"这样，万物之盛美，主人之殷勤，得到了淋漓尽致的体现。

南有嘉鱼

南有嘉鱼，烝然罩罩。
君子有酒，嘉宾式燕以乐。

南有嘉鱼，烝然汕汕。
君子有酒，嘉宾式燕以衎。

南有樛木，甘瓠累之。
君子有酒，嘉宾式燕绥之。

翩翩者雏，烝然来思。
君子有酒，嘉宾式燕又思。

【概要】

君子有酒宴嘉宾，与贤者共飨之诚。
达主人乐宾之意，遂宴飨通用之乐：

【译文】

南有嘉鱼味道香，罩罩群鱼水中央。
君之积诚设宴飨，众贤犹是鱼欢畅。
诚能动物悦宾心，君有醴酒宴嘉宾。
嘉宾用酒而宴饮，达主人乐宾之情！

南有嘉鱼味飘香，汕汕渔网水中央。
君之积诚设宴飨，众贤犹是鱼游荡。
诚能动物安宾心，君有酾酒敬嘉宾。
嘉宾饮酒而宴享，达主人乐宾之畅！

南有樛木枝曲垂，美实累累飘香味。
樛木以引甘瓠生，甘瓠得缘苍苍盛。
攀缘其上而缠绕，相与固结不可解。
君子下贤致嘉宾，嘉宾用宴而安心！

鹁鸪翩翩而飞翔,群然而来飞欢畅。

今群贤而来堂上,有如鹁鸪集树上。

可谓积诚而所致,是以君子有酒赏。

嘉宾用宴而又宴,相亲之甚情如山!

【注释】

*南:指南方江汉之间。鱼有所产。　嘉鱼:美好的鱼。南方水中有善鱼。王氏震认为周都西北以南方之鱼为美,故云南有嘉鱼,未必独指丙穴之鱼也。其说是矣。取善鱼以喻贤者之有善德。　烝然:连言“烝然”,是形容众多之貌。如解“烝”为语词,“然”字则无着落。《集传》训为“发语声。”　罩罩:鱼罩众多貌。又曰籗,是以竹篾编成的圆圈形罩捕浅水鱼类的渔具,相沿至今。《韩诗》作淖(nào)。嘉鱼群然入于网罩之又罩取之不竭。以兴嘉宾非一之意。一说训烝为进、罩为摇。

*式燕:用宴。用酒与贤者燕饮而乐。燕,古多假燕为“宴”,宴享。其借字,正字当作“宴”。《释文》:“宴,本又作燕。”一说语助词。一说式犹以也。　以:而又。

*汕汕(shàn):渔网众多貌。汕,捕鱼的用具。古名撩罟,俗称抄网。

*衎(kàn):快乐。形神之舒畅也。

*樛(jiū)木:树枝向下弯曲。一说高木。　甘瓠(hù):一种甜葫芦。蔓生植物,可供食用。瓠缘蔓而生,长而瘦;上曰瓠,短项,大腹曰匏。瓠有甘有苦,甘瓠则可食者。　累:蔓,即缠绕;本指繄,此作缠绕;言相与固结而不可解也。樛木兴君子,甘瓠兴嘉宾。

*绥:古文字指用手安抚。此指安心,安乐。缠绵周至,以安嘉宾之心。樛木下垂以引甘瓠,甘瓠得以缘其上而累之矣,君子下贤以致嘉宾,嘉宾用得与其燕而安之矣。

*翩翩:鸟飞翔之状。　鵻(zhuī):鸟名,鹁鸪,祝鸠;又叫“壹宿之鸟。”壹于其所宿之木,喻贤者有专壹之意于“我”。　思:语气词,无意。

*又:古音肆。既宴而又宴,以见其至诚有加而无已也。或曰又思,言其又思念而不忘也。　思:语气词。

【品鉴】

《南有嘉鱼》也是一首宴飨宾客之通用之乐歌，与《鱼丽》诗旨略同。不过《鱼丽》是赞美主人酒肴之丰盛，此诗则主要歌咏达主人乐宾之情。《诗序》说："《南有嘉鱼》：'乐与贤也，太平君子至诚，乐与贤者共之也。'"《诗序》之说，大致是符合主旨的。如方玉润在《诗经原始》中说："彼专言肴酒之美，此兼叙绸缪之意。"二者皆为当时宴飨宾客通用之乐歌。

诗分四章，每章四句，均用兴法。前二章的首二句反复咏唱，皆以鱼之盛多、鱼之美味起兴。"南有嘉鱼，烝然罩罩"，"南有嘉鱼，烝然汕汕"。周都西北以南方之鱼为美，故云"南有嘉鱼"。嘉鱼者，善鱼也。诗说南方水中有善鱼，是取善鱼以喻贤者之有善德；也暗指鱼之味美，遂将人们的视线引向那丰盛的餐桌之上。嘉鱼群游入网罩，又罩取之不竭，以兴嘉宾非一之意。故诗重言"罩罩"，表明众多之意，已自明。"汕"为捕鱼的用具，古名撩罟，俗称抄网。故诗重言"汕汕"，也是众多之意。请看：那南方水中的嘉鱼多丰美，一群群游来荡去多活跃！有的摇头摆尾，群然捕入网罩；有的疾速潜行，群然进入撩罟；有的悠然自得，戏水盘旋；有的游玩觅食，无拘无束，其乐无穷，给人以丰富的想象。前二章后二句直抒胸臆，由想象中的广阔空间，转到主人设定的宴席之上，点明主人有嘉酒，并诚恳相待：君之积诚设宴飨，众贤犹如鱼欢畅；诚能动物悦宾心，君子有酒宴嘉宾；嘉宾用酒而宴饮，达主人乐宾之情。这里诗中有三层意思：首先，为欢宴宾客，主人不仅陈备了好酒，还特意准备了南方水中的鲜鱼。这显示了主人席间酒肴的丰盛，宴会气氛的热烈，淋漓地表明了主人待客之殷勤与乐宾至诚。其次，用鱼、水象征宾主之间的亲密关系，含蓄地表达了主人对嘉宾的一片深情。第三，诗人以"嘉鱼"兴"嘉宾"，不仅喻嘉宾如嘉鱼之多之乐，而且达到了主人乐宾之情、安宾之意。故有后二句的直述其事，开首兴句的意蕴也就豁然开朗，前后呼应，相互生辉。主人和贤宾和睦宴飨、欢愉气氛尽在不言中。

后二章，诗人借景抒情，触景于情；文格一变，笔锋一转，造成最奇妙的愉悦感觉。第三章的开首，巧用比兴，把读者的视线引向南方的山林，呈现出一种郁郁葱葱的图景：那一棵棵高大的樛木，枝叶曲而下垂，以引柔丽绵长的甜瓠藤。那缀满大大小小的葫芦之藤，蜿蜒伸展而得缘，累然缠附在干高枝曲的樛树上，浑然一体。这高大的樛木，象征着主人高贵的地位；那缠绕着樛木的甜瓠藤，就是宴席上的宾客和贤者，樛木就是宴宾的君子；甜滕缠绕曲木，暗喻主宾之间亲密无间的关系和主人的宽宏大度。并以此引出所咏之辞：面对良辰美酒，君子下贤以致嘉宾，大家欢宴，酒兴愈来愈浓，情致愈来愈高，嘉宾与其用宴而安之。缠绵周至，以安嘉宾之心。

而末章的开头，笔调一转，以一宿之鸟起兴，将视觉从特定的场景引向天空：那翩翩起飞的鵻鸟群飞而来；今群贤而来，犹如鵻鸟之飞集，可谓积诚所致。是以君子有嘉酒，嘉宾用得宴而又宴飨，则相亲之甚啊！鵻：即一宿之鸟，一于其所宿之木，喻贤者有专一之意于“我”，这是暗喻宾客之贤。四海九州的贤宾，均在这里相聚而相亲；在这样的环境中，既有嘉酒，又有佳肴，宾主怎能不尽情而饮呢！这一生动活跃的景象，必然为宾主宴飨之席增添了无比和谐的欢乐氛围，宾主的“绸缪之情”也达到了高潮。于是，在相互宴飨的一片祝福声中，乐章如行云流水徐徐结束全篇，正是言有尽而意无穷，余音不歇。

此诗兴中有比，比中有兴，兴比结合；由近及远，有远及近，章法分明。重章迭唱的手法，就显得余音缭绕，而韵味悠长。

南山有台

南山有台，北山有莱。
乐只君子，邦家之基。
乐只君子，万寿无期。

南山有桑，北山有杨。
乐只君子，邦家之光。
乐只君子，万寿无疆。

南山有杞，北山有李。

乐只君子，民之父母。
乐只君子，德音不已。

南山有栲，北山有杻。
乐只君子，遐不眉寿。
乐只君子，德音是茂。

南山有枸，北山有楰。
乐只君子，遐不黄耇。
乐只君子，保艾尔后。

【概要】

美人君乐得贤臣，颂德祝寿君尊显。
其后遂举优嘉宾，为宴飨通用之乐：

【译文】

南山台草郁郁盛，北山莱草葱葱生。
山有草木以覆盖，犹君得贤以尊显。
可乐哉君有厚德！立邦家太平之基。
可乐哉君有厚德！绵万年无期之福。

南山桑林苍苍盛，北山杨树青青生。
山有草木以覆盖，犹君得贤以尊敬。
可乐哉君有贤能！使君光显于邦家。
可乐哉君有贤能！使君国祚于万年。

南山杞树青青盛,北山李树郁郁生。
山有草木以覆盖,犹君得贤以尊位。
可乐哉君有高功!使君惠民为父母。
可乐哉君有高功!使君德音而不止。

南山栲树绿绿盛,北山杻树油油生。
山有草木以覆盖,犹君得贤以尊崇。
乐君有文韬武略!使其君安享期颐。
乐君有文韬武略!使其君令闻益著。

南山枸树茂密盛,北山楰树兴隆生。
山有草木以覆盖,犹君得贤以尊重。
可乐哉君有谋略!使君享寿考此日。
可乐哉君有谋略!使君获赡养后来。

【注释】

*南山:周人的吉祥意象。《诗经》中“南山”“北山”常见,非专指某一山。台:通“薹”,植物名,莎草,一名夫须。茎皮坚硬,可做蓑衣和蓑笠。一说木名。枎。即唐棣;枎移。 莱:一种草本植物,草名。古一名藜。又一名落帚,初生叶可食,大则为树可为杖。莱、厘、藜三字古同声通用……莱草多生荒地,后遂言莱以概诸草。

*乐:指有德之君子。 只:是。一说语气词。 君子:指贤臣宾客,君子有德令人爱。一说此处指被祝颂的周王。一说贵族或有教养的人。 邦家:国家。基:犹言基础;根本。

*万寿无期:言自此至于万年尚未有期限。期,限。

*杨:木名。白杨,落叶乔木。按非水杨(蒲柳),水杨一般生水边。

*邦家之光:国家之光显。

*万寿无疆:疆,界期以时,疆以地言总是未有限量之意。

*杞:木名,杞树。树如樗,一名狗骨。一说枸杞。一说蒲柳(杞柳)。

*民之父母(母,古音米):万民之父母。此是阿谀之词。

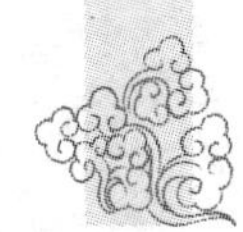

*栲(kǎo):木名。山樗,一种质坚致密而常绿高大乔木。 杻(niǔ):树名,檍树,细叶,材可为弓干。

*遐不:何不。何不者决之之辞。《郑笺》训遐为"远"。遐,通何,疑问副词。《毛诗音》:"遐,音胡,下同。" 眉寿:老人眉毛秀出,称寿眉,即长寿,高寿。《案》:"老而眉毛秀出,此寿微也。"眉,老。《方言》:"眉,老也。东齐曰眉。"

*枸(jǔ):木名。枳枸,又名枳椇。今名羊桃。树高大似白杨,有子着枝端,大如指,长数寸,啖之甘美如饴,八月熟,亦名木蜜。一说一名枸榾(gǔ)。 楰(yú):树名,鼠梓,俗称苦楸。鼠梓树,叶木理如楸,亦名苦楸。台、莱、桑、杨、杞、李、栲、杻、枸、楰多其名者,喻得贤之多而皆有用也。

*黄耇(gǒu):指长寿。耇,老人面冻黎色若浮垢者。此谓脸面生黑色老皮如浮垢。黄,黄发,即老人发复黄。

*保:安。 艾:养尔,指君后谓后日。自此以后寿尚未有穷期,盖申祝之辞。 后:后人,即子孙后代。《毛传》:"艾,养。保,安也。"马瑞辰《通释》:"据《毛传》先艾后保,似经文原作'艾保尔后'。"

【品鉴】

《南山有台》美人君得贤与贤之诚,而后遂为宴飨通用颂德祝寿之乐歌。

然此诗主旨,历来众说纷纭。《毛序》以为"乐得贤";《集传》以为"燕飨通用之乐歌";何楷以为"文王养老之诗";姚际恒《通论》以为"颂天子";方玉润《原始》以为"祝宾客";公木、赵雨《诗经全解》以为"周王赞美、祝福群贤"等。但玩其诗意,先为乐得贤而后遂为宴飨通用之乐歌。据《左传》襄公二十年,季武子奉使宋国,返归而述职,鲁襄公增赋《南山有台》,赞颂季武子为国增光,武子避席而辞不敢当。《穆天子传》载,祭公以酒献享周穆王,穆王增歌《南山有台》。鲁襄公、周穆王增歌《南山有台》,以表达其得贤之乐,这些记载,正与《毛序》之义相符。

然而,《诗义折中》阐发说:"《南山有台》下报上也;《鱼丽》嘉鱼主人乐宾,此则宾乐主人也。乐只君子,即有酒之君子也,乐其燕而祝其寿非谀也。《天保》之报上也,曰万寿无疆而归本于群黎。遍德有台之报上也;亦曰万寿无疆而归本于民之父母,天人之际可以观矣。"这种解释也许是孔子删诗之意。故沈守正曰:"首三章曰邦家之基、邦家之光、民之父母,是美其已然之德也。曰万寿无期、万寿无疆、德音不已，祝其将然之寿也，曰不已则寿亦可知矣。二章曰遐不眉寿、遐不黄耇，美其必然之寿也；曰德音是茂、保艾而后，又美其修德以保是寿也；曰保艾有引翼之道寓焉亦德也。虽通是赞美之词，而未尝不讽之以惠迪感召之理是之谓盛世之雅也。”

一章其辞曰：南山有台草，北山有莱草，郁郁葱葱生茂密；山有草木以覆盖，犹如明君得贤臣以尊显。可乐哉！此贤明君子有厚德，能立邦家太平之基；可乐哉！此贤明君子有厚德，能绵邦家万年无期之福。

二章其辞曰：南山有桑林，北山有杨树，苍苍青青长茂盛；山有草木以覆盖，犹如明君得贤臣以尊敬。可乐哉！此贤明君子有贤能，能使其君王令名光显于邦家；可乐哉！此贤明君子有贤能，能使其君王国祚永保于万年。

三章其辞曰：南山有杞树，北山有李树，青青郁郁生鲜艳；山有草木以覆盖，犹如明君得忠臣以尊位。可乐哉！此贤明君子有高功，能使其君实惠及民而为民之父母；可乐哉！此贤明君子有高功，能使其君王名称其实而德音不止。

四章其辞曰：南山有栲树，北山有杻树，绿绿油油生兴隆；山有草木以覆盖，犹如明君得忠臣以尊崇。可乐哉！此贤明君子有文韬武略，为国而贤劳，能使其君安享期颐；可乐哉！此贤明君子有文韬武略，能使其君令闻益着。

五章其辞曰：南山有枸树，北山有楰树，翠翠绿绿长兴盛；山有草木以覆盖，犹如明君得忠臣以尊重。可乐哉！此贤明君子有谋略，能使其君享寿考于此日；可乐哉！此贤明君子有谋略，能使其君获安养育后来。

诗分五章，每章六句。每章首两句皆以南山、北山的草木起兴，兴中有比。首章南山“有台”可做衣，对举北山“有莱”可作食，然而皆属于草类，其余四章均是树木，草与树木相比明显低矮，于是对于贤者的颂德称他是“邦家之基”，二者在高度上相一致。“有桑”可作衣，对举“有杨”可为宫室器械之材；然树木高大，对贤者则歌颂他是“邦家之光”，是光华四射之象，二者的形态、属性、高大均相通。“有杞”果实供人食用，对举“有李”果实供人充饥，对于贤者则称颂他是“民之父母”，亦即衣食父母；且赞他“德音不已”，所谓的德，是能够实惠造福于民众。把杞树、李树与这两种德性放在一起，也是同类相从。“有栲”可为车之巾，对举“有杻”可为弓弩之干，两树均是材质坚硬之木，制成的器具经久耐用。“有枸”其子啖之甘美如饴，对举“有楰”其材可制作家具，皆是有用之材。树木多其名者，喻

得贤之多而皆有用。故宋人王安石《诗义钩沉》云:“台,为贱者所衣;莱,为贱者所食。桑,可以衣;杨,可以为宫室器械之材。樗(栲),可以为车之巾;杻,可以为弓弩之干。枸,为美食;楰有纹理而又高大,中宫室器械之材。”他举的六种树都是木质精良的有用之材。钱天锡《诗牖》云:“此诗五章举草木各有伦类。台也莱也,附地者也,故曰‘邦家之基’;桑也杨也,叶之沃若者也,故曰‘邦家之光’;杞也李也,多子者也,故曰‘民之父母’。栲杻也,枸楰也,耐久者也,故曰‘眉寿黄耇’。其取材之相当,非直叶韵而已。”

诗人放眼遥望,触景生情,见那南山、北山得苍苍草木的繁多覆盖,更见其崇高而富有生机。以此导引出人君广得贤良忠臣,以固国本而成其太平盛世之治的所咏之事。山,本来就是以高大、稳固、永恒著称,这与诗中的“人君”构成像喻关系。而草木犹如邦国之拥有各种美德的贤良忠臣,即高山有草木,人君得贤臣。诗用兴而比法,含蓄而委婉,形象而生动。《郑笺》云:“兴者,山之有草木以自覆盖,成其高大,喻人君有贤臣以自尊显。”郑氏之说,准确阐明了此诗的兴法,使人颇得启迪。自然,如此众多的贤明忠臣得归君王,正说明君王深得人心而英明伟大。故此诗的兴语咏出赞美的对象,既有较深的象征意义,又有为章节起势和变化韵脚以求韵律和谐自然的作用。兴语之后,便是颂德祝寿。首先赞颂“乐只君子”之功德:“邦家之基”“邦家之光”,赞扬他们是立国之本、建国之柱,使其君王得民心而顺民意,对国家的贡献之大,故足为“民之父母。”说明地位之重。其次祝福“乐只君子”之高寿:“万寿无期”“万寿无疆”,这是从寿命的年限上措辞,祝颂他们无疆长寿,说明其对国家的重要性和声望之高。“遐不眉寿”“遐不黄耇”,这里通过具体的形貌特征传达出高寿的意义。高龄老人眉毛变长,故称耆老为“眉寿”;高龄老人头发变黄,故称寿星为“黄耇”。其后综合歌颂“乐只君子”之功德:“德音不已”“德音是茂”,说明德行之美而有美誉之传。而这种赞辞是概括性的,似乎有些空洞,但相当得体。末章最后一句祝福后继有人,对于君子的子孙后代予以祝愿,可视为祝寿的遗音。朱道行曰:“徐氏曰:《鱼丽》言品物之丰美,故曰优宾;《嘉鱼》言欢忻之交通,故曰乐宾南山。颂德祝寿,而德与寿天下之达尊也,故曰尊宾。三诗各有一义,三者备斯燕宾之道尽矣。”

“《鱼丽》《南有嘉鱼》《南山有台》三诗,据《仪礼》乡饮酒礼及燕礼同闲歌,此三诗《朱传》皆释为燕飨通用之乐。《案》:‘三诗之旨未必专为燕飨乐歌,而作《文献》《通考》辨之详矣。陈氏启源《小序》所谓万物盛多能备礼者，作《鱼丽》之本意也。乐与贤者，作《南有嘉鱼》之本意也。乐得贤者，作《南山有台》之本意也。既有此三诗后乃取为闲歌之乐章，非专为闲歌而作此三诗也，至《南山有台》篇玩其词意，殊与燕饮不类。凡诗为燕饮作者，必言酒肴乐舞之事及为劝侑之词。如燕群臣则云鼓瑟吹笙，云我有旨酒矣；燕兄弟则云傧尔笾豆，云饮酒之饫矣；燕朋友则云酾酒有芎，云有肥牡有肥羜，云陈馈八簋矣；燕诸侯则云厌厌夜饮矣。今《有台》篇所称南山北山之所有，既非馔客之需而颂美君子，又绝无劝侑之意。若《鹿鸣》之式燕，以敖《常棣》之和乐且孺，与《伐木》《湛露》之饮此湑矣。不醉无归者也，安在其为燕饮之诗也？'"此为清代学者阐释之说，颇有道理。

此诗通篇用比兴手法，内容丰富，结构回环往复；五章首尾呼应，语义逐层递进。每章中在颂其有德，祝其有寿时，两次重复"乐只君子"，淋漓精致地表达了君王的得贤之乐。故钟惺云："通诗'德''寿'二字相错，似乱似整，亦非后人笔端。"

蓼　萧

蓼彼萧斯，零露湑兮。
既见君子，我心写兮。
燕笑语兮，是以有誉处兮。

蓼彼萧斯，零露瀼瀼。
既见君子，为龙为光。
其德不爽，寿考不忘。

蓼彼萧斯，零露泥泥。
既见君子，孔燕岂弟。

宜兄宜弟，令德寿岂。

蓼彼萧斯，令露浓浓。
既见君子，鞗革冲冲。
和鸾雍雍，万福攸同。

【概要】

一人有道万国攸同，君宴诸侯以示慈惠。
王泽之广泽及四海，诗人赋诗由衷赞美：

【译文】

白蒿郁郁蓼然茂长，零露晶莹湑然其上。
露珠润物闪闪金光，犹王之泽滋润四方。
我思诸侯朝见君王，既见之后书写我心，
毫无遗憾而心舒畅。君王又与诸侯宴飨，
笑语和悦君臣相得，谗毁不入和睦相往。
是以保有誉然名望，常得安处政令通畅。

白蒿苍苍蓼然盛长，零露在萧瀼瀼其上。
露珠润物闪闪银光，犹王之泽滋润四方。
我思诸侯朝见君王，既见之后心情舒畅。
为君所见深受宠遇，为君所见荣获光荣。
同王朝诸侯与丞相，均被其德而不差爽。
是以四海称愿君王，寿考百岁而永不忘。

白蒿葱葱蓼然兴旺，露落在萧泥泥其上。
露珠润物闪闪明亮，犹王之泽滋润四方。
我思诸侯朝见君王，既见之后由衷荡漾。

乐哉燕然安乐抑何？恺乐和易自得安祥。
上之宜为而人兄焉，下之宜为而人弟焉。
四方诸侯仰盛德容，愿其长久如此恺乐。

白蒿青青蓼然繁旺，露落在萧浓浓其上。
露珠润物闪闪光亮，犹王之泽滋润四方。
我思诸侯朝见君王，既见之后欣喜如狂。
今见君王礼毕而返，但见诸侯乘公子车。
赐车鞗革冲冲而垂，和鸾雍雍而车铃鸣。
既宴又赐德意之厚，如零露润物浓浓然。
诸侯衷心祝愿其上，万寿福禄皆备君王。

【注释】

*蓼(lù)彼：犹蓼蓼。长大粗壮之貌。蓼从翏声，翏为高飞貌，高与长大义相近，故蓼得训为长大貌。一说草木青苍的样子。　萧：草名，即荻草，一名萧。《集传》训“萧”为“蒿”草。　斯：语词。　零：落。“霝”的借字，凡雨露之落皆当作“霝”。草木曰零落。　湑(xǔ)：湑然萧上露貌。尔酒既湑，湑为过滤酒，引申为清澈，指露水晶莹清亮。

*君子：指天子。既见君子者，朝见于天子也。《集传》训君子为“诸侯”。　我：诸侯自我。　写(古音暑)：除。通“泻”，输写，有宣泄意义。输其情意，无留其恨。一说愉，喜悦。

*燕：宴饮。一说犹欢，乐也。　是以：所以。　有：保有。一说助词。　誉：善声。　处：安乐。《毛诗音》：“誉，音豫。”《尔雅·释诂》：“豫，乐也。”

*瀼瀼(ráng)：露蕃貌。《集传》：“露蕃貌。”

*为：是。　龙：宠。龙为宠之假借。为宠为光，言天子恩泽光耀被及己也。《集传》：光，光荣。为君所宠遇，为君所光荣。俞樾《群经平议》：“此龙字仍当读如本字，《广雅·释诂》：‘龙、日、君也。’‘为龙为光’，犹云为龙为日，并君象也。……变日伪光，以协韵也，……是日与光，义得相通。”

*不爽：无差错。其德不爽，则寿考不忘，褒美而祝颂之，又因以劝戒之。　寿

考:长寿。 不忘:不被人所忘。使四海称颂之不忘。一说忘借为亡,犹不死也。

*泥泥:露濡貌。

*孔:甚。 燕:安。 岂弟:通“恺悌”,和乐平易。岂(音恺),乐。岂、恺二字相互假借。弟,易。

*宜兄宜弟:指宗法意义上的同姓诸侯间和睦、融洽相处。宜,适宜。为兄亦宜,为弟亦宜。随其所为,皆得其宜。 令德:善德,美德。令,善。 寿岂:长寿快乐。岂,同“恺”,乐。有善德之誉,寿岂乐之福。

*浓浓:露水厚重貌。《毛传》:“浓浓,厚貌。”

*鞗(tiáo):“鋚”之假借字,马缰绳。 革:勒之省借,辔首。 冲冲:同冲冲,垂饰貌。《说文》段注:“此涌摇之义。”一说金色闪光的样子。

*和鸾:皆是车铃。挂在车轼(车前横木)上的曰和;挂在镳(马衔的两端,马口的两旁)上的曰鸾。在轼曰和,在镳曰鸾,皆诸侯车马之饰也。庭燎亦以君子目诸侯,而称其鸾旗之美,正此类也。 雍雍(yōng):声之和谐。 攸:所。 同:聚集。程俊英、蒋见元《注析》云:“贾谊《新书·容经篇》:‘登车则马行,马行则鸾鸣,鸾鸣而和应。声曰和,和则敬。故《诗》曰‘和鸾噰噰,万福攸同。’言动有纪度则万福之所聚也。贾氏叙述了这二句的诗义。”

【品鉴】

一人有道,万国攸同,诗人美王泽之广被而作此诗。

西周初年,周公辅佐成王,兴礼乐,致太平,国势大盛,四海归心。四方诸侯朝见天子,天子与之宴飨而以示慈惠。诗人因赋《蓼萧》一诗,来颂美周王对诸侯的广被恩泽,并表达其归顺、尊崇、感恩之意。《稽古篇》云:“周之王业虽成于文武,然兴礼乐、致太平,实在周公辅成王时,……《孔疏》引越裳来朝事,以为此诗之作,当在周公摄政之六年,良有以也。”这种联系周初历史的分析是极有说服力的。《诗序》曰:“《蓼萧》:‘泽及四海也。’”体味诗旨,颇有道理。

诗共四章,每章六句,均以萧草沾濡起兴而比。故此诗巧用兴而比的艺术手法,以含蓄、形象的笔触阐明诗旨:诸侯渴望朝见天子,天子之恩泽,广被四海,诸侯欣喜蒙受宠遇。如此,奠定了此诗的情感基调。

首章叙述四方诸侯朝见天子的情景和感受。“蓼彼萧斯,零露湑然。”此两句说：郁郁艾蒿蓼然茂盛长大，落露则湑然其上，露珠润物；犹如今王泽之广被而恩惠于四方诸侯。“蓼”谓萧艾之草茂盛长大。“萧”为草名，即艾蒿。郝懿行《义疏》曰：“以其色青白似艾耳。”这是一种香草，可供祭祀之品，诸侯朝见天子，“有与助祭祀之礼”，故萧草以暗喻诸侯。“零露”，即露落。露珠滋润在萧草之上；而甘露普降，养育万物，隐喻天子慈惠的恩泽，遍及四海。姚舜牧云：“露必待阳而晞饮，必至醉而归期其飨也；露必濡于丰草饮，必设于宗室隆其礼也。杞棘承湛湛之露。”

承上启下，描写朝见天子的情景：“既见君子，我心写兮。”即谓我思诸侯朝见天子，既见之后，表达我心意而无遗憾。似是日复一日，朝思暮盼，今日终遂心愿。诗中所讲的“君子”均指周天子，“我”则是诸侯自称，此诗正是用第一人称“我”的口吻叙写而成。故对诸侯来说，朝见天子，无疑是巨大的幸事。一个“写”字，形象地描绘出诸侯无比兴奋、诚惶诚恐、激动得难以言表的感受。因此，与其宴飨之时，便是君臣相乐之情。最后两句说：天子又与诸侯宴飨，笑语和悦，君臣相得，则谗毁不入；是以保有其令名，而常得安处。这里淋漓尽致地表达了君臣朝见的舒畅情怀。首章连用四个“兮”字，强烈地表达了“既见君子”时，难以遏止的喜悦之情。

次章赞颂君子贤德，“为龙为光”。露落在萧艾之上，蓼然茂密长大，又瀼瀼然露珠滋润；犹如王泽慈惠广被诸侯之国。此章前两句以蓼然长大的萧艾和瀼瀼然盛多的落露起兴，但兴中含有比意，并以此引出下文所咏之辞：即朝见天子，为天子所宠遇，为天子所光荣。对四方诸侯国而言，不但感谢蒙受天子的宠遇，而且深感荣耀。对天子的爱戴之情，是多么深厚！所以，此章含蓄地反映了君臣相得而受益之情。接着，最后两句描绘诸侯均被其德和祝愿之情：同朝之诸侯均被其德，而不差爽，是以四海称愿天子寿考，而永记不忘。“不忘”一词是使四海称颂之而不忘。因此，当诸侯之君与天子朝见之时，便争相倾吐心中的敬祝之情，则完全沉浸在歌功颂德之中。然在情感的表达上，此已达到高潮，如异峰突起，出人意料。

三章写君子胸怀宽阔，平易安详，虔诚地用知己的方式对待，“宜兄宜弟”。这首诗的每章首两句，作者都触景生情，几乎倾全力渲染春景的无比美好。故此章依然说：露落在萧艾之上，又泥泥然露濡滋润万物，养育万物；犹如王泽遍及

四海诸侯。诗人即景抒情，以“蓼萧”“零露”兴起下文之事：如今既见天子，甚哉！宴飨之时，抑何恺乐和易乃尔乎？乃知天子罄无不宜，上之宜为人兄焉，下之宜为人弟焉；四方诸侯之君，敬仰天子盛德之容，而且愿其永久如此长寿恺乐！正是因为中央王朝即使对待四方诸侯之国，施行“宜兄宜弟”的平等政策，才可能使他们“我心写兮”，释嫌解疑，而归趋中央，从而造就一种融洽安定的政治局面。

末章盛赞天子赐予诸侯车驾之盛，因祝其为万福所归。此章言：露落在青青萧艾之上，又浓浓然露珠盛多，而滋润万物，犹如天子慈惠于诸侯之国、恩泽遍及四海、滋养万民。如今既见天子，诸侯礼毕，欣喜而返。但见诸侯，则乘公子所赐路车乘马，鞗革冲冲而垂，和鸾雍雍而鸣。既与之宴飨而乐，又赐予之德意之厚，如零露之浓浓然盛多，而滋养万物。诸侯于是祝愿其上曰：万福皆备于一人。此章拓开一笔，实写诸侯礼毕而返时，天子所赐诸侯之车，豪华隆盛，浩浩荡荡，场景宏大。把天子泽及四海、诸侯受宠歌功颂德表现得淋漓尽致，具体而生动地表明了天子之泽，不仅滋润四海，而且威加四夷，因此，他才能够集万福于一身，不愧受命于天的真命天子。

折中易曰：“地上有水比先王以建万国亲诸侯，夫天子深居九重与海隅苍生至隔远也。故众建诸侯以治天子亲诸侯，使诸侯各亲其国，则万国与一人相比而无间也。《蓼萧》之诗燕语龙光天子亲诸侯也，寿考同福诸侯亲天子也。宣天子之德意以亲其民，故恩谊联于堂陛，则膏泽洽于四海非虚言也。《左传》宋华定来聘享之赋《蓼萧》，弗知又不答赋。昭子曰：燕语之不怀，宠光之不宣，令德之不知，同福之不受，将何以在？由昭子之言绎之，是有誉处怀燕语也；其德不爽，宣龙光也；宜兄宜弟，昭令德也；万福攸同，祝天子之受之也，亦可以知此诗之义矣。”

辅广云：“一章燕笑语兮，是以有誉处兮，通上下而言之天子与诸侯皆然也；下三章则专美诸侯；二章、三章则又因以劝戒而敬教之也。”

此诗层次分明，抒写错落有致。在描绘中把复杂的场面与人物内心情感的微妙变化天衣无缝地结合在一起，杂以抒情，惟妙惟肖地刻画出天子的威仪及修养，“并带有明显的臣下语气，所以，无论内容或是形式，均体现出雅诗的典型风格。因表现的是诸侯对天子的祝颂之情，未免有些拘谨，有些溢美”（《诗经三百篇鉴赏辞典》）。

湛露

湛湛露斯，匪阳不晞。
厌厌夜饮，不醉无归。

湛湛露斯，在彼丰草。
厌厌夜饮，在宗载考。

湛湛露斯，在彼杞棘。
显允君子，莫不令德。

其桐其椅，其实离离。
岂弟君子，莫不令仪。

【概要】

贤天子宴饮诸侯，以示慈惠歌此诗：

【译文】

湛湛然之瀌瀌露霖，润沾庶物灿烂晶莹，
犹如君泽滋润万民，国泰民安万民富殷。
露非至曙光而不干，私恩非至醉而不归。
厌厌然而安乐夜饮，明夜饮而不醉不归。
不醉而出而是不亲，醉而不出而是渫亲。

湛湛然之润物露霖，滋润万物茁长之生。

雨以润物旸以干物，露虽湛湛见阳则干。
甘露泽而丰草青青，犹如君恩膏泽万民。
湛露滋润草木之胜，宴饮宗庙祭祀祖宗。
厌厌然而安乐宴私，饮在宗庙成礼之盛。

湛湛然之润物露霖，杞树枣树得露而胜。
甘露泽而草木葱葱，犹如君恩润泽万民。
虽多甘露叶能承垂，虽多宴饮不乱尊位。
显者其心明白洞达，允者其心忠信诚悫。
饮多不乱德足以将，群有善德莫不抚民。

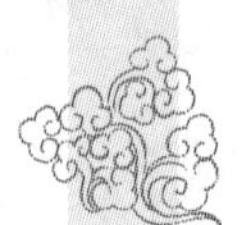

梧桐之树郁郁葱葱，果实离离而垂摇荡。
山椅之树油油葱葱，硕果离离而垂飘扬。
虽实繁而枝叶不垂，如君贤明美德不衰。
和乐平易君又豪爽，虽至醉而威仪不丧。
君有余恩臣有忠信，万民拥戴邦国兴盛。

【注释】

*湛湛：本义指物沉入水中，此指露水之盛浓重，湿漉漉的。湛从甚声，茂盛与甚义相近。 斯：语气词。 匪：同“非”。 阳：读为“旸”，此指日出。雨以润物，旸以干物。 晞(xī)：干。日晒而乾。露虽湛湛，见阳则干。

*厌厌：厌即“愜”字之省借，安乐。《鲁诗》作“愜”，《韩诗》作愔愔，“和悦之貌”。一说和静貌。 夜饮：夜晚宴饮，即“私燕也”，指天子宴饮同姓诸侯。非一般夜饮。按此系周王朝宗法制度一种礼节，借以联络分封同姓诸侯，加强政治上的巩固。《案》：“私燕，即《楚茨》之燕私。”《孔疏》：“异姓则听之出，同姓则留之饮是也。”又云：“《楚茨》：‘备言燕私’，《传》曰：‘燕而尽其私恩。’明夜饮者，亦君留而尽私恩之义，故言燕私也。”“燕私”之燕礼，宵则两阶即庭门皆设大烛焉。 无醉不归：非至醉则不止。不醉而出，是不亲也；醉而不出，是渫宗也。反映了周代宴饮之礼。

*丰草：丰盛的草丛。草茂则得露多。

*夜饮：必于宗室，盖路侵之属。 宗：宗室。 载：犹则。 考：成。谓在宗庙之寝室而成此燕礼。一说考为祭享。

*杞棘：枸杞树和酸枣树。此杞棘之木，得露则湛然枝叶低垂。

*显允：明信之君子。显，明。允，信。显者其心明白洞达；允者其心忠信诚悫(què)。一说显允是英明忠诚。一说伟大。一说显赫、高大。 君子：指诸侯为宾者。 令德：谓其饮多而不乱，德足以将之也。一说美德，酒德。令，善，好。

*桐：木名。梧桐。 椅：木名。山桐子。 实：果实。 离离：本义为鸟被网挂住，此指果实繁多而下垂。二树当秋成之时，其子实离离然垂而蕃多。

*令仪：美好的威仪。言醉而不丧其威仪。黄櫄云："上之所以绳下者愈宽，下之所以自绳者愈严，君有余恩，臣有余敬也。"

【品鉴】

《集传》云："《春秋传》：宁武子曰：'诸侯朝正于王，王宴乐之，于是赋《湛露》。'曾氏曰：'前两章言厌厌夜饮，后两章言令德令仪，虽过三爵，亦可谓不继以浮矣。'"朱子之说，道明诗旨。

《案》："在宗载考，《毛传》：'宗，宗室。'陈氏启源：'宗室者直谓宗庙之寝室耳。'《尔雅》：'室有东西厢曰庙，无东西厢有室曰寝，是庙寝俱可名室，燕则是寝非庙矣。'《凫鹥》诗既燕于宗与此，在宗义正同俱彼为宾尸，在庙门外之西室，此为燕同姓。在庙后之寝室与之同在庙中，则可同谓之宗也。毛又释'夜饮'为'私燕'，'私燕'即楚茨之'燕私'也。《孔疏》云：'然备言燕私，惟与诸父兄弟共之，异姓不得与。'《笺》《疏》皆以'在宗载考'，为燕同姓；诸侯夜饮之礼，同姓则成之，异姓则止之矣。楚茨又云：'乐具人奏谓由庙而入寝也；庙在前，寝在后，故言人入寝，故在宗也。'《朱传》以'宗'为'路寝之属'，则是王之燕朝与小寝，非庙中室矣。"此反对朱熹之说。

《毛序》："《湛露》：'天子燕诸侯也。'"按照《诗序》，此篇是宴请诸侯的诗。据《左传·文公四年》记载，卫国宁武子说："昔诸侯朝正于王，王宴乐之，于是赋《湛露》，则天子当阳，诸侯用命也。"《左传》之说，大概是《诗序》所本，三家诗对此无歧义。

此诗描写的是天子宴请同姓诸侯以示慈惠的情景。于是，歌者颂美天子和与会者的美德。诗分四章，每章四句，各章均以首两句起兴。首章言恩被于诸侯。“湛湛露斯，匪阳不晞。”此两句谓湛湛然天降露霖，润沾于山川庶物，非至曙光则不干。诗人采用兴而比的艺术手法，以此引出着重描绘的夜宴，故写景全着眼于夜间的特点。露水在夜间才有，且在深夜时。

露水，是空气中的水汽遇冷在草木上凝成的水珠。出现露水，就意味着将有一个好天气，因为只有云淡风轻时，大地白天吸收的热量才会很快散失，使得大气温度下降到很低，从而促使空气中的水汽凝结成露。

诗的开首，描写太阳尚未升起时，露水湛湛然甚多浓厚，新的一天，将是美好的晴天。迈向新的一天，人的心情是快乐舒畅的。在此良辰，异姓则听之出，同姓则留之饮；于是，同姓宗族的诸侯大臣，相聚在宗庙寝室，开怀畅饮，可谓宗族和睦，和谐融洽，快乐畅意。正如露水预示着美好的晴天一样，这快乐的相聚，更喻示着宗族的兴旺发达。

清晨，露水早早地就沾濡草木的枝叶和果实，滋润着它们，养育它们茁壮成长，让其洗净旧尘，焕然一新。而对诸侯各国来说，露水滋润草木而茂盛，犹如王泽慈惠诸侯、万民而强盛。

诗以太阳不出而露珠不干，以兴君宴诸侯不醉而不归：厌厌然安乐之宴饮，恩泽被于诸侯，非至醉而不归家。曾巩曰：“前言厌厌夜饮，后言令德令仪，虽过二爵，亦可谓不继以淫矣。”酒精会对人的大脑神经产生麻痹作用，过量饮酒，当然会使人失去对身心的理性控制，使人放纵失态，甚至失德；适量饮酒，则可以放松身心，让人暂时忘却烦恼，增进人与人的交流。《仪礼·燕礼》曰：“君曰：‘无不醉’，宾及卿大夫皆兴，对曰：‘诺，敢不醉！’”国宴时主持的官员传达君命有“无不醉”的话，与宴饮者则答以“诺，敢不醉”，君命和臣的答辞于此诗相合。所以，此诗有意强调不醉而不归。然所来诸侯彻夜开怀畅饮，醉而不归，但仍能保持彬彬有礼，不失其德。尽管天子有命“不醉无归”，但是贤明诸侯们还是谨守君臣之礼，在宗族的宴会上，个个显得尊贵，忠信、和顺、平易，有着美好的品德和仪容。故王质《诗总闻》曰：“君通情，务尽醉；臣守官，无遵礼。所以虽然是夜间饮酒，却不失令德、令仪也。”这表明夜饮的目的不是单纯为了喝酒，而是为了慈惠同姓诸侯，以礼相待，和睦宗族，增进交流和情谊。

第二章写宴飨的隆盛。首两句说：晶莹甘露滋润丰盛之草，则膏泽深厚。陈奂《诗毛氏传疏》评析说："阳喻天子，露喻诸侯，丰草、杞、棘、桐、梓（释'椅'为'梓'）比喻各个诸侯所来自的国家。首章不言露之所在；二章、三章不言阳；末章并不言露，皆互文见其义。"陈氏之说，颇有启迪。诗人选择露水起兴，暗寓各种植物须得露水的沾濡，方能茂盛；正如天子之恩泽，整个宗族受到恩惠，才能兴旺发达。以此引出所咏之辞："厌厌夜饮，在宗载考"，刘彝曰："燕以示慈惠，故至夜而不为过，所以致其厚也。飨以训恭俭，故一朝而即成礼，所以致其钦也。"谓在宗庙之寝室宴饮而成此宴礼，恩意之深。天子选在宗庙寝室设宴，是最高规格的国宴，诗人特意指明夜宴的地点：宗庙之寝室。这是君泽同姓宗族诸侯的体现，非大臣及天子亲信之人不能参加。其实还是为了说明天子的厚恩，表明天子对同姓诸侯的特意爱戴、隆盛礼遇和深情倚重。姚舜牧阐发说："露必待阳而晞，饮必至醉而归期其飨也。露必濡于丰草，饮必设于宗室隆其礼也。杞棘承湛湛之露，桐椅生离离之实，君子承燕而不丧其令德，不失其令仪，此天子所乐于而锡之燕飨之隆礼也。诗叙燕饮于前，而推本于君子之德仪旨深哉。"姚氏认为，这是天子所乐于而赐予之燕飨之隆礼，故君子不丧其令德，不失其令仪。

朱熹《集传》引曾氏曰："前两章言厌厌夜饮，后两章言令德令仪。"引申这两句话的意思就是：以上两章颂君恩，以下两章歌臣德。故第三章赞颂宴者的美德。此章言：湛湛然甘露盛多，滋养杞树与枣树，使其枝繁叶茂茁壮成长；然而杞、棘之树木，虽多露而枝叶能承受。明白洞达、忠信诚悫的君子（指诸侯），虽多饮而不失德能将才。前两句起兴，以露珠洒在杞棘之树上，比喻天子对诸侯的慈惠恩泽。杞棘树木虽多露，而枝叶能承受，比喻显允之君子虽多饮，而不失德能将才，却能承担治国的重任。

末章赞颂宴者的威仪。此章言：苍苍桐树、椅树枝叶繁盛，虽离离然果实累累低垂而枝不披；恺乐和易、忠诚贤良之君子，虽至醉而威仪不乱。这里高大的桐树和椅树，比喻天子的威仪。桐树和椅树性质坚硬，是做乐器的好材料，将它与礼乐联系起来，以象征天子处处以礼乐规范自己的行为，足以作为诸侯的典范。故诗的含义是：上之所以绳下者愈宽，下之所以自绳者愈严，君有余恩，臣又余敬。"君恩愈宽，臣兴愈谨，乃可免愆尤而昭忠敬，讵可恃宠而失仪乎！"姜炳璋阐释说："《集传》以前篇《蓼萧》为始燕，此为终燕。按前篇言零露瀼瀼、浓浓，此

曰‘匪阳不晞’，前篇曰‘既见君子，燕笑语兮’，而此曰‘厌厌夜饮，不醉无归’，次第秩然。诗人早自下注脚也。前篇初燕，语意阔大。故《序》曰：‘泽及四海’，此篇终燕，情意笃挚”(《诗序补义》)。其说颇有启迪。

邓元锡曰：“《蓼萧》之辞笃而庄，《湛露》之辞亲而洽，爱敬至矣。爱敬笃于辟公其究及于海内，其斯之谓欤。”在中国，无论对一个王朝还是对一个宗族来说，和谐团结、稳定生活都是一个很重要的主题。巩固团结、和睦相处可以有很多有效措施，上下同乐、平等以礼相待，是最有效的。天子大臣也好，爷伯叔甥也罢，相逢共聚，或饮酒宴飨、歌舞听乐；或玩耍游戏、游山赏古；或共建社会、共创家业。共同的快乐，共同的憧憬，共同的发展，相同的追求。有福同享，有难同当；可以在潜移默化中增强人们的凝聚力和归属感，从而达到稳定、巩固、和谐、团结的目的。

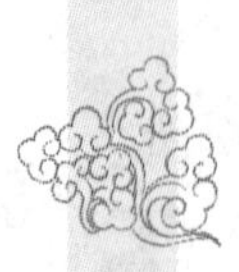

然而，欧阳修解释说：“据《序》止言天子燕诸侯，而《笺》以二章为燕同姓，三章燕庶姓，卒章为燕二王。后者诗既无文，皆为衍说，由诗有在宗载考之言，遂生穿凿尔”(《诗本义》)。欧氏反对郑玄之说。

此诗表现手法的特点：是兴而比法。每章头两句都是兴中有比，虽然只是有时候想象到借此说彼而已，但这种兴而比的用法奇特而多变。前三章虽都有“湛湛露斯”一句，但首章的第二句“匪阳不晞”，与第二章第二句“在彼丰草”、第三章第二句“在彼杞棘”，造句形式截然不同，含义也是不尽相同。首章的兴而比义：露水滋养万物而兴盛，非至曙光而不干，兴出厌厌之宴饮而恩被诸侯，非至醉而不归；以露水暗喻天子之恩泽，又以阳暗喻天子，以露暗喻诸侯。第二章则是露在丰草而膏泽深厚，兴出宴饮寝室则恩义隆盛，以露水在丰草，暗喻天子之泽在诸侯。第三章则是露水盛多在杞棘之树木，而枝叶却能承受，兴出显允之君子，虽多饮而不失德能将才；以露珠盛多在树叶而承受，暗喻君子虽多饮而不失其德。末章的兴句又别具一格，造句形式与前三章均不同，兴而比义便有别。试看：桐椅之树木，虽实繁而枝不披；兴出恺悌之君子，虽至醉而仪不乱；以实繁而枝不披，暗喻君子醉而仪不乱。可谓此诗的兴而比法，在整齐中有错综变化之美，达到了良好的艺术效果。

彤　弓

彤弓弨兮,受言藏兮。
我有嘉宾,中心贶之。
钟鼓既设,一朝飨之。

彤弓弨兮,受言载兮。
我有嘉宾,中心喜之。
钟鼓既设,一朝右之。

彤弓弨之,受言櫜之。
我有嘉宾,中心好之。
钟鼓既设,一朝酬之。

【概要】

天子宴有功诸侯,赐以弓矢之乐歌:

【译文】

朱红弓箭弨然弛,弓人献受保藏之,
藏之王府待有功。今我欣然有嘉宾,
心中实欲厚赐之,陈设钟鼓之乐队。
早朝速而行飨礼,礼毕遂以彤弓赐。

朱红弓箭弨然弛,弓人献受载弓檠,
载于弓檠抗体正。今我欣然有嘉宾,

心中喜悦授恩宠，陈设钟鼓之乐队。
早朝飨礼显尊崇，礼毕遂以彤弓赐。

朱红弓箭弨然驰，弓人献受藏韬衣，
彤弓保藏韬弓衣。今我欣然有嘉宾，
心中喜欢得恩赐，陈设钟鼓之乐队。
早朝宴飨厚礼仪，礼毕遂以彤弓赐。

【注释】

*彤弓：朱红色的弓。周人尚赤，以赤色为重，故以赤色的弓作为赏赐之物。色以赤者周之所尚，故赐弓以赤为重。 弨(chāo)：弓驰而尚未张弦。指张弓后，松弛了弦翻(反)回去又成原状，即未张弓时状态。 受：受赐。 言：即焉，语词。 藏：献藏、保藏。受言藏之，言其重也；弓人所献藏之王府，以待有功不敢轻与人也。一说藏于祖庙。

*嘉宾：即诸侯。天子所受赐诸侯曰嘉宾。 中心："心中"之倒文。心中诚实非矫貌，饰情是殷勤于宾。 贶(kuàng)：赏赐。欲加恩惠。贶，古通作"况"。况者，赐也。或善也。中心贶之，正谓"中心善之"。"况之"与下章"喜之""好"同义。《诗》假"贶"以为"况"，亦通。《集传》训"贶"为"与"。一说爱戴。

*钟鼓：古代宴会乐队奏乐之器。 既设：已陈设。 一朝：早朝。或犹终朝。 飨：一种隆重盛大的宾客宴礼会。大饮宾曰飨。

*载：抗之。载于弓檠抗体使正。一说装在车上，此处作动词用。出载之车。

*喜：喜乐。

*右(音又叶)：尊。飨之所以尊之也。一说劝酒。上言钟鼓既设，则右、酬明是飨时之事。右之、酬之，当主侑币、酬币为义。《左传》庄公十八年："虢公、晋侯朝王，王飨醴，命之侑。"僖公二十八年："晋侯献楚俘于王，王飨醴，命晋侯宥。"是则飨醴本有侑币，王礼或更有玉与马。一说佑助，助之。

*櫜(gāo)：韬，韬藏于弓衣也。指古代盛弓箭的囊，作动词。将弓装入囊中。

*好：喜悦。

*酬(chóu)：厚。或劝酒。饮酒之礼，主人献宾，宾酢主人，主人又饮而酌宾，谓之酬。酬，犹厚也，劝也。飨之所以厚之。

【品鉴】

《彤弓》是一首周王举行宴会赏赐有功诸侯的诗。《左传·文公四年》载卫宁武子聘鲁,文公与之宴饮,为赋《彤弓》。武子曰:"诸侯敌王所忾而献其功,王于是乎赐之彤弓一,彤矢百,玈弓矢千,以觉(明)报宴。今陪臣来继旧好,君辱贶之,其敢干大礼以自取戾?"朱熹阐释说:"《春秋传》:宁武子曰:诸侯敌王所忾而献其功。于是乎赐之彤弓一,彤矢百,玈弓矢千,以觉报宴。注曰:'忾,恨怒也;觉,明也;谓诸侯有四夷之功。'王赐之弓矢,又为歌《彤弓》,以明报功宴乐。郑氏曰:'凡诸侯赐弓矢,然后专征伐。'东莱吕氏曰:'所谓专征者,如四夷入边,臣子篡弑,不容待报者,其它则久伐之法;乃大司马所职,非诸侯所专也,与后世强臣拜表辄行者异矣'"(《集传》)。卫国大夫宁武子出使到鲁国,鲁文公宴请他,并让乐工演奏了《湛露》及《彤弓》两首乐章,用以表示和善的意思。宁武子以为这是违背礼的,批评说:各个诸侯把君王所忾的对象,作为敌人加以征伐,征伐成功后向君王"献其功",君王于是赏赐各个诸侯彤弓、旅弓等奖品,并为他们设宴奖励其报功。《诗序》正是据此认为《彤弓》是天子"锡(赐)有功诸侯也"。可见诗旨是歌颂周天子举行宴会,将彤弓赐予有功诸侯之事。诸侯能够得到君王赐的彤弓,这可真是很大的光荣,就连他们的后代也感觉是很大的荣幸。

程俊英、蒋见元《注析》云:"天子赐诸侯弓矢之事亦数见于铜器铭文,如《宜侯矢簋》记康王赐宜侯……旅弓十,旅百千。可证武子之语不虚。"《左传·僖公二十八年》载:"晋侯献楚俘于王,赐之彤弓一,彤矢百,旅弓矢千。"晋文公在城濮(今山东鄄城临濮集)对楚作战,胜利后向周襄王献楚俘报功,于是周襄王为此举行了隆盛的仪式,给晋文公赏赐了彤矢一百个,旅弓箭一千个等奖品。后世晋臣,每当提到这件事总觉得很骄傲,于是也把它看成称霸的象征。郑氏曰:"凡诸侯赐弓矢,然后专征伐。"东莱吕氏曰:"所谓专征者,如四夷入边,臣子篡弑,不容待报者,其它则久伐之法;乃大司马所职,非诸侯所专也,与后世强臣拜表辄行者异矣。"所以,天子向诸侯赏赐彤弓是一种权利的象征,即所谓加以征伐之权,以保王室。《左传·襄公八年》:"季武子赋《彤弓》,宣子曰:'我先公文公,献功于衡雍,受彤弓于襄王,以为子孙藏。'"昭公十年:"彤弓虎贲,文公受之。"周天子以弓矢等物赏赐有功诸侯,这可能是西周到春秋时代的一种礼仪制度。

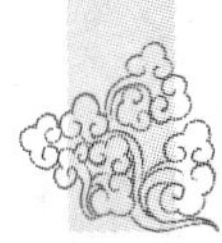

这首诗是以第一人称“我”(即周天子)的口吻,叙述举行赏赐彤弓大典的。诗共三章,每章六句,每章字数相等,诗意相似;均用赋体,直抒胸臆。每章三层意思,第一层,三吟“彤弓弨兮”,加深影响,显示其重要性。“受言藏之”,“受言载之”,“受言櫜之”。弨然之彤弓,弓人所献,受而藏之王府,以待有功,不敢轻与人;受而载于弓檠抗体使其正;受而藏于韬弓衣。三章开首短短六句,开门见山,既写出所赐彤弓的形状、色彩,又点明受赐者对彤弓的珍惜,即“藏之”“载之”“櫜之”,逼真地描绘出受赐者把天子赏赐的彤弓进行收藏、抗正、藏韬的全过程,视为珍贵之物,作为权力、征伐、功勋、荣誉的标志。

第二层借周天子,即“我”的口吻,赞美有功赏赐的诸侯。三咏“我有嘉宾”,突出有功嘉宾对“我”的重要性。“中心贶之”,“中心喜之”,“中心好之”。今我幸喜有嘉宾,嘉宾有四夷之功,而心中喜乐实欲厚而赐之;心中喜欢实欲厚而宠爱之;心中喜悦实欲厚而酬报之。反复吟诵“我有嘉宾”,“我”代指周天子;“嘉宾”者,天子所受赐诸侯曰嘉宾,此代指诸侯。周天子把自己的臣下称谓“嘉宾”,对有功诸侯的亲切和宠爱之情溢于言表。三说“中心”一词,表现天子诚实非矫,饰情是殷勤于宾;赏赐有功诸侯出于真心,可见天子情真意切。诗人惟妙惟肖地描绘出天子心理的细节活动,如对有功诸侯开始是“中心贶之”,继而“中心喜之”,最后发展到“中心好之”,此三句是从天子的角度着笔,叙述有功诸侯相聚一堂,接受天子隆重的礼仪之赐。

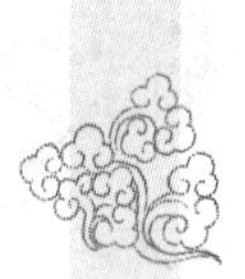

天子以这种隆盛礼仪宠爱他们,是因为其有功,于是喜悦之情油然而生;对有功诸侯表示出衷心爱护之情,可以见出天子平易谦和,与诸侯和睦融洽。

第三层描写宴飨赐弓之礼的隆盛。三吟“钟鼓既设”,“一朝飨之”,“一朝右之”,“一朝酬之”。陈设钟鼓之乐,早朝而即行飨礼,礼毕遂以彤弓赐之;早朝而即行飨礼而尊重;早朝而即行飨礼厚而酬报。反复吟诵“钟鼓既设”,表现出在飨礼之中,钟鼓齐鸣,诸位嘉宾喜气洋洋,相互劝酒,享用佳肴。时而“飨之”,时而“右之”,时而“酬之”,一派欢洽景象。刘彝解释说:“燕以示慈惠,故至夜而不为过,所以致其厚也。飨以训恭俭,故一朝而即成礼,所以致其钦也。”天子举行隆重的飨礼,宴饮有功诸侯,场景十分热烈,充满了欢乐气氛。飨礼之厚,反映了天子对有功诸侯非常宠爱。三章反复吟唱,可以加强情感的抒发,给人一唱三叹的感觉。

朱熹阐释说:“此天子燕有功之诸侯,而锡(赐)以弓矢之乐歌也。东莱吕氏曰:‘受言藏之’,言其重也;弓人所献,藏之王府,以待有功,不敢轻与人也。‘中心贶之’,言其诚也;中心实欲贶之,非由外也。‘一朝飨之’,言其速也;以王府宝藏之弓,一朝举以畀人,未尝有迟留顾惜之意也。后世视府藏为己私分,至有以武库兵赐弄臣者,则与‘受言藏之’者异矣。赏赐非出于利诱,则迫于事势,至有朝赐铁券而暮屠戮者,则与‘中心贶之’者异矣。屯膏吝赏,功臣解体至,有印刓而不忍予者,则与‘一朝飨之’者异矣’”(《集传》)。朱子之具体分析,阐明了诗旨。

李光地云:“《天保》以上亲王朝也;而以《采薇》《出车》《杕杜》继之《蓼萧》《湛露》亲诸侯也。而以《彤弓》继之文武之道,如循环然驰而不张文武个为也。”

此诗首章大抵尽其意,第二、三章只是重复咏叹而加重,与首章诗义大致相同,只是在个别字词上做了调整。每章一、三、五句均相同;每章二、四、六句,每句皆在第三字更换一字,层层递进。如辅广曰:“大抵此诗首章已尽其意,下两章只是咏叹以加重焉耳。櫜重于载,载重于藏,好诚于喜,喜诚于贶,酬厚于右,右尊于飨。”给读者留下深刻的影响。

菁菁者莪

菁菁者莪,在彼中阿。
既见君子,乐且有仪。

菁菁者莪,在彼中沚。
既见君子,我心则喜。

菁菁者莪,在彼中陵。
既见君子,锡我百朋。

泛泛杨舟，载沉载浮。
既见君子，我心则休。

【概要】

美君子而乐育材，喜天下长育人才：

【译文】

萝蒿菁菁茂盛长，在那丘陵当中央。
莪虽食菜但未采，有幸育之使成材。
学士在校培育业，期于成材如育莪。
我思有道之君子，主教育才人之责。
学士执业请益师，既见有道此君子。
君子则导之使乐，不乐则苦而不学。
且教之而使有仪，无仪则学终不固。

萝蒿菁菁茂盛长，在那小渚资灌上。
莪虽食菜但未采，有幸育之使成材。
学士在校培育业，期于成材犹育莪。
我思有道之君子，主教育才人之职。
学士培育在泮宫，受其教泽德业升。
当既见君子之时，我幸育材之有地。
长育人才之道行，喜已人才之得成。

萝蒿菁菁茂盛长，在那高大陵中央。
我在小渚灌溉生，犹士之游于鄉学。
我在大阜高高升，犹士之升于大学。
人人皆得仰而见，今士之材已成就，
共人瞻仰犹如此。故既见有道君子，

知君子平日赐我，有如贝朋多而珍。

我一一敬守奉行，历考生平敢忘乎？

那杨舟泛泛水中，望之而或上或下。

浮沉不定漂流行，盖将以待问渡行。

今学士材已成就，且待世用犹如此。

若济巨川谁用舟？故既见有德君子，

则将论定而任官，任官而爵得俸禄。

但我惧材之不成，不患成材不见用。

我心育才多欢愉，休休然安之若素！

【注释】

*菁菁(jīng)：形容草木茂盛。《韩诗》“菁菁”作“蓁蓁”(zhēn)，曰：“蓁蓁，盛貌。”《集韵》引《诗》作“葏葏者莪”。菁、蓁以声近而转，蓁、葏古双声字，故通用。蓁蓁为正字，菁菁、葏葏皆假借字。 莪(é)：草名，萝蒿。喜生低洼处。叶似邪蒿而细，科生，三月中茎可生食，又可蒸，味颇似蒌蒿。 中阿：“阿中”的倒文。阿，山丘，丘陵。阿有二义，大陵曰阿，一曰曲阜。

*君子：这里指有识而有道之人。所见之君子，在乡则乡老乡大夫诸职，在国则大司成大小乐正诸职，如遇视学养老，则并得见天子矣。一说女子称相会的情人。一说对男子的美称。 乐：君子则导之使乐。 且有仪：且教之使有仪。仪，礼仪。一说法式，榜样。

*中沚：“沚中”的倒文。沚(zhǐ)，小渚曰沚中。

*我：学士自我。

*中陵：“陵中”的倒文。陵，大阜曰陵。莪在中陵，则人皆得见之；士之材已成就，而为人所共瞻仰者，其象如此。

*锡：赐予。喜其受益之多，故本其所自，而以为君子之赐予我。 百朋：极言其多。朋，上古人以贝壳作货币。古者货贝，五贝为朋；锡我百朋者，见之而喜，如得重货之多。一说两贝为一串，两串为一朋。

*泛泛：船漂浮水中或上或下漂流不定。 杨舟：杨木造的船。 载沉载浮：

即言则沈则浮。指船起伏漂流不定。载，通“则”。载沉载浮，犹言载清载浊、载驰载驱之类；以比未见君子而心不定。一说通“再”，又。王先谦《诗三家义集疏》：“‘载’为‘则’，又于‘则’下加‘载’字，古训皆不如此。”沉，抑扬之势，非沉没。

*既见君子：喻人君用人，于人之才无所废。陈启源曰：“前三章皆以莪之长，喻材之育；则比三既见，因教诲之而得见也。此一章以舟之载物，喻君之用人，则此一既见；因官爵之而得见也。所见之君子，直应谓王者，而司马有辩论之权，或当兼目之。”　休：休休然欣喜而安定。休休犹欣欣，一语之转。程俊英、蒋见元《注析》：“朱骏声《说文通训定声》：‘休，假借为喜，休、喜一声之转。’《尔雅·释言》：‘休，庆也。’《广雅·释诂》：‘休，喜也。’按《国语·周语》：‘为晋休戚’，韦昭注：‘休，喜也。’亦训休为喜。”

【品鉴】

此诗主旨，历来聚讼纷纭。《诗序》认为是“乐育材”，即对培养人才的赞美；而《集传》认为是“此亦燕饮宾客之诗”。有认为受贵族恩赐，表示感谢和喜悦心情；有认为“朋友相见，喜笑颜开”；有认为“女子喜逢爱人之歌”；有认为男女赴约时女方的欢乐；有认为学有榜样和喜悦的心情；有认为颂美教师的诗。

虽然历史上对此颇有争议，但《诗序》之说，流传两千多年，影响甚巨，后世一直把《菁莪》作为培育贤才的典故。即使不同意《诗序》观点的朱子，虽在《诗序辨说》中认为“此《序》全失诗意”；然作《白鹿洞赋》中又曰：“乐《菁莪》之长育，门人请其故，答曰：‘旧说亦不可废。’”则仍采用旧说。王先谦《诗三家义集疏》引徐幹《中论·艺纪篇》“先王之欲人之为君子也，故立保氏，掌教六艺”之言，并指出“徐用《鲁诗》，所说诗义乃《鲁》训也。古者育材之法备于此矣。《齐》《韩》无异议”。是三家《诗》和《毛序》同。方玉润《诗经原始》云：“此种诗古来相传既久，可以不必与之立异。”陈子展《直解》说：“约定俗称谓之宜，非有确证，骤难改易也。”方氏和陈氏之说，持同一观点。姜炳璋《诗序广义》说：“此君子视学，太学之士乐君子之育材而作此诗。”其说颇有道理。鉴于诗的主旨，由于形象的不确定性，可以有不同的理解。但我认为《诗序》的评析符合诗旨。

诗共四章，每章四句，皆用四言诗句。前三章均以“菁菁者莪”作兴而比法，引出下文所咏之辞，反复歌咏有道之君子长育人才的喜悦之情。末章采用比喻手法，阐明育才之道，教化之法，形象而生动。

首章言学士们已见“君子”，君子则导之使乐，且教之有礼仪。诗人在首两句触景生情地说：“菁菁者莪，在彼中阿。”他认为：郁郁萝蒿菁菁然茂盛，在那阿中之地长育萝蒿之生，且长势喜人；虽可食菜而未被采取，盖培育使之成材；犹如今学士之在学校精心培育而期于成材。《毛传》云：“君子能长育人材，如阿之长莪菁菁然。”这里以萝蒿在阿中之地生长之盛，来暗喻人才培育的繁盛之况。后两句重点落脚在如何育才上，点明见到君子的教导之法：“既见君子，乐且有仪。”意谓我思有道之君子主教人之责，学士们当执业请益师之时，而既见此君子。君子则教导使之乐，不乐则苦而不入学，且教育使之有礼仪，无仪则学终不固。诗人直接表明自己的育才之道，即导之有乐，教之有仪，阐述十分透彻。徐幹《中论·艺纪篇》云：“先王之欲人之为君子也，故立保氏，掌教六艺。……《诗》曰‘菁菁者莪，在彼中阿。既见君子，乐且有仪’。美育人才，其犹人之于艺乎。”徐氏之说，阐明了此诗“美育人才”的主题。而诗中的“君子”，可能指国王或保氏之类的贵族。这位君子重视教育，育才有法：导之有乐，教之有仪。

第二章写见到“君子”的欢乐感受。诗人借景抒情：在那沚中之地，能长育出萝蒿菁菁然之茂，以此作兴而比法，引出所咏之辞。萝蒿在沚中，则资其小渚之水的灌溉；犹学士之游于乡学；学士在泮宫（清代称考中秀才为“入泮”），则受其教育之泽。当既见有道君子之时，我则有幸育才之有地，而心喜已得良才。这里表达了对“君子”给予教泽滋润成长之地的感激，咏叹得遇有道君子，喜其受益之多。

第三章写知君子平日之赐我，犹如贝朋之多而可珍贵。诗人即景抒情：在那陵中之地，能长育出萝蒿菁菁然之盛，以此作兴而比法，以引所咏之辞。萝蒿在高大陵中之地，则人人皆得仰而见之；如今学士之才已成就，犹如为人所共仰。故当既见有道之君子，而知君子平日之赐我，犹如贝朋之多而可珍贵；我一一敬守而奉行之，历考生平，何敢忘其所自乎？这里是说萝蒿在陵中，犹如学士之升入大学，可见运用兴比手法的绝妙。前三章的第二句：“中阿”“中沚”“中陵”，写得都是滋润萝蒿菁菁茂盛之地，以喻君子教泽培育学士之圣地，其目的主要是为后两句做铺垫。三章是基本相类似的，陈奂《诗毛氏传疏》曰：“言君子长育人才；沚之长莪，陵之长莪，犹阿之长莪也。”以表明“育才之有地”（何楷《诗经世本古义》）。

第四章和前三章截然不同。诗人望见大海之中，一叶木舟游游荡荡而沉浮

前行，不禁突然笔锋一转，开首写道："泛泛杨舟，载沉在浮。"那杨木之舟泛泛然水中荡游，遥望之或上或下，浮沉不定，盖将以待问渡者而奈何行舟？如今学士才以成就，以待世用而不知前途如何？犹如杨舟之行而沉浮不定，若济巨川大海，谁用你作舟楫乎？这里诗人以杨舟载物、沉浮不定，比兴学士惧材之不成，不患成才而不见用地忐忑不安的心态。"喻人君用人，于人之才无所废"(《郑笺》)。诗人比兴，惟妙惟肖，令人慨叹！结尾两句："既见君子，我心则休。"故当既见有道之君子，则将论定而官，任官而爵位；但我惧才之不成，不患成才而不见用，是以此心休休然安之若素。这里说见到有道君子后，学士们心里安然若素，暗示他们已经被君子所用，找到了用武之地。从而阐明了天生我才必有用的道理。前三章均以萝蒿之盛长，喻材之育，则比三既见君子，因教诲之而得见。此章以杨舟载物，喻人君之用人才，则此一既见，因官爵之而得见。然所见之君子，直应谓王者，而司马有辩论之权，或当兼目之。范处义《诗补传》评析说："中阿、中沚、中陵皆地之美，有润泽以养草木，故得遂其性也。百朋，言锡予之多也；学校者人君养材之地，有师友之训，有弦诵之习，校试有法庖廪，有继所以待士者厚矣。视莪之菁菁何足道哉？然而人君之未视学也，则不能不以为忧及人君之，既视学则安得不乐？安得不喜乎？卒章自谓多士之材，如以杨为舟，可用以济。始者未见君子，惧其不见用。今既见君子，故我心不复有私忧过计也。"兴比之义确切而奇妙，使人深解诗旨茅塞顿开，豁然开朗。

全诗以第一人称来阐述育才之道，《诗义折中》云："《鹿鸣》之三、《鱼丽》之三皆所以尊贤也；《天保》以上治内，《采薇》以下治外，皆得贤人而用之也。顾尊而用之者在朝廷，育而教之者在学校；学校无才，朝廷不可得而用，故师儒之选不可以不慎，教化之道不可以不明也。""我"的所有感受和看法，都是在"既见君子"的基础上产生的，所以全诗四章把"有仪""则喜""百朋""则休"，都置于"既见君子"之后，表明"君子能长育人材，则天下喜乐之矣。"体味此诗，使人深知人才之珍贵和对培育人才的敬重。

朱熹曰："此亦燕宾客之诗。言菁菁者莪，在彼中阿矣；既见君子，则我心喜乐而有礼仪矣。或曰：以菁菁者莪，比君子容貌威仪之盛也"(《集传》)。《案》："朱子作《白鹿洞赋》，有曰广青衿之疑问。又曰乐菁莪之长育，门人请其故答曰：旧说亦不可废。"

六 月

六月栖栖，戎车既饬。
四牡骙骙，载是常服。
猃狁孔炽，我是用急。
王于出征，以匡亡国。

比物四骊，闲之维则。
维此六月，既成我服。
我服既成，于三十里。
王于出征，以佐天子。

四牡修广，其大有颙。
薄伐猃狁，以奏肤公。
有严有翼，共武之服。
共武之服，以定王国。

猃狁匪茹，整居焦获。
侵镐及方，至于泾阳。
织文鸟章，白旆央央。
元戎十乘，以先启行。

戎车既安，如轾如轩。
四牡既佶，既佶且闲。
薄伐𤞤狁，至于大原。
文武吉甫，万邦为宪。

吉甫燕喜，既多受祉。
来归自镐，我行永久。
饮御诸友，炰鳖脍鲤。
侯谁在矣？张仲孝友。

【概要】

王命吉甫北伐狁，匡正王国之封域。
北伐有功凯旋归，诗人叙事以赞美：

【译文】

吉甫受命六月征，此时仓促兴师忙。
人心惶惶不安定，吉甫检阅车马行。
戎车浩荡既齐正，四牡骙骙然强盛。
载是戎事之常服，以备军中之战用。
盛夏帅师而出行，则以𤞤狁来犯侵。
其势嚣张且甚炽，宣王是用遣我急。
王于授命我出征，王国封域定匡正。

拭目所简车马盛，齐其力而比类马。
齐其色而四骊马，齐色齐力强壮马。
可见战马诚有余，兼驯马闲习之久。
闲习之皆中法则，马驯有素驰合法。

六月之中成我服，戎服既成可行道。
然当今于军法曰：日行三十里为舍。
固不得过其常度，此时吉甫命出征。
统帅诸军敌王忾，辅佐天子成大业。

四匹雄马膘肥壮，以直计之则修长。
以横计之则广阳，全体计之颙然大。
知将士上承王命，恐功不成国难定。
既有车马为之用，则足以伐却猃狁。
卫国创业奏大功，复以严敬为之主。
有严则而甚威武，有敬则而颇严肃。
威武严肃伐猃狁，恭敬谨慎辅王业。
将帅严敬供武事，安定王国顺民意。

于是整队而驰行，数狄之罪告于众。
猃狁小丑不自量，纵兵深入王国疆。
整齐其众侵边防，屯居焦获近地方。
由远而近侵镐方，侵时迤逦而西行。
遂犯至泾水之阳，逼近京邑大恣睢。
前军义旗所指引，旗帜之纹绘鸟隼。
后军旌旗锋锐进，继旐之旆央央明。
前军后军部署定，推军陷阵之前锋。
以其元戎十车乘，先开道堂堂之陈。
正正之旗迎风扬，师驰浩荡直而壮。

兵以义举不战服，那猃狁师之整齐。
屯居焦获却而走，但见我师伐敌兽。
戎车驰骋平安稳，后望如轾何平行！
前视如轩何安行！四牡壮盛载兵行。

四马健壮何闲习！以此车马驱猃狁。
驱出境外不穷追，但至大原之界止。
文武兼备之吉甫，不勤远略贪天功。
万邦诸侯皆为法，不至穷兵而黩武。

吉甫班师凯旋归，王以宴礼喜乐饮。
福祉之多皆君贶，且吉甫此时窃谓：
自镐归来计我行，日月长久诸友疎。
如今受王赐宴礼，宿酒进友俱饮之。
尽其欢而荣君赐，又加炰鳖与脍鲤。
诸多珍美之馔肴，诸友谁人常伴陪？
晨夕常在左右陪，孝友张仲其人陪。
武臣不学交匪人，与孝友日相切劘。
吾知移孝忠其君，贤士移弟顺其上。
故能无违君之命，武功成而国业兴。

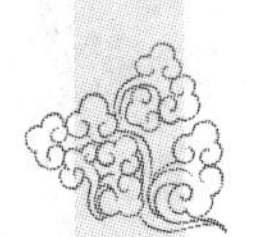

【注释】

*六月：夏历六月。即建未之月。六月者，盛夏出兵，明其紧急。古代兵法冬夏不出兵，但因猃狁入侵，边事紧急，故于六月出兵抵御。 栖栖(xī)：犹皇皇。惶惶不安。一说行动不止。一说犹忙忙，忙于出征。一说栖借为凄，凄凄，多雨貌。 戎车：兵车，战车。西周时代，征战中的主力是兵车(即甲士)。 饬(chì)：整饬，整治。

*四牡：兵车一车驷马。牡，公马。 骙骙(kuí)：形容马强壮。字中"癸"为一对图形，有马对称排列之意。 载：装载。一说设置，指树立旗帜。 是：助词。 常服：将帅戎车之常服，韦弁服。一说常是一种绘有日月图案的旗帜。

*猃狁：通猃狁，北方部族名，即北狄。解见《采薇》。 孔：甚。 炽：本义为火烈，引申为气势之盛。 我是用急：即我是以急，我们因此紧急出兵。是用，是以，因此。北狄来侵甚炽，故王以是急遣我。《齐诗》"急"作"戒"，急。

*王：指周宣王。 于：通曰，语助词。一说之、往。一说借为呼。 出征：指北

征猃狁,但并非周天子东征,而犹"王于兴师"之意,王只是决策者。 匡:匡之引申假借为匡正。以匡王国。或释"匡"为"救助",以佐天子。一说保卫。

*比物:比为一类。物,类。即比为一类马的力气和毛色。比者,犹配也。物,指马。同色的马配在一起,即是比物。 四骊:四匹纯黑驾兵车的马,即齐力齐色。骊,黑色马。四骊者虽以齐力为主,亦不厌其同色。 闲:通"娴"。闲习。娴雅,今所谓娴习也。娴,古多借闲为之。一说闲为训练。 维:是。 则:法则。《郑笺》:"既比其物而曰四骊,则其色又齐,可以见马之有余也,闲习之而皆中法则,又可以见教之有素矣。"则,法。

*既成我服:即我们戎服既成。服(古音逼),戎服,指军衣。

*于:往。 三十里:古时师行,一日三十里的行程,曰一舍。以免过度疲劳。军法以三十里为限。《集传》:"三十里,一舍也。古者吉行日五十里;师行日三十里。"

*佐:佐助,辅佐。这两句说,尹吉甫以王命出征,以佐助天子之业。

*修广:指马又高又大。 有颙(yóng):犹颙颙。大貌。这两句是说:四牡之马,以直计之则修长;以横计之则广阳;统其全体计之则颙然其大。

*薄:发语词。《毛传》训"奏"为"为"。 肤:大。公,功。

*有严:犹严严。威武严肃。有,语助词。 有翼:犹翼翼。恭敬谨慎。不严则不威,不敬则不肃。 共:与"供"同。言将帅皆严敬以共武事。亦通恭。"共"乃"恭"之省借。即认真恭谨地对待战事。马瑞辰《通释》:"共、恭古通用,王、徐音恭是也。军事以敬为主,《左氏传》所谓'不恭是惧'也。'共武之服'即言敬武之事,正承上'有严有翼'言之,严、翼皆敬也。" 一说共为共同。 武:征伐。一说武之服即服武,服兵役也。 定:使之定,安定。

*匪:同"非"。 茹:度量。一说茹当作"厌"。《方言》:"吴越之间,凡贪饮食者谓之茹。"是茹有厌足义。匪茹即无厌足。此从刘运兴《诗义知新》说。 整:整队,整齐。 居:居住。整齐而处者,言其居周之地,无所畏惮。

*镐(hào)方:地名。《郑笺》:"镐方,皆北方地名。"《案》:"王氏肃以'镐即镐京。'王氏基驳之,方,'即出车之城彼朔方是也。'《孔疏》:'镐方虽在焦获之下,不必先焦获,乃后镐方。'"焦获、镐方皆地名。焦,未详;所在获,郭璞以为'瓠中',则今在耀州三原县也。镐,刘向以为千里之镐,则非镐京之镐矣,亦未详其

所在也。方,疑即朔方也。" 泾阳:泾水之北。水北曰阳。泾阳其即焦获乎,初至则泾水之阳,久居则实指其地立辞之常也。泾水经流千六百里,水北非一地,焦获亦在其北耳。

*织:同"帜"。旗帜。鸟隼为旟(画隼的旗帜),前军所建所谓前朱雀也。织,读为识,俗又作帜。识为正字,今作织者,假借字。或通作帜。识者,帜也;有章帜可按视也。 文:花纹。 鸟章:在旗帜上绘有鸟隼的图案。鸟章,错革鸟为章;章,正幅。"织,帜字同。鸟章,鸟隼之章也。" 白旆(pèi):继旐为旆,旐画龟蛇,后军所建所谓后玄武也。 央央:犹英英。鲜明。

*元:大、善。 戎:戎车乘四马。夏后氏曰钩车,殷曰寅车,周曰元车。一说以元戎冲陷敌阵。 十乘(shèng):辆。兵车一乘,甲士十人。然则甲士二五为一乘,十乘百人,即甲士百人。 启行:启开行道。大车之善者,启开行道。一说行为行伍。指敌人的队伍。

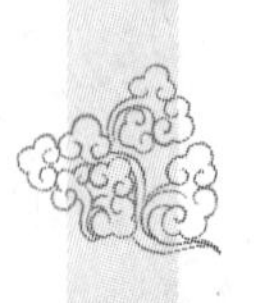

*安:安稳,指驾驭兵车精湛安稳。 如轾(zhì):前倾。从后视之。指车向下俯,车下行时车顶前低后高。如,犹"乃"也。 如轩(xuān):后却。从前视之。指车向上仰,车上行时车顶前高后低。轩者,车之却而后也。凡车从后视之如轾;从前视之如轩,然后适调。

*佶(音吉):整齐而健壮。《毛传》训"整齐貌"。 闲:驯习。前曰闲之,是以闲马;此曰"且闲"则马之自闲也。上二句言车之善,下二句言马之善。车以平均适调为善,马以整齐驯习为善。

*大原:地名。中国曰大原,言至于大原者,但驱之出中国之界而止也。《集传》:"大原,地名。亦曰大卤;今在太原府阳曲县;至于大原,言逐出之而已,不穷追也,先生治戎狄之法如此。"顾炎武《日知录》谓在今甘肃平凉,胡谓《禹贡锥指》谓在今宁夏固原附近,陈奂谓在平凉北、固原东。三人所说的地点相差不远。但决非山西的太原。这句指出驱逐敌人而不穷追。

*文武:能文能武。 吉甫:尹吉甫,宣王时大将。出征统帅。吉甫,尹吉甫也,有文有武。 万邦:万国。指众多的诸侯国。非实数。 宪:法。

*燕喜:即喜燕之倒文。燕,宴礼。喜,欢乐。吉甫既伐玁狁而归,天子以燕礼乐之,则欢喜矣。 祉:福,指天子赏赐之福。

*镐:即"侵镐及方"之镐,吉甫驱玁狁而经历其地。来归自镐:即自镐归至丰

京。“来归自镐”云何？盖谓吉甫来归于镐，至丰受燕也。当时可省三字，后人致有歧解。……每遇大事如伐商作洛之类，皆步自宗周而往，以其事告于丰庙。”我行永久：计我之行，日月长久。

*饮御：御饮之倒文。进酒。御，进。今王饮之酒进其宿在家诸同志之友，与共饮以尽其欢。 炰鳖：烧鳖。炰(páo)，“炮”的异体，用火烧烤。凡肉置火中曰炰。鳖，介虫形圆而脊穹，四周有帬(qún)脍(kuài)细切肉也。凡牛羊鱼之腥，聂而切之为脍。炰者，烧肉。炰者，炰(fōu)之假借。煮曰炰。然则炰与炰别，炰鳖者，音皆作炰。陈奂以为孔所引《字书》即《说文》，今《说文》佚炰字。马瑞辰《通释》：“炰者，炰字之假借。段玉裁认为“炰”“炰”乃古今字，皆炮字之异体，炮：音同炰，以火炙肉日炮。 脍鲤：细切的鲤鱼丝和薄片。

*侯：维。此侯即唯之借。按唯，《诗》皆作“维”。 张仲：人名。张，姓；仲，字。其人孝，故称孝友。当时之贤臣，吉甫之好友。《路史》：“帝鸿氏次妃生挥，造弧矢受封于张，为张氏善父母为孝，善兄弟为友。”王安石云：“忠也者移孝以为之者也；顺也者移友而为之者也；故言忠顺之人必及孝友之人。”《毛传》：“张仲，贤臣也。善父母为孝，善兄弟为友。”《集传》：“候，维也。张仲，吉甫之友也。善父母曰孝，善兄弟曰友。”

【品鉴】

《毛序》云：“《六月》：‘宣王北伐也。’”

又曰：“《鹿鸣》废则和乐缺矣。《四牡》废则君臣缺矣。《皇皇者华》废则忠信缺矣。《常棣》废则兄弟缺矣。《伐木》废则朋友缺矣。《天保》废则征伐缺矣。《出车》废则功力缺矣。《杕杜》废则师众缺矣。《鱼丽》废则法度缺矣。《南陔》废则孝友缺矣。《白华》废则廉耻缺矣。《华黍》废则蓄积缺矣。《由庚》废则阴阳失其道理矣。《南有嘉鱼》废则贤者不安，下不得其所矣。《崇丘》废则万物不遂矣。《南山有台》废则为国之基队矣。《由义》废则万物失其道理矣。《蓼萧》废则恩泽乖矣。《湛露》废则万国离矣。《彤弓》废则诸夏衰以。《菁菁者莪》废则无礼仪矣。《小雅》尽废则四夷交侵，中国微矣。”

《六月》是以军事为题材的一首史诗。周宣王命尹吉甫帅师北伐猃狁，有功凯旋，故诗人爰述其事而赞美。据《汉书·韦元成传》曰：“周室既衰，四夷并侵，猃

狁最强。至宣王而伐之。诗人美而颂之曰：'薄伐猃狁，至于太原。'"《汉书·匈奴传》又云："宣王兴师，命征将伐猃狁，诗人美大其功。"周王朝自厉王以来，政治腐败，国势衰弱，遂四方异族乘虚入侵，不断骚扰；尤其北方以猃狁为首的军事部族，对周构成了最大威胁。于是朱熹《集传》说："成康既没，周室寖衰，八世而厉王胡暴虐；周人逐之，出居于彘。猃狁内侵，逼近京邑。王崩，子宣王靖即位，命尹吉甫帅师伐之，有功而归。"宣王即位后，既派大将南仲驻防朔方，加强防卫；又命名将尹吉甫率兵征伐猃狁，有功大胜而归，从而稳定了周朝的局面。

全诗六章，每章八句，每句四字。诗人采用赋体手法，铺陈其事而直言之。战争发生在六月，故《诗》以六月为题，并以六月开首。

第一章直叙猃狁入侵，气势猖狂，王命征伐。诗一开首，诗人就以追述的口吻，铺写在忙于农事的盛夏六月，因突发战争而紧急备战之况："六月栖栖，戎车既饬。"尹吉甫奉命，六月出征北伐；然此时仓促兴师而北伐猃狁，人心栖栖然惶惶不安。吉甫及时检阅车马，所检戎车，既整齐而排列有序，又坚固而整装待发。此两句交代了发生战争的时间，即六月盛夏。不仅表现了人们对战争的皇皇心态，而且交代了备车之况，直接造成了一种紧迫惶急的战争气氛。按古代司马兵法，冬夏不宜兴师，今乃六月出师者，是因猃狁入侵，气焰甚炽，战事危机，故不得已而王命，于是出征，以匡正王国。猃狁是周北方的游牧民族，到春秋称为狄，战国、秦汉时称为匈奴。猃狁所居之地，以大原为边。三、四句直叙吉甫及时检阅车马，所简戎车皆排序整齐而整装待发；所乘四牡无不强壮，兵车浩浩荡荡，装载戎事之常服，以备军中将士之用。诗人抓住"戎车""四牡""常服"这三种具有代表性的军用物资，突出了军师之强盛，四牡之状盛，军服之满载，一切准备就绪。显示了周朝实力雄厚，威武气势。"猃狁孔炽，我是用急。王于出征，以匡王国。"这最后四句说：所以盛夏六月行师者，则以猃狁来侵，其势甚盛，我王是用遣我之急。盖国王命我出征，只以匡正王国之封域。这里阐明战争的起因和讨伐猃狁的重大意义；猃狁之侵，来势汹汹，气焰嚣张；故王命出征，北伐猃狁，匡正邦国之疆域。

假如第一章是战争的序曲，那么第二章是战争的第一乐章。叙写吉甫奉命而率师出征，敌王所忾，以佐天子。前两句写车马之盛："比物四骊，闲之维则。"目见吉甫所简车马，齐其力以比物，齐其色而四骊，齐力齐色，马壮而诚有余。兼以娴习之久，驰驱合法。诗人描写军马既多而又健壮：既比其物而曰驷骊，则其色又齐，可以见马之有余；娴熟之而皆中法则，又可以见训之有素。这是一支正义之师，威武之师，统一的军装，统一毛色、统一力气的战马，高低自如的行军状态，反映了古代战争的用武之道。三、四句说：故此六月之中，戎服既成，可以即日行道。朱熹颇有见地说："不徐不疾，尽舍而止，又见其应变之速，从事之敏，而不失其常度。"诗再次点出"六月"盛夏，这个非同寻常的时间出征，虽不得已而出征，战事危机，但军马之盛，将士戎服既成。不仅如此，诗人以"闲之维则"一句，显示吉甫训马有素，将士驾驭精湛，合乎规则。颂美吉甫治军有谋，领兵有方，立即做好了出征迎战的准备。诗的五、六句说："我服既成，于三十里。"此言，然而当今于军中曰：日行止三十里，故不得过其常度。此写周王之军，每天行军三十里。古代三十里为一舍，将帅吉甫在战事紧迫之中，并未劳师穷追。表现他面对战争，镇定自若，体恤士兵的大将风度。最后两句："王于出征，以佐天子，"此时吉甫以王命出征，帅诸军北伐，敌王所忾，以佐天子。诗人描写王命于此而出征，欲其有以敌王所忾，而辅佐天子。

第三章写击退敌侵，立功而定王国。四牡之马，以直计之则修长；以横计之则广阳；统其全体计之则颙然其大。诗人写驷马之盛，先写"四牡骙骙"，后叙四骊"闲之维则"。这里写四牡不仅"修广"，且"其大有颙"，在突出战马高大健壮的同时，一再强调车马之娴熟而有规则，此是古代战争取胜的主要武器。接着写道：是知将士上承王命，唯恐其功不成，而且国难定，反映了将士的心理状态。但既有浩荡之车，健壮之马为伐敌之用，则足以击退猃狁之侵，可"奏"大功，这是立功的条件。"有严有翼，共武之服"二句，赞美吉甫治军既有威严，又有肃敬；不严则不威，不敬则不肃。故复以严敬为之主，则足以供武事而定王国。最后特意点明，将帅皆以"严""敬"以共武事，从侧面烘托出将帅的治军之道，抗敌有谋。

第四章描绘讨伐猃狁之侵的战斗场面。诗的前两句："猃狁匪茹，整居焦获"。此言，于是整队而行，将数狄之罪以告于众人曰：那猃狁小丑，不自量度；纵兵深入为寇，如此屯居我焦获近地。故吉甫整齐其师，戎车之上建立旌旗，选锋锐进，声其罪而讨伐之。"焦获，周之大泽薮，水草所便，虏既屯聚于此，或北蹂恤，南掠丰、镐"(《诗经稗序》)。从这段文字中可知，猃狁不仅占据了水草丰富的焦获近地，而且深入直接威胁到周朝的心脏地带——丰镐之地。所以，诗人在这

里向国人声明，猃狁已侵犯焦获近地，形势危急，反映了猃狁侵入，气焰嚣张。接着写道“侵镐及方，至于泾阳”，猃狁入侵，其远而镐方，皆来侵犯之时，所经之地迤逦而西行，遂至泾水之阳，逼近京邑，可谓大恣。再次阐明猃狁之侵犯，先侵“焦获”之地，后犯“镐方”之邑，再进“泾阳”之水。猃狁的铁蹄践踏到朔方以至泾阳一带，侵占的面积如此之大，气势如此之凶猛，强悍猖狂，这就具体说明了“猃狁孔炽”的事实。这样，王命出征，北伐猃狁，也就师出有因了。此章前四句写猃狁侵犯之猛；后四句写吉甫讨伐之锐。故吉甫率军：“织文鸟章，白旆央央；元戎十乘，以先启行。”爰是义旗所指，旗帜之纹，则以鸟隼为意，此是前军。继旐之旆，则见央央然鲜明，此时后军。前军后军部署既定，乃精选推军先阵之前锋，以其元戎十乘，先前开道。所谓堂堂之陈，正正之旗，其师诚直而盛壮，一场恶战即将开始。至此，战争的气氛达到了高潮。正如朱熹所说：“直而壮，律而藏，有所不战，战必胜矣。”

第五章写周军以无坚不克之凛然气势，使敌人丧胆而溃退。诗的前两句说：兵以义举不战而服，那猃狁之师不是弱旅，列队整齐，而屯驻我焦获之地，闻大军至而皆惧而闻风遁逃。但见我师浩浩荡荡，凡戎车之势，从后望之如轾（车之覆而前），从前视之如轩（车之却而后），则戎车之平安，时而上仰，时而下俯，驰驱自如，何其如轾如轩？故何楷说得好：“凡车之势，一低一昂，戎车下狭上广，易于不平。此言前后适均，可以平行而不倾跌也。”何楷评说，切合实情。诗人三写戎车：一章曰“戎车既饬”，四章曰“元戎十乘”，五章曰“戎车既安”，强调了兵车之盛。接着，诗人笔锋一转，再次描写驷马之盛：“四牡既佶，既佶且闲。”驷马既壮，又训之娴熟，何其健壮且又娴熟？然多次写到战马的威武雄壮：一章曰“四牡骙骙”，二章曰“比物四骊”，三章曰“四牡修广”，五章曰“四牡既佶”，可谓车马在古代是重型或先进地作战武器。“薄伐猃狁”，以此车马之盛，驱逐猃狁而出之境外，但至大原之界而止，未尝穷追猛打。此言驱逐猃狁而已，不穷追，这是吉甫治猃狁之法。最后点明讨伐猃狁之将：“文武吉甫，万邦为宪。”“吉甫：尹吉甫，此时大将。宪：法也。非文无以附众，非武无以威敌，能文能武，则万邦以之为法矣。”诗言：盖文武兼备之吉甫，不勤远略，而贪天功，则万邦诸侯皆可以此为法，而不至穷兵黩武。猃狁的进犯被一举击退，但穷寇必追，吉甫大将远谋深虑，而因利制弊，追亡逐北，戎狄一直被追赶到大原之界而止。讨伐戎狄之大捷，应归功于能文能武的吉甫大将。诗人用“万邦为宪”一句，高度评价了吉甫，赞他是万邦诸侯效法的楷模，为这位凯旋的大将吟咏了一曲赞歌。

第六章写吉甫凯旋。此章前六句言：于是吉甫凯旋，国王以宴礼喜乐而款待他，其多受赏赐之福，皆是国君之贶。此显示了君王礼遇之厚，吉甫地位之高。吉甫言：自镐归来，计我之行，日月长久，诸友阔疎。如今受国王宴礼之赐，乃以其宿酒进诸友而俱饮之，以尽其欢。且以荣君之赐惠，又加之以炰鳖、脍鲤诸珍美之馔，表明宴会之盛，国王如此敬重。结尾以“侯谁在矣？张仲孝友”收尾，则在金戈铁马声中添以温馨之调，见出吉甫善待诸友的一面。诸友中，谁则晨夕常在左右相陪，则孝友之张仲其人也。夫武臣不学，亦由所交匪人；那与孝友之人，日相切劘。我知移孝以忠其君，移弟以顺其上，故能无违君命，而武功必然成就。朱熹云：“此言吉甫燕饮喜乐，多受福祉。盖以其归自镐而行永久也，是以饮酒进馔于朋友，而孝友之张仲在焉。言其所与宴者之贤，所以贤吉甫而善是燕也。”又曰：“张仲，吉甫之友也。善父母曰孝，善兄弟曰友。”末章说，吉甫班师而归，宴饮喜乐，皆是国王多赐之福。以其归自镐而行，时间长久，是以饮酒进馔于朋友，而孝友张仲在相陪。阐明其所与宴饮者之贤，所以贤吉甫而善宴饮。姚际恒《通论》解释说：“此篇则系吉甫有功而归，燕饮诸友，诗人美之而作也。”方玉润进一步阐发说：“盖吉甫成功凯还归燕私弟，幕府宾客歌功颂烈，追述其事如此。故末以孝友之张仲陪笔作收，与上义武字相应，且以见宾客之贤，是私燕作法。”（《诗经原始》）

这是一首以军事为题材的长篇叙史诗，也是一首爱国主义诗篇。诗人运用了赋体、记叙、描写、抒情的艺术手法，以时间作为顺序，描写了爆发战争的起因、背景、经过，叙述了这场反侵略正义战争的始末。备战、出征、激战、凯旋，即开端、发展、高潮、结局四个部分非常完整，使整个诗篇跌宕多姿。

采　芑

薄言采芑，于彼新田，
于此菑亩。

方叔莅止，其车三千，
师干之试。
方叔率止，乘其四骐，
四骐翼翼。
路车有奭，簟笰鱼服，
钩膺鞗革。

薄言采芑，于彼新田，
于此中乡。
方叔莅止，其车三千，
旂旐央央。
方叔率止，约軧错衡，
八鸾玱玱。
服其命服，朱芾斯皇，
有玱葱珩。

鴥彼飞隼，其飞戾天，
亦集爰止。
方叔莅止，其车三千，
师干之试。
方叔率止，钲人伐鼓，
陈师鞠旅。
显允方叔，伐鼓渊渊，
振旅阗阗。

蠢尔蛮荆，大邦为雠。
方叔元老，克壮其犹。
方叔率止，执讯获丑。
戎车啴啴，啴啴焞焞，
如霆如雷。
显允方叔，征伐玁狁，
蛮荆来威。

【概要】

王命方叔而南征，军行采芑而食用。
伐蛮荆有功而归，故赋其事以赞美：

【译文】

民间采芑或新田，或采菑亩而食焉。
天子征师或于内，或于外服而征兵。
王命方叔率师征，莅临视察车马军。
检阅车马排列序，则备战车三千数。
检阅军师气势盛，防备捍敌之用兵。
方叔统率军师行，但见所乘四骐奔，
两骖两服翼翼壮。驾驭路车之隆盛，
轸盖轮毂甚坚硬，奭然灿烂而光明。
车后则蔽以竹簟，车中则载此鱼服。
马腹则钩膺致饰，马辔则鞗革下垂。
方叔率军而南征，军容气势之英盛。

采芑菜于那新田，或又采于乡所田。
今王师征兵中外，犹如田中采芑菜。
方叔莅临阅军容，战车隆隆三千乘。

分隶诸军建军旗，旗旗则左军所建。
旐旗则后军所建，旗帜央央飘鲜明。
方叔率师以驰行，但见车毂装饰新。
缠束朱色之车皮，衡木涂以彩色章，
此为方叔之路车。今乘战车豪华盛，
八鸾铃声玱玱鸣，驰骋征道滚滚行。
惟是领兵在道行，不事戎服服命服。
服此黄朱之彩芾，煌煌然其色之美。
服此葱色之珩服，玱玱然其声之和。
盖未至军队之时，军势威仪固若此。

大鹰展翅疾飞行，飞隼飞得虽高空，
但见群集处所飞，犹如王师所处行。
方叔莅临视车徒，战车适合三千数。
军师可资捍敌用，方叔率师猛战勇。
掌击钲者有钲人，掌伐鼓者有鼓人。
遂陈师旅宣令急，誓告军队勇战敌。
此时明信之方叔，视察蛮荆而不服。
则令进军而伐鼓，鼓声阵阵渊渊然。
蛮荆停战而服退，退而振旅阗阗然。

蠢尔不静之蛮荆，敢与大邦为敌人？
方叔以元老宿将，能运筹决战而胜。
壮哉其猷然谋略！方叔驱敌而出境。
遂率领车徒而归，所执者讯问渠魁。
所获者相胁丑类，此时全师凯旋归。
但见戎车三千乘，其车啴啴数众多。
啴啴焞焞然隆盛，其车声声入耳鸣。
声如霆疾震地动，声如雷鸣震天空。

显允者猃狁之国,方叔昔曾伐猃狁。

是以蛮荆闻其名,畏神兵而来服顺。

【注释】

*薄言(读焉):句首语气词。一说快快地。 芑(qǐ):植物名,苦菜之属。似苦菜,茎青白色;摘其叶,白汁出;肥可生食,亦可蒸茹。即今苦荬菜,宜马食,军行采之,人马皆可食也。以兴士勇武可用。一说白苣,非野菜。 于:在。 新田:开垦两年的田地。田一岁曰菑,二岁曰新田,三岁曰畬(yú)。孙炎曰:"菑始灾杀其草木也。"田"与"千"隔句韵。

*菑(zī)亩(古音米):开垦一年的田地。田一岁曰菑。郭璞注:"今江东呼初耕反草(即翻草)为菑。"按新、菑为休耕之田,至畬而出耕。新田、菑亩中得有芑菜可采,以喻国家人材养蓄之以待足用。凡军士起于田亩,故诗人假以为兴。下章同。

*方叔:人名,周宣王时卿士。出征讨伐荆蛮,受命而为将。 莅(lì):同莅。来临。 止:即之,助词。其车三千:此为简车三千,即十八军。《案》:"《司马法》:'万二千五百人为军,家出一人,一乡为以军;天子六军,出自六乡也,六军千乘。'今云其车三千,则十八军矣。"《集传》有歧义之说:"其车三千,法(《司马法》)当用三千万众。盖兵车一乘,甲士三人,步卒七十二人,又二十五人。将重车在后,凡百人也。然此亦极其盛而言,未必实有此数也。"

*师干之试:此简徒也。师,众,指士兵。干,捍。或干戈之干,即盾牌,指武器。试,用。指众且练习。或指用兵。《郑笺》:"捍敌之用。"

*率:总率之。率者,率此戎车、士卒而行。 骐:长有青黑花纹的马。今俗称铜钱花马。

*翼翼:健壮。《集传》训"翼翼"为"顺序貌。"一说整齐严谨的样子。

*路车:将帅所坐的高大戎车。路通"辂"。朱熹训"路车"为"戎路。" 有奭(shì):犹奭奭,赤色貌。奭为"赩"(xì)之假,赩,赤貌。 簟(diàn)笰:以方纹竹簟为车蔽(车篷)。笰之言蔽。《释文》:"茀,音弗,车蔽也。" 鱼服(古音逼):以鱼兽之皮为矢服(箭袋)。其受矢之器,以皮曰服,柔服之义。

*钩膺:马胸腹前的皮带饰物,有丝条下垂为饰(即樊缨),其上有青铜饰物。

膺,马胸前的大皮带。樊读如鞶带之鞶;缨,今马鞅在膺者,钩,即马腹带之饰带必有钩以拘之施之于膺,所谓鞶也。膺乃马之胸前,二字连言则是在膺之钩矣。《集传》:“钩膺,马洛颔有钩,而在膺有樊有缨也。樊,马大带,缨,鞅也。”陈奂《传疏》:“人之缨结颔下,马之缨结胸前。《小戎传》:‘膺,马带也。’缨即马带,以革为之,緐下垂,其上有钩金以为饰。” 鞗(tiáo)革:铜饰的马勒(见《蓼萧》篇)。

*中乡:乡中的倒文,乡所。乡,处所。民所居,其田尤治。古者公田谓居,庐舍在内,环庐舍种桑麻杂菜。《毛传》训“乡”为“所”,亦以所为居。

*旂:绘有蛟龙的军旗。 旐:绘有龟蛇的军旗。《诗义折中》:“交龙曰旂,左军所建;龟蛇曰旐,后军所建。” 央央:犹英英,鲜明貌。

*率:统率戎车而行。 约:缠束。 軧(dǐ):车毂。言以皮缠束兵车之毂而朱之。軧者,长毂之軧,朱而约之。 错:涂上杂色彩纹。 衡:古代车辕前端的横木绘有纹彩。形容战车的华丽。辕端横木曰衡,衡上杂以文采(纹彩)。错衡,文(纹)衡。

*八鸾:铃在镳曰鸾,象鸾鸟声,马口两旁各一,四马故云八鸾。 玱玱:拟声词,铜铃声。

*命服:天子所命之服。命服者,命为将,王命之服。 朱芾(fú):朱黄之蔽膝。古人系在前腹,下垂至膝的帛布,类似围裙。天子纯朱,诸侯黄朱。朱带黄白色,所以别于纯朱。周制,天子纯朱,诸侯黄朱。……(芾)古文作市,象形。上古的衣服,只是在腹前挂一块兽皮。后来逐渐演化成一种有等级的服饰,类似皮围裙(腰)。芾,通“韨”。《鲁诗》芾作“绋”。 斯:语气词。朱广祁《论稿》:“斯”字与形容词结合的,一般相当于重言。 皇:犹煌煌,光辉貌。

*有玱:犹玱玱,玉佩声。 葱:苍色,如葱者。 珩(古音杭):佩端横玉。上有葱珩,下有双璜。三命赤韨葱珩,三命以上,皆葱珩也。非谓方叔惟三命。《集传》:“珩,佩首横玉也。《礼》:‘三名赤芾葱珩。’”程俊英、蒋见元《注析》:“古代玉佩,上端为珩,长方形,因其形横,横、衡古通,故三家《诗》作衡。珩下左右各系璜一、中系冲牙一;璜、冲牙之上珩之下又贯以瑸珠、琚、瑀等物。《说文》:‘珩,佩上玉也。’”

*鴥(yù):鸟疾飞貌。一说鸟在窝穴中。 隼:鹞鹰猛禽属,急疾之鸟。 戾:至。

*亦:又。 集:群鸟飞集在木上。引申为聚集。 爰:焉,于是。 止:处所。

所止之处。

*钲人伐鼓：钲人伐钲，鼓人伐鼓。互文省言。钲，铙，古代军中乐器，像铃铛，中间没有舌。《孔疏》："《说文》：'钲，铙。似铃，柄中上下通，然则钲即铙也。"伐，击。击钲与伐鼓各有人专司其事。钲以静之，鼓以动之，钲鼓各有人而言；钲人代鼓，互文也。凡军进退皆鼓动钲止。钲、鼓各有人，言钲人伐鼓互言尔。《孔疏》："依文在陈师鞠旅之上，是未战时事。"钲人，疑为古代官名。

*陈师：陈列队伍。 鞠旅：誓告士兵，向部队训令。指临战前宣布军令。师、旅，师旅并举，泛指军队。陈师鞠旅，誓而告之以赏罚，使之用命。鞠者，告也。二千五百人为师，五百人为旅。此言将战陈其师旅而誓告之也。陈师鞠旅亦互文耳。《齐诗》《韩诗》鞠作鞫。《毛诗音》："鞫旅，鞫音告。"毛改"鞫"为"鞫"，二者同字。黄典诚认为"钲人伐鼓"是"钲金伐鼓"之误。

*显允：明信。显，明，英明。允，诚信。一说显赫，高大。 渊渊：象声词，鼓声。平和不暴怒，谓战时进士众。

*振旅：战事止息而归。振，止。旅，众。出曰治兵，入曰振旅，言战罢而止其众以入。 阗阗(tián)：拟声词，鼓声。或兵势众盛貌。阗阗，即下文所谓啴啴、焞焞、如霆如雷，故《集传》亦云："盛貌"。《齐诗》作"鞫"，《韩诗》作嗔。一说人多行声貌。《尔雅》郭璞注："阗阗，群行声。"

*蠢尔：虫蠕动貌。指荆蛮欲向周发动战争。一说不恭。 蛮荆：荆蛮倒文，即荆州之蛮。周成王时封熊绎于荆蛮为楚子，地在今湖北宜昌一带。蠢者，动而无知之貌。蛮荆，荆州之蛮。陈奂、王先谦皆认为此章两"蛮荆"之误倒。 大邦：大国，指周王朝。犹言中国。 雠：仇，指蛮荆与大邦为仇敌。

*元老：犹孟子所云大老，齿德兼备之谓。元，大，犹谋也。言方叔虽老，而谋则壮也。一说指功高的老臣。一说对周王朝三公、卿士的称呼。 克：能。 壮：宏大、壮大。 犹：同"猷"，谋略、谋划。《鲁诗》《韩诗》皆作猷。《郑笺》："犹，谋也；谋，兵谋也。"

*执讯：捕捉审讯。 获丑：捕获丑类。获，"馘(guó)"的假借字，就是杀而献其左耳。"古人杀俘虏割其左耳以上报计数"(余冠英《诗经与楚辞》)。丑，类。

*啴啴：众。啴从口，人声嗓杂，则人众；车声嘈杂，则车众。 焞焞(音推)：本义为明火。此引申为车盛貌。《鲁诗》焞焞作"推推"。"焞"字读如"推"字，与下句

雷字为韵。车盛貌。

*霆:疾雷,俗称炸雷。

*显允:即猃狁。《孔疏》:“昔日共吉甫征猃狁之国。”“陈奂《传疏》:案诗章末正言方叔率师南征,荆蛮而因及征伐猃狁者,《六月》伐猃狁,其时方叔为上公,折冲御侮,虽遣贤臣尹吉甫,而帷幄主谋,总在方叔运筹之内,故守卫中国,功必归焉。《易林·离》之《大过》并云:‘《六曰》、《采芑》征伐无道。张仲、方叔,克胜饮酒。’据焦(延寿)说,方叔与张仲类列,则《六月》所云‘饮御诸友’中有方叔矣。方叔未尝北伐,此为得其实”(程俊英、蒋见元《注析》)。

*威:畏,来而畏服之也。《郑笺》:“来服于宣王之威。

【品鉴】

《采芑》是一首记叙周宣王时方叔率领军队南征“蛮荆”的史诗。《毛序》云:“《采芑》:宣王南征也。”《诗义折中》曰:“《孔疏》:‘谓宣王命方叔南征蛮荆之国。’”

西周王朝,自夷王以后国力渐衰,厉王施行暴政而被逐之后,政治日益腐败,更加剧了国内矛盾。周围不同的种族便乘机向华夏族进攻,形成十分剧烈的种族斗争。一是周王朝与各诸侯国(即奴隶主阶级内部)之间的矛盾;一是奴隶主阶级与奴隶阶级之间的矛盾;一是周王朝与四方各部族之间的种族矛盾。先后有猃狁南侵,荆楚、徐淮北叛,严重威胁着周王朝的安全。因此,当厉王子靖(宣王)继位之后,励精图治,内修朝政,外抗侵略。先后派秦仲西攻西戎,尹吉甫北伐猃狁,方叔南征蛮荆,召虎平淮夷,皇父代徐方、仲山甫筑城于齐;这对铲除威胁、诸侯归服、邦国安定起了一定的作用,故史称周宣王“中兴”。

程俊英、蒋见元《注析》谓:“此诗与《出车》《六月》《江汉》《常武》都反映了宣王时代的民族战争。冯沅君《诗史》将这几篇和《民生》《公刘》《绵》《皇矣》《大明》共十篇合称为‘周的史诗’。《诗史》说:‘此诗叙宣王时方叔伐蛮荆之事。方叔是一个很有谋划的大将,带着三十万的兵士,征伐荆州一带的蛮民。那是北方的猃狁已经平复,故南方的蛮民也震于其威而畏服了。’她扼要地介绍了诗的内容。”程氏解析,颇有启迪。故知《小雅》中的《六月》赞尹吉甫北伐,《采芑》美方叔的南征,可谓是周朝民族战争纪功诗的姐妹篇。

王安石云:"前三章详序其治兵,末章美其成功出战之事略而不言,盖以宿将率大众,荆人自服不俟战而后屈也。"朱善云:"北伐之诗是言行军之法,南征之诗是纪行军之实不言其法,则无以见军制之复不纪其实,则无以见民数之复,欲知宣王之复古观此二诗而可见矣。"

《采芑》共四章,每章十二句。第一、二章详叙治兵,第三章描写战前阅兵誓师,末章叙述成功出战,蛮荆不俟战而后畏服。前二章皆以"采芑"起兴,以引所咏之辞。

第一章开首三句:"薄言采芑,于彼新田,于此菑亩。"体味这些兴词,使人仿佛看到,一群群平民采芑,或采于新田,或采于菑亩;犹如天子征师,或于内采,或于外服,即兴又比,十分形象而贴切。可知芑菜是古代南方人民颇为喜爱食用的一种苦菜,也是古代行军食用的一种野菜。朱熹《集传》解释这些兴词说:"芑,苦菜也。青白色,摘其叶,有白汁出,肥可生食,亦可蒸为茹;即今苦荬菜,宜马食,军行采之,人马皆可食也。"可见芑菜虽苦,古代战争人马大量行军时也要采芑而食,以此解渴充饥,具有一种象征意义。故朱熹认为"军行采芑而食,故赋其事以起兴。"其说颇有道理,符合行军的实情。然方玉润批驳之:"夫以赫赫王师,何至采芑而食,有如饥军困卒之所为?"方氏之言,不符战争实情。陈奂《传疏》分析说:"芑菜之可采,以喻国家人才养蓄之,以待卒用,凡军士起于田亩,故诗人假以为兴。下章同。"言之有理。其下因此引出所咏之辞:"其车三千,师干之试。"今王命南征之方叔,莅临视察其车马之徒,简阅其南征之战车,则备三千之数,简阅其军队,以为捍敌之用。真是车轮滚滚,浩浩荡荡,声势之大,阐明军车之盛。《司马法》云:"万二千五百人为军,家出一人,一乡为一军;天子六军,出自六乡也,六军千乘;今云其车三千,则十八军矣。"《孔疏》说:"所以得有三千者,盖出六遂以足之,或出于公邑。"陈启源说得更具体:"古者天子用兵,先取于六乡,乡不足,取六遂,遂不足,取公卿采邑,及诸侯邦国,是也。"故兴词引出天子征兵,或于内采,或于外服。王军猛将如云,战车如潮,诗人用"三千"这一数字表明其军阵之强大。其上赞美战车之众,其下美车马之盛:检阅军队完毕之后,方叔于是统率大军奋勇而驰,但见方叔所乘之四骐,两骖两服,翼翼而壮健。表现了在旷野之上,马蹄嘚嘚,数组之中肃穆严整,掩不住苍穹之下杀气腾腾。所驾之路车,轸盖轮毂,奭然而光明;描绘出车饰之盛。后两句描写车马装载之饰:"簟

茀鱼服，钩膺鞗革。”簟茀，即以竹簟为车蔽。鱼服，即以鱼兽之皮为矢服。钩膺，即樊缨。何楷说：“樊，读如鞶带之鞶缨，今马鞅在膺者；钩，即马腹带之饰带必有钩以拘之，施之于膺所谓鞶也，膺乃马之胸前；二字连言，则是在膺之钩矣。”《案》又作补充说：“范氏处义：‘以金为钩马膺之饰是也。’”此两句是说，车后则蔽以竹簟，车中则载此鱼服。而且马腹则钩膺致饰，马辔则鞗革下垂。方叔车马若此，则其军容之盛可想而知。此章着重描写了周军的规模和声势，赞颂了主帅方叔卓越的治军才能。

第二章用互文见义的手法，通过色彩描写，强化对雄壮威武的治军描绘。前三句与第一章大体相同：民间采芑，或采于新田，又或采于此中乡。犹如今王师之征兵，或征于内中，又或征于外服。诗人用兴而比的手法，暗示其王师之大量征兵。其下进入正题，首先称颂方叔检阅南征的队伍，浩浩荡荡，声势之大：方叔临视其师，以其三千之车乘，分隶诸军，旗旗则左军所建，旐旗则后军所建，军旗猎猎，央央鲜明。这里再次点明“三千”军师，表明规模之大，而左军与后军的进军，以旗旗和旐旗而行，队列严整，指挥明鲜。进而描写路车之盛：方叔于是率之以行，但见车毂则约以朱色之皮，车衡则错以彩色之章，此是方叔之路车。今乘此车，而八鸾之铃声已玱玱然鸣，驰骋于道上。这里着力描绘其车饰之华贵，行驶隆重，显示其方叔身份之大，地位之高。接着刻意描写方叔的服饰：惟是领兵在道不事戎服，而服其命服(反映了周时服饰的级别性)；服此黄朱之芾，则煌然其色之美；服此葱色之珩，则玱然其声之和悦。盖未至军时，其威仪固然若此。诗人描绘服饰之盛，凸显其方叔的威武形象，特别强调他所服乃天子之命服，华贵而美盛；从而见出他是周王朝之大臣，位权之重，威风凛凛，治军有道。

第三章仍以兴比手法，描写王师军容之盛，军纪之严，训之有素。章头三句：“鴥彼飞隼，其飞戾天，亦集爰止。”诗言：飞隼则集于所止之处，王师则至于所往之地。言其隼飞戾天，而亦集于所止；以兴师众之盛而往所处之地，并进退有节。诗以猛禽飞隼直冲云天，集有所止，暗喻方叔率领南征士兵之神勇，行速之快，倏忽之间，便到征伐之地。接着诗人集中笔墨，描述方叔号令严明，莅临视察，检阅军队：方叔临视车徒，车则适合三千之数，师则可资捍敌之用；方叔于是率之以战，掌击钲者有钲人，掌伐鼓者有鼓人。显示了军威之盛。继而描述庄严的列队誓师：遂陈其师旅而誓告之，此时素号明信之方叔，蛮荆不服，则进而伐鼓，其声渊渊然；蛮荆屈服，即退而振旅，其势阗阗然。诗人在此描绘了一个惊心动魄的誓师场面，数万人马排列整齐，方叔训话，宣告蛮荆的罪状，强调军纪，发布命令，部署作战方案，军队整装待发，方叔率之以战。赞美这支浩荡军队，按照鼓声、钲声进退有序；且军纪严明，威武雄壮，战斗力强。如此军容之盛，当然是无坚不摧，战无不胜的。

第四章，以赋体笔法，赞美方叔运筹谋略，不战而威服蛮荆。诗的开首，诗人就以凛然无畏的语气谴责无端滋事的愚蠢蛮荆："蠢尔蛮荆，大邦为雠。"其意是说，我思蠢尔不静之蛮荆，敢于大邦为敌。声色俱厉地告诫他们，以方叔如此装备精良、训练有素的师旅讨伐，蛮荆必然要失败。然后描写方叔运筹决战：方叔以元老宿将，乃能运筹决战，壮哉！其犹然谋略之高，使敌畏服；方叔于是率其车徒凯旋，所执者当讯问之渠魁（小军官），所获者相胁从之丑类（俘虏）。这里指战争胜利后，交代审讯俘虏和所获战果之况。进而描述返回之声势：此时全师浩荡而返，但见戎车三千，其车数啴啴之众多，啴啴焞焞然，其车声之入耳，如疾雷霹雳，如霆如雷然。诗人连用重叠象声词，渲染出南征大军那种"如霆如雷"的声威，蛮荆闻风而畏服。通过对军队行军声势的渲染，写出军队雷霆万钧之势，泰山压顶之力；摧敌之军，拔敌之城，俘敌之人，将其摧毁于谈笑之间，使敌人闻风而丧胆，不怒而威，不战而克。结尾两句说："征伐猃狁，蛮荆来威。"其意只是说，盖显允方叔，借昔日曾征伐猃狁胜利的余威，是以蛮荆闻其威名而来归服。诗人也许是受"立言之提要，以见天子之师，有征而无战"的正统观念的影响吧，故在《采芑》《六月》专事反映战争题材的诗中，都没有两军对垒的阵势，更没有短兵相接、杀声震天的格斗场面。却在栩栩如生、惟妙惟肖的描述中，王者之师的赫赫威势和不可战胜的威力被淋漓尽致地渲染了出来，使方叔的南征得到了艺术的再现。

"南人美方叔威服蛮荆也。……观其全诗，题既郑重，词亦宏丽，如许大篇文字，而发端乃以采芑起兴，何能相称？盖此诗非当局人作，且非王朝人语，乃南方诗人从旁得睹方叔军容之盛，知其可成大功，歌以志喜。……且其人亦非荆人，必诗人之流寓蛮荆者，不然，荆人何以自谓'蠢尔蛮荆'耶？……且'方叔莅止'云者，人自他方来临吾土之谓，非我从本国适彼殊方之言，故知其为南人作也。"方氏评析，对了解诗意和作者颇有启迪。"《六月》之辞迫，《采芑》之辞缓；《六月》以讨而定，

《采芑》以威而服也”(陈鹏飞《传说汇纂》)。这些评论,指出了两诗的特色。

《诗义折中》:“北伐之师用寡元戎十乘寡之至矣;南征之师用众其车三千众之至矣。非不知用众之劳费以为不战而永服,则费乃所以为省劳乃所以为逸也。顾用寡易用众难以汉高之雄才不过能将十万,方叔将三十万众而布阵,不乱启行无哗,伐鼓则进振旅,则退如臂使指则其才可想矣,秦之伐楚也。王翦欲用六十万人,始皇以为怯使李信将二十万伐之出而败衄,卒用六十万而后定人,以为王翦之奇谋,而不知其祖方叔之余智也;项籍之战垓下也,淮阴侯将三十万众,自当之楚兵来而少却,楚兵却而复乘,指挥如意,卒困项王;人以为韩信之神,勇而不知其步方叔之后尘也。”

车　攻

我车既攻,我马既同。
四牡庞庞,驾言徂东。

田车既好,四牡孔阜。
东又甫草,驾言行狩。

之子于苗,选徒嚣嚣。
建旐设旄,搏兽于敖。

驾彼四牡,四牡奕奕。
赤芾金舄,会同有绎。

决拾既佽，弓矢既调。
射夫既同，助我举柴。

四黄既驾，两骖不猗。
不失其驰，舍矢如破。

萧萧马鸣，悠悠旆旌。
徒御不惊，大庖不盈。

之子于征，有闻无声。
允矣君子，展也大成。

【概要】

宣王复古而中兴，会同诸侯于东都。
田猎讲武选车徒，故叙其事以赞美：

【译文】

如今百度而唯新，田赋复而马政修。
非昔车马之凋敝，我车之质既坚固。
我马之力既齐整，我王所乘之四壮。
四牡庞庞然肥壮，驾车而驰往东方。
今将命驾往东都，会四方诸侯列强。

会诸侯复王旧礼，当预为田猎之计。
田猎之车既备好，四牡之马甚壮大。
东都则有甫田地，草木盛而禽兽多。
王将命驾而往行，那是狩猎好处所。

宣王往行夏田礼，先令群吏选车徒。
清点士徒车马盛，车徒嚣嚣众声鸣。
建立旐旗摧后军，设立旄旗促前军。
盖将以此分猎区，众徒搏兽敖山区。

宣王来至东都宫，四方侯服纷纷迎。
驾驭四牡疾驰骋，连络布散奕奕盛。
王以军礼会诸侯，侯服赤芾显神韵。
金饰靴舄亮晶晶，君当阳诸侯用命。
此日群后皆相聚，见班次之相联属。

会盟完毕而田猎，四方诸侯皆相从。
决着右指所钩弦，拾着左臂以遂弦。
弓强矢重既和谐，弓弱矢轻既调协。
射夫同力射兽禽，中箭多则积兽禽。
无不愿助我王胜，共举所获之积禽。

所获之多非诡遇，四黄之马命驾驭。
两骖壮马在旁行，不见偏倚步调整。
御者不失驰骋法，射者能舍矢如破。
使因诡遇而获物，驾射得法曷足贵？

田猎毕而获禽多，向为田车四牡计，
惟听马鸣之萧萧；向为建旐设旄计，
今但睹旆旗悠悠；徒御不惊骇而哗。
大庖不取多而殷，驭车有法卒有义。

是知宣王为此行，但闻其师之驰行。

不觉其行之有声，何其始终而整肃？

四方诸侯皆归顺，使服天子之神武。

一人心而张国势，内修政而外攘狄。

信矣其君有德政，诚哉其君功大成！

【注释】

*车：戎车。　攻：坚固。一说制造。一说修缮。修治。　同：齐力。宗庙齐毫，尚纯也。戎事齐力，尚强也。田猎齐足，尚疾也。车攻马同，泛言其军实之盛也。

*庞庞(音笼)：充实，形容马强肥壮。四牡庞庞则自君子所乘者言之。　言：助词。　徂：往。　东：东都洛邑，在镐京之东。乘之以往东都，与诸侯行会同也。王先谦《诗三家义集疏》："雒在镐东，成王作邑于雒，谓之王城，大会诸侯。宣王中兴，复王会焉。""雒"今作"洛"，在今河南洛阳市。

*田车：田猎之车。田，即"畋"，打猎。　既好：已准备好。　孔：甚，很。　阜：盛大。

*甫草：《韩诗》"甫"作"圃"。甫田之草。甫田，亦作"圃田"，地名，在今河南开封中牟县西北，宣王时其地属王畿之内，后归郑国。甫田之草，郑有圃田。《集传》："甫草，甫田也；后为郑地，今开封府中牟县西，圃田泽是也。宣王之时，未有郑国，圃田属东都畿内，故往田也。"　行：往。一说举行。　狩：冬猎曰狩。放火烧草猎亦为狩。此章赋体。

*之子：有司，指随从周王狩猎的官吏。实指周宣王。古人对尊贵的人，往往不直接指称，而称其臣属以代本人。如陛下、殿下、阁下、左右等都是。　于：往。　苗：夏猎。此时宣王为夏田也。《孔疏》云："之子，当斥宣王，下云'之子于征'，亦为宣王行也。"夏猎曰苗，狩猎之通名。《孔疏》："上云'驾言行狩'者，狩是猎之总名，冬猎大于三时，故狩为冬猎名耳，非宣王向东都历冬夏也。"　选徒：即所具之车徒。选(suàn)，通"算"。计数。指行夏田之礼时清点人数。或释为具。僎、撰、选三字古通。徒，驱车士卒，指打猎人员。惟数车徒者为有声。　嚣嚣(áo)：拟声词，其声音众多而嘈杂。维数车徒者为有声。数车徒者，其声嚣嚣，则车徒之众可知；且车徒不哗，而惟数者有声，又见其静治。何楷云："不言车者举徒以该车，至七章徒御不惊，则于二者兼举之。"

*建:建立。 旐:绘有龟蛇的旗。解见《采芑》。 设:设立。 旄:以旄牛尾结为之旗,施于旐之首,如今之幢(chuáng)。解见《干旄》。 搏:徒手曰搏。田猎搏兽。 兽:程俊英、蒋见元《注析》:“按搏狩有作‘搏兽’者,误。”三家《诗》“搏兽”作“薄狩”。《汉书·安帝纪》引诗作“薄狩于敖”。 敖:山名。郑地,在今河南省荥阳县西北。晋师救郑,在敖鄗之间,士季设七覆于敖前;则敖山之下,平旷可以屯兵,翳荟可以设伏,所谓东有甫草,即此地也。

*驾彼四牡:《孔疏》:“言宣王至东都,四方诸侯,驾彼四牡之马而来。” 奕奕:形容车马络绎不绝。一路相续谓之连络,各路皆有,谓之布散。一说马行迅疾而从容。《齐诗》作譽譽,马行疾而徐,亦闲习之貌。

*赤芾、金舄:皆诸侯之服。单底名屦,重底名舄,凡屦舄各象其裳之色。加金为饰,谓之金舄。 会同:时见曰会,殷见曰同。会合诸侯,是诸侯朝见天子的专称。时见者,言无常期,王将有征讨之事,为坛国外,合诸侯而命事焉。殷,犹众也,十二岁王不巡狩,则六服尽朝,朝礼既毕,王亦为坛,合诸侯以命政焉。 有绎:犹绎绎。陈列有次序之貌。有陈于会同之位,言各以爵之尊卑,陈列于其位次者。

*决:扳指,用象骨制成。古代射箭拉弦时,戴在右手大拇指上,用以钩弦。拾:又名遂弦,皮革制成的护臂用具,套在左臂上,便于拉弦射箭。又称臂鞴。或谓决谓引弦彄。拾谓鞴捍。玄谓:决以象骨为之,着于左手大指,所以钩弦开体。拾,以皮为之,着于左臂以遂弦,故亦名遂。 佽(cì):比。三家《诗》作“次”,依次,指射箭的器具依次齐备。故《郑笺》以相次比释佽。《毛传》训“佽”为“利”,即便利,指箭的轻重与弓的强弱配合调和得当。

*射夫:盖诸侯来会者。此文承诸侯之下,射夫,即诸侯也;其大夫亦在获射之中,此可以兼焉。诸侯谓之射夫者,夫男子之总名。 同:协力,协同。一说合偶,成对。 我:狩猎诸侯之自称。 举:取。指猎取。 柴(音恣):堆积之猎禽众多。使诸侯之人,助而举之,言获多也。”故作柴谓积禽。此章首尾为一韵,中二句为一韵,盖诗之变体。

*四黄:四匹黄马。古时四马驾车,中间两马叫服马,左右两侧的马叫骖马,即四黄中之骖马。 猗:通“倚”。偏倚不正。猗、倚二字音义迥别,此诗《释文》本作“倚”字。不失其驰(古音陀):此句,即所谓范我驰驱,言驾御得法。言御者不失

其驰驱之法。 驰:驰驱之法。 舍矢如破:放箭命中,如椎破物。舍,放。不善射御者,诡遇则获不然不能也。今御者不失其驰驱之法,而射者舍矢如破,则可谓善射御矣。如破,而破。王引之训“如”为“而”。

*萧萧:马鸣长嘶声,即闲暇之貌。“萧”通作“啸”,欢声也。马鸣之声似之。重言之者,非一马也。“萧萧马鸣”与次章田车四牡句相应。 悠悠:旌旗轻轻飘动,即闲暇之貌。言王之田猎,非直射良御善,又军旅齐肃,唯闻萧萧然马鸣之声,见悠悠然旌旗之状,无敢有欢哗也。“悠悠旆旌”与三章“建旐设旄”句相应。

*徒:选徒之徒,即徒步拉车之士卒。 御:御车者。以其徒行而引车,故亦曰徒御。 不:否定副词。按此处之二“不”,有三说:一说否定副词;一说助词(发语词);一说不,通“丕”。 惊:喧哗。夜军中惊之惊,言毕卒事,不喧哗。一说警之假借字,警戒。 大庖:君庖。庖,厨房。 不盈:兼二义,取之节,颁之均,则君庖不得盈满。言取之有度,不极欲也。盖古者田猎获禽,面伤不献,践毛不献,不成禽不献;择取三等,自左膘而射之,达于右腢为上杀。以为干豆奉宗庙,达右耳本者次之,以为宾客。射左髀达于右䯒为下杀,以充君庖,每禽取三十焉,每等得十。其余以与士大夫习射于泽宫中者取之,是以获虽多而君庖不盈也。张子曰:“馔虽多而无余者,均及于众而有法耳。凡事有法,何患呼不均也?旧说,不惊,惊也。不盈,盈也。亦通。”

*之子:与三章之子同,皆指宣王。 征:往,行。指归来。此句统称上文。 有闻无声:但闻其师之行,不觉其行之声。晋人伐郑,陈成子救之,舍于柳舒之上,去穀十里,穀人不知,可谓有闻无声。《集传》:“闻师之行而不闻其声,言至肃也。”

*允:信。 君子:指周宣王。《集传》:“存乎中者,有兴衰拨乱之志,施于外者,有揆文奋武之规,得不谓之君子乎。” 展:诚实。其功大成。信矣其君子也,诚哉其大成也。

【品鉴】

《车攻》,朱善阐释说:“存于中而有兴衰拨乱之志,施于外而有内修,外攘之事如此得不谓之君子乎。静治于往狩之初,严肃于旋归之际,如此得不谓之大成乎。此王道之所以为大,而诗人所以赞美之也。”这是一首宣王中兴会诸侯于东都而田猎讲武之诗,诗人叙其事以赞美。故《诗义折中》阐明说:“东都会同诸侯

咸集而选车徒以行狩,使知天子神武克诘戎兵,则顺者益致其恭逆者,潜移其志观兵乃所以止兵也。此盖吉甫、方叔之流,克壮其犹而宣王用之,故不动声色而国势以振,可以想见中兴之规模矣。"

武王姬发创立周朝;成王、康王继承大业,号称盛世;昭王、穆王以后,国势日渐陵替;传之厉王,施行虐政,国势衰落,政治腐败,"周室既衰,久废其礼"。姬静即位(公元前877),是为宣王。故《序》谓:"宣王能内修政事,外攘夷狄,复文武之竟土。"宣王是"中兴"之主,攻西戎,伐猃狁,征蛮荆,平淮夷等,保卫华夏,对安定社会起了一定作用,所以史称宣王"中兴"。

周以农业立国,但狩猎不废,春kind,夏苗,秋阬,冬狩。一年四季皆有打猎活动。庶民狩猎,是为谋取皮肉作为生活来源;诸侯狩猎,或为娱乐,或为军队训练、军事演习,乃至军事讹诈。天子狩猎,往往是在礼的外衣掩盖下的军事行动,炫耀武力,威慑诸侯列邦,政治性质较为明显。所谓狩猎队伍,也就是军队。此诗就是宣王中兴于东都借田猎会盟诸侯,显示武力,以此慑服列邦。

鉴于此诗主旨,方玉润阐释说:"盖此举重在会诸侯,而不重在事田猎。不过籍田猎以会诸侯,修复先王旧典耳。西周公相成王,营洛邑为东都以朝诸侯,周室既衰,久废其礼。迨宣王始举行古制,非假狩猎不足以慑服列邦。故诗前后虽言猎事,其实归重'会同有绎'及'展也大成'二句。"(《诗经原始》)清胡承珙《后笺》阐明说:"成康之时,本有会诸侯于东都之事。《逸周书·王会解》首言'成周之会。'孔《注》云:'王城既成,大会诸侯及四夷也。'《竹书》:'成王二十五年大会诸侯于东都,四夷来宾,皆其明证。宣王中兴,重举是礼,故曰复会。'"《墨子·明鬼》篇:"昔宣王会诸侯而田于圃田,车数百乘。"以上评析,颇有见解。

宣王中兴,会诸侯于东都,而大规模田猎讲武,诗人叙其事以赞美。按照田猎讲武过程,有条不紊,娓娓道来,到凯旋而终,生动传神地将射猎讲武的场面及各种不同的景象呈现于读者眼前。

诗共八章,每章四句。第一章是全诗的总纲。诗人用第一人称手法,开门见山,直叙其事:今日百度唯新,田赋复而马政修,非如昔时车马之凋敝。我车之质既坚固,我马之力既齐整;我王所乘之四牡庞庞然强壮,今将命驾往东都,以会四方诸侯。李公凯阐发说:"言宣王既能自治以全创业之国势,尤当自奋以合守成之人心,故于车马之大则修之器械之微,则备之而往东都之地,复新朝会之仪，统一人心以为维持王业之计，因讲田猎之事，而选车马之美恶多寡，以尽致治保邦之道焉。”其论说之深，颇有道理。诗人开首就凸显出了战车之盛，数量众多，精美坚固；战马之力，强壮整齐，训练娴熟；君王威武，频频发令，向东进发，大批车马，浩浩荡荡，向东进发，盛大而隆重。字里行间流露出自豪与自信，使人读起来有一种酣畅淋漓之感，反映出诗人那种欢欣兴奋的心情。

二章点明先猎于圃田，三章写后猎于敖山。之子：有司，指随从周王狩猎的官吏。实指周宣王。古人对尊贵的人，往往不直接指称，而称其臣属以代本人。如陛下、殿下、阁下、左右等都是。此指宣王，实暗斥宣王。《孔疏》云：“之子，当斥宣王，下云‘之子于征’，亦为宣王行也。”夏猎曰苗，狩猎之通名。此时宣王为夏田。上云“驾言行狩”者，狩是猎之总名，冬猎大于三时，故狩为冬猎之名，非宣王向东都历冬夏。此章言：宣王往行夏田之礼，先令群吏选车徒，其声萧萧；此时当建旐旗、设立旄旗而往，盖将以此徒众，搏兽于敖山。开首先点明是夏猎，后叙车轮滚滚，马鸣萧萧；群吏选车徒，人欢马叫；人声阵阵，旌旗猎猎，以众多车徒英勇打猎于敖山。显示了周王朝的强大声威。

三章具体点明田猎的地点是在敖山，写来层层推进。四章写周王以军礼会诸侯。宣王至东都，四方诸侯，驾彼四牡之马而来。车马奕奕然连络布散，一路相续，各路皆有。有陈于会同之位，言各以爵之尊卑，陈列于其位次者。然而，二礼不能并行，东都之会，岂得指为会同乎？诗人之意，盖谓往时会同之礼，今东都之会如之。诸家或以东都之会即会同，或以此会同为来朝之通称，皆非也。诗言：惟时宣王至东都，四方诸侯驾驭四牡而来，四牡则连络布散奕奕然。其时王以军礼会诸侯，各国的诸侯们以四牡驾车而来，身穿赤芾，金舄之饰；天子当赐，诸侯用命；虽常时会同之礼不是过，盖此日群侯皆在，但见其班次之相联属。这才真正是此次田猎的目的，为的是要收拾天下之民心。如今四方诸侯纷纷迎拜，可见，宣王已恢复周天子的威望了。此章阐明有四：一是王至东都，以军礼会诸侯；二是四方诸侯络绎不绝纷纷来会，四牡驾车之盛；三是诸侯身服“赤芾”，脚穿“金舄”，服饰之盛；四是天子当赐，诸侯用命，有班次之相位。极力凸显了宣王“中兴”、平定外患、消除内忧后，国内政治稳定之状。同时，也反映了宣王以礼相待，得民心、顺民意，是明君之举。

五章写会毕而田，射御之精，积禽之盛。前二句描绘射夫形象：会同完毕而

田猎，诸侯皆从；但见决以象骨制成，着于右手大拇指；拾以兽皮为之，着于左臂，射箭的器具依次齐备。弓强矢重，弓弱矢轻，强弱配合调和得当。诗人强调了射夫之弓箭精良，射器齐备。后二句描述田猎的场景：此时射夫同力射禽，诸侯及随从士卒均纷纷献艺；驾驭不失法度，射箭不反射御法，中多则禽积堆如山。无不愿助我王，共举所获之积禽。暗示周王朝军队无坚不摧，所向披靡。此章首尾为一韵，中二句为一韵，盖诗之变体。

第六章描写驾驭娴熟，射技精湛。前三句写车徒门驾技高超：夫所获猎物之多，非诡遇。我观四黄之马既驾，而疾骋的两骖雄马在旁，不见偏倚；是盖御者，不失其驰骋之法。这些车徒，明知"诡遇"更多获禽，却偏偏不取；他们驾技精湛、驰驱规范，配合有序，步伐合度，射御娴熟。当然所获禽兽之多，自不待言。后一句："舍矢如破"，即射箭如椎破物，一箭中的，并且是在"范我驰驱"的情况下能"舍矢如破"，使因诡遇而获，亦曷足贵乎？其射御的高妙足以见之了。生动描写了射御娴熟，箭不虚发；意在阐明"王者之师"，是威武之师，是武艺高强之师，是守礼之士，是所向无敌之师。

第七章描述田毕而归之况。马鸣长嘶，即闲暇之貌。马鸣之声似之，重言之者，知其并非一马。而驭车有法，卒事有仪。"萧萧马鸣"与次章田车四牡句相应。旆旗轻轻飘动，旌旗悠悠飘扬。言王之田猎，非直射良御善，又军旅齐肃，唯闻萧萧然马鸣之声，见悠悠然旌旗之状，无敢有欢哗也。"悠悠旆旌"与三章"建旐设旄"句相应。首二句描绘田猎后的军营景象：田猎既毕，硕果累累，向为田车四牡计，今惟听马鸣之萧萧；向为建旐设旄计，今只睹旆旗之悠悠。马鸣萧萧中衬托出静穆的气氛，旆旗猎猎中凸显出隆重壮观的场面。故柯汝锷强调说："'落日照大旗，马鸣风萧萧'，自《车攻》诗'萧萧马鸣，悠悠旆旌'二句得来，何等气象！何等笔力！李氏曰：'欧阳公诗：万马不嘶听号令，诸番无事乐耕耘。苏东坡诗：令严钲鼓三更月，野宿貔貅万灶烟。皆是效此而作，风斯下矣。杜明出风字。诗不言风，而风字已于萧萧、悠悠四字中绘出，真乃化工之笔'"（《瓮天录》）。

那么，何为"徒御"？徒为选徒之徒，即徒步拉车之士卒。御为御车之御，御车者；以其徒行而引车，故亦曰徒御。会同之事，师徒众盛，由镐至洛道路悠长，非纪律严整其扰多矣，观者以田事之终，而徒御整肃如此，乃深美之，言功业极盛无遗憾。然而，夜军中惊之惊，言毕卒事，不喧哗。言取之有度，不极欲也。后二句言:而且车徒御夫不惊骇而欢哗。大庖不取多而殷;盖驭车有法,而士卒之事有仪如此。这里证明宣王田猎的目的,并不在于获猎盛多以满足私欲,而是为了要建立周朝的威望,重新恢复周天子的号召力。反映宣王治国有方,中兴有谋,民心归顺。徐光启说:"萧萧""悠悠",已是终事严意。二语形容静治,最为曲尽。王借诗:"蝉噪林愈静,鸟啼山更幽",杜甫诗:"伐木丁丁山更幽",皆出于此。

第八章赞会同大功告成。"之子"与三章"之子"同,皆指宣王。征意为行,指回来。此句统承上文。但闻其师之行,不觉其行之声。晋人伐郑,陈成子救之,舍于柳舒之上,去穀十里,穀人不知,可谓有闻无声。闻师之行而不闻其声,言至整肃。此章首二句谓:是知"之子"之为此行,但闻其之行,不觉其行之声,何其始终整肃若斯乎?射猎既毕,整队收兵,凯旋而归;大军浩荡,车辚马啸,而无士卒欢哗之声;表明师行整肃,军纪严明,显示出一派王者之师的气象。而存乎中者,有兴衰拨乱之志;施于外者,有揆文奋武之规,得不谓之君子乎?于是,结尾二句才说出:四方诸侯于是服天子之神武,一人心而张国势,信任其君子,诚信其大功告成。于此可见,周宣王会同诸侯之举大功告成。我们深知,宣王是周朝的中兴明主,他雄才大略,"内修政事,外攘夷狄;复文武之境土;修车马,备器械,复会诸侯于东都,因田猎而选车徒"。故威震诸侯,恢复了文武时代的威望。为此,借田猎以修武备,笼络人心,四方诸侯前来朝拜,声势浩大,气氛严整,场面的盛大雄武,军威之盛,可以洞见。

然宣王举行这次狩猎活动,重在会同诸侯,而不在射猎之事;不过是借狩猎以会诸侯,炫耀武力,慑服列帮,以巩固周王朝的国势。故方玉润评析说:"盖此举重在会诸侯,而不重在事田猎,不过借田猎以会诸侯,修复先王旧典耳……。盖首章东行,是一篇之冒,次、三乃言所至之地;曰甫,圃田也;曰敖,敖山也;皆所期会猎处也。四章诸侯来会,五、六始猎,七守军,八则回跸礼成。此事之始终,即诗之次序也,故非八章不足以尽文之变耳。然则曰会诸侯于东都,何不会之于洛邑,而乃会之于敖、甫之间?且诸侯朝于天子,当先期以至其地,何乃后期始来?此予所谓非假狩猎,不足以慑服列帮者也。"方式论述精辟,使人颇受启迪。

吉　日

吉日维戊，既伯既祷。
田车既好，四牡孔阜。
升彼大阜，从其群丑。

吉日庚午，既差我马。
兽之所同，麀鹿麌麌。
漆沮之从，天子之所。

瞻彼中原，其祁孔有。
儦儦俟俟，或群或友。
悉率左右，以燕天子。

既张我弓，既挟我矢。
发彼小豝，殪此大兕。
以御宾客，且以酌醴。

【概要】

宣王将田而卜吉日，戊辰祭马而求祷之。
祭祀车牢马甚强健，重物慎微诗人美之：

【译文】

田猎须用强健马力，我天子则重视其事。

爰择吉日戊辰祭祀，祭马车固而求祷之。
田猎之车整好完毕，四牡骈骈又甚壮大。
大的山陵高的陆地，群兽所在奔跑遍地。
祁祷于房星之神灵，马强健而履险如夷。
升登大阜追逐群兽，无不获取满载猎兽。

田猎须用战车坚固，我天子则重视其事。
戊辰之日求祷祭祀，吉时既越三日庚午。
既差择我田猎之马，王遂择马乘之以田。
但见群兽之所同聚，牝鹿何其麌麌众多？
漆沮之水麀鹿所生，漆沮之旁逐兽惟盛。
盖虞人从漆沮驱禽，致之天子田所获禽。

山陵陆地兽之所在，漆沮之水兽之所在，
广袤中原兽之所在。放眼遥望中原之野，
其地广大草木茂盛，其地辽阔其兽多生。
有兽趋驰而儦儦然，有禽行走而俟俟然。
三三为群二二为友，禽兽之多若此繁盛。
虞人遂以驱逆之车，驾驱而入于防卫中。
以禽兽必在左射之，乃尽循其左右之宜。
于是率其同事之人，翼助安待天子之射。

虞人驱禽待王射之，我王之弓而既张之。
我王之矢而既挟之，那小豝一发而中之。
那个大兕射而殪之。发豝殪兕王非为禽，
实缵武功而显威仪。于是以其所获之禽，
进宾客而与之燕饮，酌此醴酒以尽其欢。
此举既见军实之盛，可以见师律之严整。
可以见综理之周详，复能通达上下之情。

欲明文武之功业者，所关之事岂浅鲜乎？

【注释】

*吉日：吉利之日。在古代思想文化中认为，日子有是否吉利之分。 维：是。 戊：古音读髦(mào)，与下句之“祷”为韵。戊之言茂，谓万物皆枝叶茂盛。戊于十月之中谓初五之日，故曰“刚日”。古时以天干、地支相配计日，认为十月中五奇为：“甲、丙、戊、庚、壬”为奇刚日，属阳，为刚日，此指戊辰日；五偶：“乙、丁、己、辛、癸”，为柔日。根据下章“庚午”推算，则此戊日当为“戊辰”日，属单日，古人以单日为吉利，可以从事征战、田猎等大事。戊为刚日，故乘牡马为顺类。 既：极，十分。指祭祀场面隆重。 伯：本作“百”，“祃”(mà)的假借字。师祭，师行所止，恐有慢其神，下而祀之曰祃。指祭祀马神、马祖；即“天驷星”，又名“房星”。 祷：祈祷，求祷，应作“禂”。祭之求祷，求其马之强健。重物慎微，将用马力，必先为之祷其祖。《说文》：“禂，祷牲，马祭也。”据王先谦《诗三家义集疏》，古本《说文》引“既伯既祷”为“既祃既禂”。陈乔枞《遗说考》谓“古‘祃’字借‘貉’之音，读如‘百’，是为伯祃音近通借之证。”

*田车：猎车。 既好：已整治完毕。 孔阜：很肥壮。

*升：等。 大阜：高的陆地，大的山陵。大阜曰陵，升彼大阜者，谓祷于房星之神，则马强健，可以履险如夷；非谓宣王等高处以从禽也。 从：追逐。 群丑：谓禽兽之群众。田而升大阜，从禽兽之群众。

*庚午：干支纪日法中的庚午日。庚午亦刚日（初七日），午为火日，皆为阳盛之象。 差：本义为差别，此指选择；谓在有差别的马中选择最强壮的马，齐其足。

*同：聚集。刘运兴《诗义知新》认为本字从玉、从入，意为完。完有奉纳义，如后世“完税”“完课”，指奉纳于官府。即《秦风》“奉时辰牡”之“奉”。 麀(yōu)：鹿牝（雌性的）曰麀，即母鹿。 麌麌(yǔ)：形容野鹿众多。此假“麌”以为“噳”。《广雅·释诂》：“噳噳，众也。”段玉裁《注》：“《大雅》：‘麀鹿噳噳。’毛曰：‘噳噳然众也。’《小雅》：‘麀鹿麌麌。’毛曰：‘麌麌，众多也。’按：毛意麌麌为噳噳之假借也。”一说麌麌为鹿鸣叫，字中“吴”本意为鸣叫。

*漆沮：两水名，漆水和沮水。漆沮之水，麀鹿所生。漆沮，水名。在西都畿内

泾渭之北所谓洛水,今自延韦流入鄜坊至同州入河。《案》:"漆沮之从,倒语芎。从漆沮驱禽而致天子之所,是也。"漆沮二水名,陈启源说:"漆沮俱入洛,洛入渭源异而委同耳。"一说在周朝发祥地今陕西省境内岐山、彬县一带。一说漆水源,陕西同管县西南流至耀县会沮水,又合称漆沮水。 从:逐;指追逐野兽。 天子之所:天子打猎的地方。所,处所。言该地宜为田猎之所。

*瞻:视、看。 中原:原中的倒文。漆沮中原皆兽所在,虞人驱致天子田所。《孔疏》:"中原漆沮,皆见兽之所在;驱逐之事,是也。" 其祁孔有:言雌麋牝很富有,指野兽很多。其祁,或释祁祁,有众多之意。祁,或作"麎",大,指原野广大。当作麎(麋之雌者曰麎chén);麎,麋牝也,广大中原之野甚有之。麎在汉时必读与祁同,故后郑得定《诗》之祁为麎。有,古音以,多。

*儦儦(biāo):兽奔驰貌。 俟俟(sì):兽行走貌。一说伫立射箭。《毛诗音》:"儦儦,《说文》作伾伾,疑古本如是。"《韩诗》"儦儦"作"駓駓"(pī),曰:"趋曰駓,行曰騃騃"(sì)。《毛传》:"趣则儦儦,行则俟俟。"马瑞辰《通释》:"盖《韩诗》作駓駓者,假借字。作騃騃者正字。《毛传》作儦儦者正字,作俟俟者假借字也。"王先谦《诗三家义集疏》:"駓駓俟俟,《后汉·马融传》:'李注引《韩诗》文。'趋曰駓(pī),行曰騃騃',《文选·西京赋》李注引薛君《韩诗章句》文'。"或群或友(古音以):此指群兽三三两两结伴而行。《毛传》:"兽三曰群,二曰友。"

*悉:副词,尽,全部。 率:循。程俊英、蒋见元《注析》:"率,驱逐。胡承珙《后笺》:'率有驱义,六朝人每以驱率连文。'林义光《诗经通释》:'率犹驱也。东京赋,悉率百禽,鸠诸灵囿。'悉率二字即本毛诗。" 左右:指驱兽从宣王的左右两边,待王射杀。 燕:安待。悉驱禽顺其左右之宜,以安待王之射。《孔疏》:"以禽必在左射之,或令左驱,令左皆使天子得其左厢之便,所谓安也。"又曰:"趋虞传曰:虞人翼五豝,以待公之发。《驷驖》,《笺》云:'奉时辰牡',谓虞人与此待同也。"或解为"乐"。言从左右两侧驱逐全部兽群,以娱乐天子,以待天子之射杀。《说文》:"晏,安也。……《诗》曰:'以安父母。'"马瑞辰《通释》:"……或疑即'以晏天子'之伪"。《集传》:"言从王者视彼禽兽之多,于是率其同事之人,各共其事以乐天子也。"

*张弓:拉开弓弦。高亨《今注》:"张,加弦于弓也。古人用弓则加弦,是为张;不用弓则解弦,是为驰。" 挟矢:左拇指拓弓,右拇指钩弦,而以两手的食指和

中指挟持箭。凡挟矢,于二指之间横之。二指谓左右手之第二指,此以食指、将指挟之。挟,挟持。

*发:发矢。 豝(bā):母猪。豕牝曰豝。 殪(yì):壹发而死。一矢而死曰殪。 兕(sì):犀牛。如野牛,青色,其皮坚厚可制铠。《毛传》:“言能中微而制大也。”朱公迁云:“中微见其巧,制大见其力。”按“发彼”二句是互文,发而殪彼小豝,发而殪此大兕,皆谓一发即死;文字上形成一联工整的对偶。

*御:进。指将猪牛烹熟进献宾客。 宾客:指诸侯大夫。 且:姑且。 以:用来。 酌:饮。 醴(lǐ):酒名,粮食酿的甜酒。《集传》:“醴,酒名。《周官》五齐,二曰醴齐;注曰醴成而汁滓相将,如今甜酒也。”

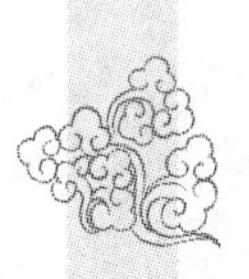

【品鉴】

“东莱吕氏曰:《车攻》《吉日》,所以为复古者何也?盖搜狩之礼,可以见王赋之复焉,可以见军实之盛焉;可以见师律之严焉;可以见上下之情焉;可以见综理之周焉;欲明文武之功业者,此亦足以观矣。”(朱熹《诗集传》)

《吉日》是《车攻》的姊妹篇。宣王将田而卜吉日,见其慎微,诗人因美之,更称其接下,得群臣之下之无不自尽,各共其事,以奉其上,诗中所以陈述此事。

《诗序》云:“《吉日》:‘美宣王田也。能慎微、楼下,无不自尽以奉其上焉。’”其说语义不明,第三句无主语。意思较为准确的表达是:宣王能重物慎微而楼下,用贤使能,群臣无不自尽,以奉其上;内修政事,外攘夷狄,复文武之境土,周室中兴焉。

蒋悌生评价说:“《车攻》《吉日》虽皆田猎之诗,《车攻》会诸侯于东都其礼大,《吉日》专田猎不出西都,畿内其事,视《车攻》差小。故二诗之辞,其气象大小详略亦自不同。”蒋氏解说,颇有启迪。与《车攻》不同的是,《车攻》意在会同诸侯,而此诗则专事田猎,因而在田猎的场面描写上较《车攻》为细。尤其是对群臣驱兽于天子左右、以安待天子射获禽兽的情景描绘,颇曲尽人情。以知臣之讨好奉迎、以求娱乐天子者,自古已然。陈奂《传疏》云:“昭三年《左传》:‘郑伯如楚,子产相。楚子享之,赋《吉日》。既享,子产乃具田备。’案此《吉日》为出田之证。《车攻》会诸侯而送田猎,《吉日》则专美宣王田也。一在东都,一在西都。”陈氏扼要地阐明了诗旨,点明了田猎地点、产生时间,并指出与《车攻》的异同。

《吉日》四章，每章六句，每句四字。诗人按照事件发展的顺序，依次介绍了宣王田猎时，择卜吉日戊辰祭祀马祖、求祷马健车固。那么，诗人为什么以吉日为题？择卜吉日戊辰是为了求祷而已。故宋人程颐解释说："宣王将田而卜吉日，见其慎微，诗人因美之，更称其接下，得群下之自尽，诗中所陈是也"(《程氏经说》)。田猎时古人为何择吉利之日？在古代思想文化中认为，日子有是否吉利之分。公木教授阐发说："在先民看来，时间的刚柔变化为天道的范围，根据天人相感的原理，人的行动应顺应天道的变化。田猎为刚健有为之事，为阳之象；牡马为阳之象。刚日属阳，骑牡马而田猎，属于'顺类'。《礼·曲礼》：'外事以刚日，内事以柔日'"(《诗经全解》)。田猎谓"外事"。

既然祭祀场面十分隆重，主要有那些祭祀活动？一章写田猎前的悉心准备。即吉日戊辰，祭祀马祖，祈祷天地，然后整修车马，逐兽于一大阜。叙述田猎活动，成为全诗的主要内容和重点。"《吉日》专田猎不出西都，畿内其事，"田猎之地，在西京王畿以内的渭北原野。这是宣王亲自举行的一次常规性的岁典，虽是一次田猎活动，实际上是天子炫耀军师之盛、师律之严、文武之功的活动。非同一般的田猎可比，故在出猎前，做了悉心的准备工作。

第一项准备工作，先是祭祀马祖："吉日维戊，既伯既祷。"言田猎须用马之强健、车之坚固，我王则重视其事，爰择吉日戊辰，祭祀马祖而求祷之。何也？"伯"者，祭祀马祖，重物谨微，将用马力，必先为之祷其祖。"祷"者，祭之求祷，求其马之强健、车之坚固。事先择卜吉日戊辰，祭奠马神、整治车马是必不可少的准备。如此，既祭车牢马健，于是可以历险而逐兽。古代天子打猎，是如同祭祀、会盟、宴飨一样庄重而神圣的大事，是尚武精神的一种表现；仪式非常隆重，并一年四季都要举行天子诸侯田猎之礼。《周礼》云："春祭马祖，夏祭先牧，秋祭马社，冬祭马步。"从这个典则来看，综观诗旨，诗中田猎的季节可能是春天。第二项准备工作，是整治车马："田车既好，四牡孔阜。"言田猎之车，整治既美好又坚固，而四牡騑騑又甚壮大。最后是出猎的准备工作："升彼大阜，从其群丑。"言则大阜是兽之所生、繁殖所盛，而群兽所在。升登其上而追逐群兽，无不获禽。交代了出猎于一无名大阜，那里群兽繁衍最为盛。这两句是将然之辞，一切业已准备就绪，只等正式出猎时，升登高的陆地、大的山丘而追逐群兽。徐光启评析说："《车攻》《吉日》所言田猎之事，春容尔雅，有典有则，有质有文，后世《长杨》《羽

猎》《上林》《广成》，未足窥其藩篱也"(《诗经六帖讲义》)。

二章写正式出猎于漆水流域。叙述在周天子的苑囿——漆沮之岸一带打猎的情景。

"吉日庚午，既差我马。"言戊辰之日既求祷，越三日庚午，既已差择我田猎之马，王遂乘之以田猎。在卜定吉日戊辰，祭祀马祖后的第三天——吉日庚午，根据占卜，这天也是良辰吉日。庚午日，选择了良马之后，正式出猎，于是天子率领诸侯大臣，驾乘马车，浩浩荡荡，驶往打猎的场所。据《礼记·月令》记载，在正式出猎之前，天子要颁布用马的政令，虞人要按照厩马毛色的不同、力量的强弱、身材的大小，分类编队，并选定天子、大臣和随从的驾马，这就是诗中所说的"既差我马"。接着写猎队出发："兽之所同，麀鹿麌麌。"猎队发现了兽群：但见兽之所聚，牝鹿何其麌麌然众多？因为兽群惊慌失措，同聚一处，只见雄鹿、雌鹿，个个膘肥体壮，且麌麌然盛多，所以为满载而归奠定了基础。凌蒙初曰，此云"庚午"，上章只用"戊"字，便不须更及支矣。古法简妙每如此。

"漆沮之从，天子之所。"诗言：盖虞人从漆沮之水岸驱赶禽兽，而致之天子之田所。""漆沮"，两水名，即漆水和沮水。在西都畿内泾渭之北，所谓洛水，今自延韦流入鄜坊至同州入河。《雍录》曰："言洛水入塞后经鄜坊同三州乃入渭；漆在沮东，洛又漆沮东，漆至华原而西合沮，漆沮又东南至同州白水县，乃合乎洛而南流，合谓三水。虽分至白水县溷为一流，故孔氏安国、班氏固皆指怀德入渭之水为洛水，而吕洛即漆沮也。"漆沮之水，谓麀鹿所生之地，禽兽盛多，宜为天子田猎之所。故朱熹说："戊辰之日既祷矣，越三日庚午，遂择其马而乘之，视兽之所聚，麀鹿最多之处，而从之惟漆沮之旁为盛，宜为天子田猎之所也"(《集传》)。故在漆、沮二水之滨，虞人沿着河岸设围，驱禽而致天子之所，待天子娱乐而射。宣王是这次田猎的主要人物，不论是漆、沮之滨，还是在兽群众多的大原野里，虞人们驱赶着兽群供宣王射杀，所有的人都围绕着他在活动，使他有更多的射杀机会，以讨得他的欢娱。漆沮之水禽兽为盛、虞人驱兽以奉其上、满载而归、醴酒宴饮群臣的整个过程反映了宣王军实之盛、师律之严、综理之周、复达上下之情、文武功业之盛，描绘了宣王英姿勃发、威武豪健的天子形象。

三章写虞人驱兽以奉其上。遥望莽莽原野，广袤无垠；禽兽三五成群，或跑或行，虞人们再次将它们驱赶到天子左右，以供尽兴射猎而乐。

在辽阔的原野上，随从们视彼禽兽之多，于是率其同事之人，各共其事，以乐天子曰："瞻彼中原，其祁孔有。儦儦俟俟，或群或友。"言大阜之地兽之所在，漆沮之滨兽之所在，中原之广亦兽之所在。而遥望中原之野，其地则大，广袤无垠；水草丰茂，而其兽甚有，兽物云集；野兽出入，或跑或行，有趋而儦儦然者，有行而俟俟然者；或三三为群，或二二为友，禽兽之多若此。"或群或友"，写出野兽的性情。据《礼记·月令》记载，古代天子出猎有三军随从，每到一处，事先设围，天子居中军，东西为左右军，三军分别垒门，然后田仆之官设"驱逆之车"，率领虞人驱赶着兽群，向垒门驶去。左右军为使天子有更多的射猎机会，以讨其欢心，所以，把奔驰到自己垒门前的兽群，从四面八方驱赶到天子所在地的中军垒门前，以共天子射猎。这就是最后两句所说："悉率左右，以燕天子。"言虞人遂以驱逆之车，驱而入于防卫中，以禽必在左射之，乃尽循其左右之宜，翼之以安待天子之射。这一章的中心意思是诗《序》说，群下"无不尽力，以奉其上。"

第四章写宣王张弓挟矢、射而获禽、满载而归而宴群下。诗人以此称颂周天子不独于田猎自娱，而是借田猎之机施恩群臣。

诗人妙用精彩的笔墨，显示宣王的高超射技和勇猛威武，逼真地描绘了打猎场面："既张我弓，既挟我矢。发彼小豝，殪此大兕。"诗言：虞人既驱禽而安待王，于是，我王之弓既张开，我王之矢既挟持。那小豝一发而中之，那大兕射而殪之。一箭射中一小豝，一矢而殪一大兕。我王非为从禽，实以缵武功而显威仪。陈启源阐释说："天子诸侯田猎之礼，必使虞人驱禽而至入于防中，然后射之。驺虞传云：'虞人翼五豝以待射。'《驷驖》诗云：'奉时辰牡'。周礼大司马职云：'设驱逆之车皆是礼，以此礼废而后世人主盘于游畋，始有历邱坟涉蓬蒿日敝于叱咤，手倦于鞭策者矣。"在此颂扬了宣王英姿勃发、勇武豪健的君主形象。结尾两句，写宴飨宾客，并庆祝成功："以御宾客，且以酌醴。"诗言：于是以其所获之禽，进宾客而与之燕饮，酌此醴酒以尽其欢。此举既见军实之盛，可以见师律之严整；可以见综理之周详，复能通达上下之情；欲明文武之功业者，所关之事岂浅鲜乎？点明满载而归、王用所获猎物宴飨群臣，庆祝打猎成功，体现了宣王"恩隆于臣下"而结束全诗。"作《吉日》诗者，美宣王田猎也。以宣王能慎于微事，又以恩意接及群下，王之田猎能如是，则群下无不自尽，诚心以奉事其君上焉，由王如此，故美之也"（《正义》）。孔氏对《诗序》之说，作了较为翔实的解释，颇得《诗》旨。吕

祖谦阐发说:“《车攻》《吉日》,所以为复古者何也?盖搜狩之礼,可以见王赋之复焉,可以见军实之盛焉;可以见师律之严焉;可以见上下之情焉;可以见综理之周焉;欲明文武之功业者,此亦足以观矣。”

东莱吕氏评解此诗曰:“《车攻》《吉日》,所以为复古者何也?盖搜狩之礼,可以见王赋之复焉,可以见军实之盛焉;可以见师律之严焉;可以见上下之情焉;可以见综理之周焉;欲明文武之功业者,此亦足以观矣。”此语可谓深明此诗大义,道破中心诗旨。煌煌田猎盛况,正是宣王中兴之盛况。

鸿　雁

鸿雁于飞,肃肃其羽。
之子于征,劬劳于野。
爰及矜人,哀此鳏寡。

鸿雁于飞,集于中泽。
之子于垣,百堵皆作。
虽作劬劳,其究安宅。

鸿雁于飞,哀鸣嗷嗷。
维此哲人,谓我劬劳。
维彼愚人,谓我宣骄。

【概要】

周衰民散不安居,流民喜今之安集。
鳏寡无不得其所,诗人赋诗追此事;

【译文】

鸿雁展翅任翱翔，四方无所不飞往。
徒闻羽声肃肃响，未知所行至何方？
流民所行之依依，何之犹鸿无方向？
流离失所远家乡，野外病苦之遍尝，
依依如昨苦难忘！失所流离与行往，
无非皆是贫苦人。然就其中苦难尝，
唯此鳏寡无告者，尤可哀而更心伤！

鸿雁展翅群飞翔，四海无所不飞荡。
习性喜居泽中央，未知飞行到他乡？
今飞又集泽中央。流民返归筑垣墙，
犹如鸿雁建故乡。夹板累筑中贯土，
五板为一堵之墙。但见所筑非一家，
百堵之墙皆兴上。虽一时劳事繁忙，
终得宝地安居房，何幸如之建国乡！

然则始而失住所，继而筑垣得安所，
我与流民共居所。鸿雁展翅高飞翔，
九州无所不飞恍，悲鸣之声真凄凉。
嗷嗷然身居何方？我今之歌犹是样。
盖维此明哲之人，知我心谓我歌唱，
怆然昔日劬劳忙。盖惟彼寡识之人，
宣布谓我生骄心，沾沾然安逸自鸣。

【注释】

*鸿雁：小曰雁，鸟名，小型飞雁，色苍。鸿，大曰鸿，鸟名，大型飞鸿，色白。同类而异禽。雁，一说大雁。一说冬候鸟。《说文》："雁，雁鸟。雁，鹅也。" 于：语助词。 肃肃：拟声词；羽声，即鸿雁展翅声。

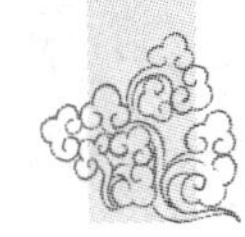

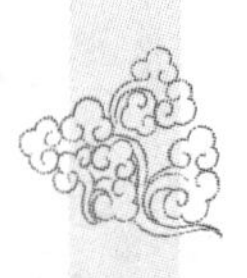

*之子:流民自相称。一说那个人。指诗作者(远役人)自己。按“之子”,《诗经》中均为单数(那人),而不是复数(哪些人)。 征:远行。 劬(qú)劳:劳累病苦。《说文》:于:在。

*爰:发语词。一说犹乃也。 及:与。一说指轮到。 矜人:哀怜之人。矜,怜,以矜为怜之假借。

*集:落。 中泽:泽中的倒文。《集传》:“中泽,泽中也。”

*于:做。 垣(yuán):墙,作动词,即筑造城墙。于征则之子出而在野,于垣则之子已反而在邑矣。 百堵:曰百者非一家。《郑笺》:“征民起屋舍,筑墙壁,百堵同时而起,言趋事也。” 堵即垣。古人用夹板筑墙,中贯以土。板长一丈(或六尺、或八尺),宽二尺,用夹板累筑,累五板,则长一丈,高一丈的墙,成为一堵。

*究:终究。一说究竟。 安宅:安居。宅者,人所讬居也。一说安:疑问代词。何处居住。

*嗷嗷(音翱):拟声词,指鸿雁哀鸣声。诗人以鸿雁嗷嗷哀鸣自比流离失所。《集传》:“流民以鸿雁哀鸣自比而作此歌也。”一说嗸嗸。

*维:通“惟”。只有。 哲人:明哲之人。《集传》:“哲,知。”知者,通情明白之人。

*愚人:寡识之人。 谓我宣骄:宣布谓我宣骄者,谓我生其骄满之心而得意自鸣。

【品鉴】

《鸿雁》是一首流离失所之民重建家园的诗。作者是一位带领流民筑垣兴家的朝中官员。《毛序》云:“鸿雁,美宣王也。万民离散,不安其居,而能劳来还定安集之,至于矜寡无不得其所焉。”《毛序》以为是赞美周宣王招抚流民,使鳏寡穷人都能各得其所。厉王无道,内部动乱,百姓背井离乡,流离失所;宣王中兴,分派使臣至各地招抚流民,返归故土,重建家园。诗以鸿雁之飞兴而比,以比离乡疾苦的流民,切合其身份。故后世以“哀鸿”一词作为流民的代称,就是从此诗而来。

古人曾以“饥者歌其食,劳者歌其事”概括《诗经》的现实主义特征。可以说,《鸿雁》也是一首劬劳饥渴的流民歌咏其苦难生活和重建家园的哀怨之歌,具有强烈的现实性和批判意义。综观诗意和参照古今各家说解,大抵可以断定本诗是负责安抚流民的朝廷官员所作,自序悲苦和重建家园是诗的主要内容。西周后期当是作诗的时代,可能性较大的是宣王时期。厉王无道,统治残酷,内部动乱,以致诸侯不朝,外夷侵略,人民遭受更为深重的灾难,“万民离散,不安其居”,当是情理中事。我们知道,宣王是周朝的中兴民主,他即位后,重整山河,驱逐蛮夷,威震诸侯,恢复了文武时代的威望。当时社会趋向安定,为安置流民,而分派使臣至各地招抚难民,回归故土,重建家园的事或许有之,如方玉润说:“使者承命安集流民”,“费尽辛苦,民不能知,颇有烦言,感而作此”(《诗经原始》)。此说近于诗情。

此诗形式匀称整齐,全诗三章,每章六句,一章一韵,偶句用韵。前两章均以“鸿雁于飞”作兴而比法,末章以“鸿雁于飞,哀鸣嗷嗷”比中含兴,以引所咏之辞。加之“鸿雁”“劬劳”等词的迭章重复,形成了复沓押韵的效果,有一唱三叹之感。

首章,写流民无处安身而忍受着颠沛流离的悲苦生活。周室中衰,万民离散,而宣王能劳来还定安集之,故流民喜今日之安集而赋此诗。追叙其始而言曰:“鸿雁于飞,肃肃其羽。”据旧疏说小曰雁,鸟名,即小型飞雁,色苍。大曰鸿,亦是鸟名,即大型飞鸿,色白,为同类而异禽。但又传说雁为大雁,或说冬候鸟,形似鹅,群居水边,为家鹅远祖。我国东北、内蒙古均有繁殖。秋时南迁,江南越冬。飞时成群,呈一或人字。

头两句是兴而比法,以鸿雁肃肃飞行无所安居,比喻流民颠沛流离、浪迹四方。以之作兴而比之物,且兴出所咏之事:在流离失所地奔波途中,诗人仰望天空,突然飞过一群鸿雁。鸿雁属于候鸟,为了躲过严寒的冬天,每年都必须在南北间来回迁徙。这一飞动辄就是数千里之遥,一路上饱受风霜雨苦,还可能遭遇天敌或人类猎捕的危险,辛苦不言而喻。

天高凭鸿雁之飞翔,四方无所不往;徒闻其羽声肃肃响,未知所行而栖身何方。鸿雁居无定所,迁徙南来北往,随季节的更移不断迁飞。诗的开首写鸿雁展翅高飞,飞向远方。这与流民奔走四方的景象何其相似?与鸿雁一样,那些流民为生存而避乱,也要奔波于荒野之中,十分辛苦。犹如鸿雁会在迁徙中遭遇战乱危险、失去配偶一样,长时间的奔波,忍饥受饿,没有安全保障的劳作,经常也会造成人员伤亡,让很多人失去至亲,成为鳏寡之人。

故诗人触景生情,联想到展翅高飞的鸿雁,勾起了流民背井离乡、无处安身

的感叹,感叹中包含着深深的哀怨和逃亡之苦:"之子于征,劬劳于野。爰及矜人,哀此鳏寡。"

这四句究竟是什么意思?这就要先说清什么是"矜人"和"鳏寡"?矜者,怜也,以矜为怜之假借。所与行者,无非可哀怜之人。马瑞辰阐释说:"《说文》:'矜,茅柄也,从矛今声。'《传》训怜者,以矜为怜之假借,字从令声,不从今声。然据《说文》:'怜,哀也',以可哀之人为怜,似为费解。今按《尔雅·释言》:'矜,苦也。'旧《疏》引《诗》'爰及矜人',是矜人即苦人,又为怜义之引申,犹《吕览》言苦民,苦民犹言穷人也"(《通释》)。虽疑云一点点地散开,但《尔雅·释言》将"矜"又训为"苦",其实就很难解。这种疑惑,古人早就有过,故段玉裁做了解答,他在《注》中说:"字从令声,令声古音在真部,故古假矜为怜。《毛诗·鸿雁传》曰:'矜,怜也。'言假借也。《释言》曰:'矜,苦也。'其义一也。"又曰:"各本篆作矜,云今声。"

那么,"鳏寡"一词又作何解释呢?鳏寡(古音古):古人言老而无妻曰鳏,老而偏丧无夫曰寡,引申为年老穷苦无告者。故段玉裁《注》解释说:"鳏多假借为鳏寡字,鳏寡字盖古只作矜,矜即怜之假借。"赵帆声《诗经异读》又说:"《经籍籑诂》:'鳏,《集韵》通作矜。'《礼记·王制》:'老而无妻者谓之矜。'《释文》:'本又作鳏。'《小雅·何草不黄》:'何草不玄?何人不矜?'矜,读如'鳏',与玄为韵。"疑惑已解。而朱熹阐释首章说:"旧说周室中衰,万民离散,而宣王能劳来还定安集之,故流民喜之而作此诗。追叙其始而言曰:鸿雁于飞,则肃肃其羽矣。之子于征,则劬劳于野矣,且其劬劳者,皆鳏寡可哀怜之人也。然今亦未有以见其为宣王之诗,后三篇放此"(《集传》)。

在那贫瘠的旷野上,三五成群的流民,茫然无目的地流浪、徘徊着,贫穷困苦的生活,折磨得他们几乎筋疲力尽了。倏然,灰蒙蒙的天际飞来一群鸿雁,拍打着翅膀,四方无所不往,似乎在寻找栖身之地。像那流民依依之队伍,为安宅生计而四处奔波,何不之犹如此!盖流离失所,其于野病苦之情形,依依如昨日。且所与行者,无非皆是贫穷可怜之人;而就其中劬劳者,则唯此鳏寡无告者,尤可悲哀而心伤!流民被迫流离失所,连鳏寡之人也不能幸免,反映了受害者的广泛,揭露了统治者的残酷无情。

次章,承接上文,具体描写流民返归,终得宝地筑垣墙,重建家园安居房。头两句仍是兴而比法:"鸿雁于飞,集于中泽。""流民自言鸿雁集于中泽,以兴己之得其所止，而筑室以居，今虽劳苦，而终获安定也”(《集传》)。朱熹之说，颇得诗旨。鸿雁迁徙，一路上不可能随处都能找到安乐窝，鸿雁之性，经常是喜居在泥泞的沼泽之中。对流民来说，虽然千墙百屋都是他们一砖一瓦盖起来的，而自己却居无定所，没有安生之地。然鸿雁今飞而又集于泽中，找到栖息之所，犹如流民返归故里，动手筑垣而重建家园，生活得到安定。故以此兴出所咏之事："之子于垣，百堵皆作。"

这里顺便一提，如何准确解释"垣"字，与"百堵"一词有什么关联？垣字应作动词，即筑造城墙。于征则"之子"出而在野，于垣则"之子"已反而在邑。鉴于对"百堵"的解释，聚讼纷纭，然曰百者非一家。征民起屋舍，筑墙壁，百堵同时而起，言趋事而已。堵者，即垣也。古人用夹板筑墙，中贯以土。板长一丈(或六尺、或八尺)，宽二尺，用夹板累筑，累五板，则长一丈，高一丈的墙，成为一堵。但《毛传》却说："也有以六尺为板者。"《郑笺》又云："也有以二尺为板者，《周礼》注也。"《孔疏》曰："一堵之墙长丈高一丈，是板为二尺也。又引《王慤期》注公羊云：'诸儒皆以为堵长一丈，则是板二尺堵一丈。'其说较优矣。"而《集传》又解释说："一丈为板，五板为堵。"《案》云："板堵高广之制有以一丈为板者。"这些说法虽有歧义，但并不影响诗意。

这两句说：但见流民所筑者非一家，而百堵之墙同时皆兴起。可见流民筑垣造房、重建家园的积极性之高，国人怎不为之欢欣鼓舞，诗人怎不为之欣喜兴奋？诗人由此感叹道："虽则劬劳，其究安宅。"朱熹阐发说："流民自言鸿雁集于中泽，以兴己之得其所止，而筑室以居，今虽劳苦，而终获安定也。"是说鸿雁之性喜居中泽，今飞而又集于中泽。之子之返而筑垣以安居犹如是。但见所筑者非一家，而百堵之墙皆兴起。虽云一时从事之劳，而其终得以安居此地，何幸如之！将流民内心的疾苦怨恨和终获安居的心愿直接道出。这最后两句也是诗人动员之词，勉励流民勤奋筑垣，虽然一时之辛劳，但劳累的汗水终究会换来安身之所。

末章，自诉劬劳不被理解的哀怨。头两句是比而兴，以鸿雁的哀鸣，比兴流民痛苦的呻吟："鸿雁于飞，哀鸣嗷嗷。"然则始而失所，继而得所，我与流民共居所。那鸿雁之飞翔，其一声声鸣叫，哀而嗷嗷然。今我今日之歌犹如此。诗人以鸿雁的哀鸣，比喻流民悲哀作歌，以歌诉说自己的悲惨命运，但却遭到那些愚人的嘲弄和讥笑："惟此哲人，谓我劬劳。维彼愚人，谓我宣骄。"这里说：维此明哲

之人能知我心，谓我此歌，怆然于昔日劬劳之故；惟有哪些寡识之人，则谓我沾沾然以目前之安逸自喜而宣骄。

此处的“遇人”，是指寡识之人。宣者，宣示也，宣布谓我宣骄者，谓我生其骄满之心而得意自鸣。知者闻我歌，我歌且谣；不知我者，谓我士也骄；大抵歌多出于劳苦，而不知者常以为骄。《毛传》亦训宣为“示”，但王引之批驳说：“宣骄与劬劳相对为文。劬，亦劳也；宣，亦骄也。……宣为奢大之意。宣骄，犹言骄奢，非谓宣示其骄也”（《述闻》）。恐非诗意。

正是诗人同情流民，才不辞劬劳，而招抚流民重建家园，然而他的勤奋却招来了不公正的非议。这里“哲人”同“愚人”相对，旧注所说“小民可与图终，难与虑始”，“哲人”当指明哲之人，“愚人”当指官场寡识之人，也许是同僚。诗人说，能明解我苦心的人，才是通礼的明哲之人，实际上是，为没有这样的“哲人”而感叹，而现在有的只是一群“愚人”，他们或出于嫉妒，或出于嘲弄，或出于寡识，无端地指责他。“其或愚而无知，则且谓我多事，徒逞能也。我其奈之何哉？”（方玉润《诗经原始》）。朱善云：“惠鲜鳏寡，文王之所以兴也咢矣。富人哀此茕独，幽王之所以亡也；爰及矜人哀此鳏寡，宣王之所以中兴也。劬劳于野，自其始之流散而言也；百堵皆作，自其中之还归而言也；其究安宅，自其终之安定而言也。此诗不作于流离之时，而作于安定之日，盖痛定思痛者，是以知者以为劳苦，而不知者则反以为宣骄也。”朱氏解说，直捷易晓。

然而有此可想而知，人们了解世事人情时，无不从特定视角出发，以主观意识去感知和理解事物。富有同情心的人能以毫不偏私的眼光设身处地去感知和理解事物，遇见孤苦无助者则生恻隐之心。自私者总是从一己之私利出发，以偏狭的眼光去看人、事、物，把天下的人、事、物全放到私心的尺度下去衡量。平常人也多为表面现象所迷惑，不能深入到内部去看个明白，见到外表衣冠楚楚者则肃然起敬，见到穷苦孤独者便侧目以视。善解人意的、明知的人不少，趋炎附势、庸庸碌碌的人也很多，这大概是古今中外一贯的情形，也可以算是人性中永恒的现实吧。现实生活中的明哲之人，往往能抛开自我为他人着想，而自己却不能为人所理解。表面看来，这似乎很让人不平，其实，这太正常、太合乎人情事理了，否则，明哲之人就不会永远是明哲之人，就不会永远处在边缘而不被人注意。只有自私自利、心狠手辣、寡识廉耻的人，才可能在芸芸众生中“脱颖而出”、高居人上。所以，明哲之人自有成为明哲之人的道理，愚人自有成为愚人的理由，显赫之人自有成为显赫之人的奥秘，生活的本来面目就是如此。也许明哲之人面对无端指斥无可奈何、无法掌握自己的命运，就是因为他具有吃苦耐劳、助人为乐、富有同情心这些质量。

此诗的艺术特点是，诗人大量运用比兴手法，根据所述内容的不同，或是兴而比，或是比而兴。三章虽都以鸿雁之飞为歌吟之始，但在兴比关系上又不尽相同。前两章是兴中有比，正如陈子展先生《直解》所说，是"以鸿雁肃羽，兴之子于征""以鸿雁集泽，兴之子于垣"，都是兴中含比，义类相贯，颇有象征意味。末章是比中含兴，以鸿雁哀鸣，暗喻流民作歌抒愤。比兴意蕴的交融互渗，诗歌的形象更丰满，韵味更见深长，不但引发读者丰富的联想，而且增强了诗歌的形象性和艺术表现力。

《鸿雁》一诗的诗旨、为何作此诗？作者是谁？什么时代创作？历来众说纷纭，皆有分歧。《诗序》云："《鸿雁》：'美宣王也。万民离散，不安其居，而能劳来还定安集之，至于矜寡无不得其所焉。'"朝廷官员自然这样说。《孔疏》据《诗序》补明是宣王始立时，遣侯伯卿士之使招抚逃散之民。朱熹《集传》对《诗序》说表示质疑："然今亦未有以见其为宣王之诗"，认为作者是流民。严粲则认为是"流民美使臣之诗"(《诗缉》)。姚际恒不同意朱说、严说，对《诗序》《孔疏》也做了一点意见的修订，他认为"此诗为宣王命使臣安集流民而作"，并肯定是"朝廷制作"，而不是"民谣"(《通论》)。我们以为，通观全诗，最后两句是以怨词作结，这怎么是"赞美"呢？《诗序》说是"赞美宣王"，显然不可信；姚说虽未出现"赞美"字样，但他也无法自圆其说最后两句。朱熹、严粲的说法对后两句虽能说得通，但又难使三章诗一以贯之。

庭燎

夜如何其？夜未央。
庭燎之光。

君子至止，鸾声将将。

夜如何其？夜未艾。
庭燎晣晣。
君子至止，鸾声哕哕。

夜如何其？夜乡晨。
庭燎有辉。
君子至止，言观其旂。

【概要】

宣王唯恐晏朝事，不安于寝思政事。
诗人设王问夜时，因以箴之自度辞：

【译文】

夜色已到何时光？慢慢长夜尚未央。
庭中火炬光明亮，诸侯大臣早朝忙。
朝者至而入朝堂，车马鸾声锵锵响。

夜色已到何时光？慢慢长夜未尽亮。
庭中火炬晣晣亮，诸侯大夫政事忙。
朝者至而谒皇上，车马鸾声哕哕响。

夜色已到何时光？慢慢长夜近晓亮。
庭火辉辉照四方，诸侯高官朝政忙。
朝者至而见皇上，仰观旗旗高高扬。

【注释】

*夜:夜色。 如何其:是什么时辰啦? 其,哉,表示疑问的语气词。 央:中。《集传》:“央,中也。”一说未央为未半。

*庭燎:将朝所设所以照众。在宫廷中点燃照明的火烛。古代的火烛是用麻秆和芦苇缠束。又叫大烛。燎,火光。 之:有。你。

*君子:将朝的诸侯、卿大夫。 止:句尾助词。 将将(qiāng):象声词。犹锵锵,鸾声。《集传》:“将将,鸾镳声。”

*未艾:未尽。唐莫尧《新注》:“《左传·昭公元年》:‘国未艾也。’杜预注:‘绝也。’绝,尽。”王念孙《广雅疏证》:“夜未艾犹言夜未央耳。襄九年《左传》:‘大劳未艾’《杜注》云:‘艾,息也。’哀二年《传》‘忧未艾也’,宣十二年《传》‘忧未歇也’,歇、息、艾者皆已也。

*晣晣(zhé):小明。《鲁诗》作“哲”。明亮。

*哕哕(huì):拟声词,近而闻其徐行有节奏的铃声。上朝的人渐进了,步子徐徐放慢,因而铃声显得有节奏。《说文》:“钺,车銮声也……《诗》曰:‘銮声钺钺。’”《说文》改鸾为銮。从金,哕则为钺之同音假借字,“哕”作“钺”。

*乡晨:近晓。亦即近晨,天快亮之时。朱骏声《说文通训定声》:“《说文》:‘乡,国离邑民所封乡也。’假借为向。”乡(向xiàng),即“向”的假借字。晨,明。 辉(huī):火气。因天近晓,而庭燎之光减弱,天欲明而见其烟光相杂。《诗义折中》:“天将明则见尘矣。”段玉裁《注》:“析言之,则辉、光有别。朝旦为辉,日中为光。”

*言观其旂:即入朝之时。指看得见来朝者,车上的旗帜。言,语助词。观,看见。旂,古音芹(qín)。以与晨及辉为韵。与旗相近。《音释》:“旂,音芹。《说文》:‘芹声,诗凡三见并同。’”刘贡父《诗话》:“司马君实论九旗之名,旗与旂相近,缓急可以区别。《小雅·庭燎》:‘夜向晨,言观其旂。’《左传》‘龙尾伏辰,取虢之旂’,当为芹音耳。”段玉裁《注》:“按:(旂)古音如芹,十三部。”《郑笺》:“……今夜乡明,我见其旂是朝之时也。”《集传》:“既至而观其旂,则辨塞矣。”《说文》:“旂,旗有众铃。”《释文》:“旂,音祁。”

【品鉴】

《庭燎》是一首赞美宣王早朝勤政的诗。《诗序》曰："《庭燎》：'美宣王也。因以箴之。'"《齐诗》《鲁诗》皆以为是美宣王改过而勤于政。

"《易林颐之损》：'庭燎夜明，追古伤今。阳弱不制，阴雄坐戾。'此《齐》说。陈乔枞云：'《烈女传》，宣王尝夜卧晏起，后夫人不出房。姜后脱簪珥待罪于永巷。使其傅母通言于王曰：妾之不才，至使君王失礼而晏朝，以见君王乐色而忘德也，敢请婢子之罪。宣王曰：寡人不德，实自生过，非夫人之罪。遂复姜后，而勤于政事。早朝晏退，卒成中兴之名。宣王中年政，而《庭燎》作诗。脱簪之谏，当在此际。'愚按：陈氏引《列女传》姜后事，以证《易林》之说，是《鲁》《齐》说合。所谓阴雄罪戾者，殆即不出房之后夫人。宣王能纳谏改过，所以为贤。而《庭燎》之诗，亦不为徒作矣"(王先谦《诗三家义集疏》)。王氏之说，符合诗旨。据说宣王中年怠政，早朝晏起，姜后脱簪珥待罪于永巷，宣王能纳谏改过，所以为贤，而才有《庭燎》之诗。诗以王、侯、公、卿起早前来等候早朝之事，而借此赞美宣王能自勤以政事。"此与《齐风·鸡鸣》篇同一勤于早朝之诗。然彼是士大夫妻警其夫以趋朝，此乃王者自警急于视朝。故词气雍容和缓，大相径庭也。但不知其为何所作耳。然诗既叙于此，考之宣王前后，幽、厉皆无道主，岂尚有勤于视朝事哉？又况《列女传》云：'宣王尝晏起，姜后脱簪珥待罪于永巷。宣王感悟，于是勤于政事，早朝晏退，卒成中兴之名。'以此证之，即以为宣王诗也，亦奚不宜？"(方玉润《诗经原始》)方氏评说，甚有道理。

此诗是首问答体诗，即设问设答，此问彼答。诗共三章，通篇皆用"敷陈其事而直言之"的赋体手法，直抒胸臆。诗人按照时间顺序一一叙事，而每章皆用设问句起首，笔势突兀，将读者一下子带入夜未半、夜将晓、夜微明之时的特定氛围中。并通过宣王一次视朝前的庭燎烛光、举止行动、心理活动的描摹刻画，塑造出一个自勤于政的中兴民主形象。

首章描写宣王临朝前不安于寝，时时关注夜色早晚，前来朝会的诸侯大夫也十分勤政，尚在夜色沉沉、庭中火炬通明之际，乘坐鸾铃之车，赶来候朝。宣王将起而视朝，坐卧不宁，不安于寝，而问夜之早晚曰："夜如何其？"(谓夜色是什么时光？)答曰："夜未央"。(谓夜色尚未尽乎。)那么，到底指什么时辰？央者，旦也；指夜尽则旦，《郑笺》阐释说："诸侯将朝，宣王以夜未央之时问夜早晚。美者，美其能自勤以政事。'因以箴'者,王有鸡人之官,凡国事为期,则告之以时。王不正其官,而问夜早晚。"又解释说:"夜未央,犹言夜未渠央也"(《郑笺》)。王引之《述闻》又解释说:"家大人曰:'夜未央者,夜未已也。'《楚辞·离骚》'时亦犹其未央',王《注》:'央,尽也。'(《广雅》同)《九歌》:'烂昭昭兮未央。'《注》:'央,已也。'(《广雅》同)尽亦已也。夜尽则旦,故毛云:'央,旦也。'郑云:'夜未渠央',亦是此意。二章'夜未艾',郑云:'芟未曰艾',近之,而又以为'先鸡鸣时'则非也。予谓艾亦已也,已、央、艾一声之转,夜未艾犹言夜未央耳。"表达的时间概念是模糊的,大致指夜色未半,在这不明显的时间段中,诗人惟妙惟肖地描述了宣王频问夜之早晚,从而使读者窥见宣王,急于勤政的心理状态。这一举动的客观描述,采用窥一斑以见全豹的手法,凸显了宣王为政自警,励精图治的形象。

问者何人?据说周宣王姬静,公元前827年至公元前781年在位。在他之前是厉王。厉王无道,周天子的威望大减,以及诸侯不朝,外夷侵略。幸而有宣王的继立。他即位后,运用他的雄才大略,重整山河,驱逐蛮夷,威震诸侯,恢复了文武时代的威望。在他之后是幽王。《史记·秦本纪》云:"周幽王……数欺诸侯,诸侯叛之。西戎犬戎与申侯伐周,杀幽王骊山下。"厉王、幽王均暴虐无道,宣王成为中兴明主。然而,诗人独出心裁,赋诗设为宣王,辗转反侧,不安于寝,频频问时。问话虽短,但表露出奇特之情,盖唯恐晏朝,耽误政事,所以有着特殊的分量。

答者为谁?有人答曰:应是鸡人。"鸡人掌管鸡牲,辨其物。大祭祀,夜呼旦以绞百官"(《周礼·春官·鸡人》)。鸡人者,古时报时之官。然而,虽有鸡人,就一定是鸡人问答吗?否。《郑笺》谓:"诸侯将朝,宣王以夜未央之时问夜早晚。美者,美其能自勤以政事。'因以箴'者,王有鸡人之官,凡国事为期,则告之以时。王不正其官,而问夜早晚。""王不正其官",说明并不是鸡人问答,而是诗人设王而问答,是在运用视觉听觉、仔细观察的基础上做出答问。

先写视觉:"庭燎之光,"是说庭中火炬已有光。庭燎者,大烛也。以庭名之,明在门内,诸侯将朝,则司烜以物百枚(天子庭燎用百要以物百枚),并而缠束之。今则松苇竹,灌以脂膏。马瑞辰解释说:"今烛以苇为心,灌以脂膏。古烛只用樵薪,或以麻楷为之"(《通释》)。看到四方已有光亮,故说"夜未央。"从表面看,写的是庭中火炬燃烧的变化,稍进一层,可以看出大烛燃烧发生的光亮变化,是诗人借宣王的视觉观察来表现的,火炬由明亮到微亮,进而到烟光相杂,

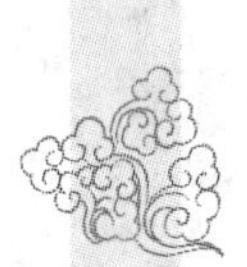

暗示着时间的缓慢推移，反映了“王者自警急于视朝”的心理状态。而后写听觉：“君子至止，鸾声将将。”顺便一提，鸾者，通銮也，《毛传》《集传》皆训“镳声”。但程俊英却一反此说，他在《注析》中说：“鸾，亦作銮，铃，此当为旗上之铃。《尔雅释天》：‘有铃曰旗。’林义光‘金文如无叀鼎’《颂敦》《豆闭敦》《扬敦》，皆言锡鸾旗。此诗三章云：‘言观其旗’，而《采菽》、《泮水》亦皆以鸾声与旗并言，则鸾为旗上之鸾，非车之上鸾也。毛以鸾为鸾镳，失之。”那么，到底是镳声还是“旗上之鸾”铃声？鉴于将将为象声词，犹锵锵，鸾声。朱熹解释说：“将将，鸾镳声”（《集传》），故推断应该指镳声。《诗义折中》阐释说：“夜尚未央，未必有所见闻，盖其惕厉之精神常警于寤寐，故悬意其然而遂若果然也。”君王将起而视朝，不安于寝，而问夜之早晚曰：夜如何哉？夜虽未央，那是庭燎之光。朝者至而闻其鸾声。诗言诸侯大臣至而早朝忙，只听鸾声锵锵然响。“将将”犹锵锵，是一片嘈杂声，表明诸侯、大夫之车，从四面八方奔向朝廷，离宫较近。说明宣王中兴，政治稳定，百官、内侍皆不敢怠于朝事，诸侯公卿也勤于君臣政务，严肃畏敬，赶早入朝，以待朝会；而宣王勤于政事、体贴臣下、重视朝仪的心情，也无形中见于言外。侧面赞颂了宣王中兴，纲纪严肃，重视朝政的作风。

第二章描写时间夜尚未艾，然而庭中火炬之光，已晰晰然微明，朝会者正陆续赶来，鸾铃之声哕哕然不断鸣响。“庭燎晰晰”，是谓庭中烛光尚微明，可见微光照四方，是天将要亮的征兆，故说夜尚未尽，未尽者，将要尽。表现了宣王急于视朝理事的心理活动，但时间分秒交替的迟缓，一急一缓形成强烈的反差，如此宣王心中难挨的焦急情绪显得格外突出。然而以“庭燎”微小的变化，表现人物细腻的心绪变化，正所谓“传神写照，正在阿堵中”，诗人手法十分高妙。“鸾声哕哕”谓近而闻其鸾铃之声，舒缓而有节奏。“哕哕”是有节奏的声音，表明离宫不远有公务之车，朝见的诸侯、大夫披星戴月、滚滚车轮、一路疾驰，将近宫门唯恐惊动天子，故缓缓而行，肃穆而来。朱熹云：“哕哕，近而闻其徐行声有节也”（《集传》）。这里侧重听觉描写，这种由急促到舒缓的铃声变化，是微妙而历时颇久的，宣王能感觉如此变化，可见其勤政的专注。诗中对于视觉形象与听觉形象的描写，生动而逼真。

末章描写晨曦已见，天渐向明，窃意此时庭燎之光，而有辉然微亮。盖天将明则朝见者至而见其旗帜，那绣着蛟龙的彩旗，在晨曦中已经依稀可辨，而便晓分管爵位了。

“庭燎有辉”之辉者，犹辉辉，形容烟气缭绕。因天近晓，而庭燎之光减弱，天欲明而见其烟尘相杂。《诗义折中》：“天将明则见尘矣。”《案》曰：“此诗《毛传》云：‘君子谓诸侯。’何氏楷：‘末章云：“君子至止，言观其旗。”明是诸侯来朝之事非常朝也。盖周自康王而后王室渐卑，昭王南征不复穆王时，诸侯咸宾祭于徐荒服者，不至及懿王而王室遂衰，夷王始下堂而见诸侯，至于厉王终寡于难，非宣王中兴，孰能使会同有释复见周官威仪乎？然勤终懈未自不籍于亩，而后求治之志寝不如前矣。’”“言观其旗”者，是说火炬即将燃尽，烛光暗淡，故光不如前之明亮。而夜已微明，此时来朝诸侯和天子皆仰头观旗，旗旗已可辨认了，故说“夜乡晨”，正是入朝之时。《郑笺》云：“上二章闻鸾声尔。今夜向明，我见其旗，是朝之时也。朝礼别色始人。”观旗而识别其封爵官位。王夫之曾赞叹道：“‘庭燎有辉’，乡晨之景莫妙于此。晨色渐明，赤光杂烟而炻苊，但以‘有辉’二字写之”(《诗铎》)。

然作者为谁？历来众说纷纭。方玉润《诗经原始》以为“王者自警急于视朝”，为宣王所自作。然而方氏未列出充分的理由，故信之者少。按此诗应为诗人设王所作，诗人应是朝廷官员。根据有三条：

第一，诗凡三章，从时间顺序说，”“夜未央”到“夜未艾”再到“夜乡晨”，着重反映了君王急于视朝、自勤于政的心情，说明诗人非常熟悉朝廷政务、王之情况和入朝之时，可想而知，其人也许是君王身边的官员。

第二，三章均言“庭燎之光”“庭燎晣晣”“庭燎有辉”，诗人熟知路途环境，则应是居于朝廷者所作。也许是诸侯、大夫所作，因为他们入朝时，火炬之处是必经之路，由家赴宫廷路途火炬景象为之最熟悉，且又以时间先后为序而加以描写。

第三，“夜如何其”是君王问鸡人(掌管报晓的人)之语，“夜未央”“夜未艾”“夜乡晨”，虽是由鸡人所告知道的结果，但是为诸侯、大夫起而朝见的时间，如此生活细节为之体会最深。然而《郑笺》却说：“王有鸡人之官，凡国事为期，则告之以时。王不正其官，而问夜早晚。”“王不正其官”是假，设王是真。“然彼是士大夫妻警其夫以趋朝，此乃王者自警急于视朝。”所以，此诗为诸侯、大夫或其他朝廷官员所作较近诗情。

沔 水

沔彼流水，朝宗于海。
鴥彼飞隼，载飞载止。
嗟我兄弟，邦人诸友。
莫肯念乱，谁无父母？

沔彼流水，其流汤汤。
鴥彼飞隼，载飞在扬。
念彼不迹，载起载行。
心之忧矣，不可弭忘。

鴥彼飞隼，率彼中陵。
民之讹言，宁莫之惩？
我友敬矣，谗言其兴。

【概要】

诗人推乱之所由生，伪言谗言巧言之盛。
盖则所以弭乱之道，要念乱而持之以敬：

【译文】

弥满水势趋流海洋，犹如诸侯朝宗于王。
隼鹰出巢而飞行疾，时而飞翔时而栖息。
水之流有入海之日，隼之飞有载止之时。

岂祸乱之生而危及，祸害独无止息之期？
欲止乱而必先念乱，嗟叹我兄弟邦友善。
莫有肯以乱为念者？谁无父母而求安逸？
祸乱则忧愁必及之，谁不为一身谋福日，
独不为父母谋安日？国事不安而愁不止！
国民忧乱而畏谗讥，消除谗言而等几时？

弥漫水势趋流海洋，滔滔流水而荡荡淌。
隼鹰出巢而飞行疾，时而飞低时而飞扬。
流水方盛而不停止，飞隼方扬而未停息。
岂祸乱之生而危急，危害独无停息之期？
乱是用长何以异此？夫祸乱之悄悄生起，
皆由不循道理之人，蠢蠢欲动伪言所致。
我念之起立而复行，不遑安处而受闷气。
国事不安而伤不止，国民遭乱而畏谗讥。
盖心为之忧愁不已，不可停止而忘治之。

隼鹰出巢而凭翱翔，穿越平原而丘陵往。
隼鸟展翅飞游之疾，沿着山陵飞翔不止。
彼飞隼犹循彼中陵，最终有见停止之时。
今小人之伪言巧言，奈何无有禁止之者？
但贵人而不如贵己，我友惟当敬以自持。
以消除谗言之谤讥，斯谎言何自而兴起？
盖止谗则祸端灭息，国事安宁而民乐逸。

【注释】

*沔(miǎn)彼：犹沔沔。《毛传》："沔，水流满也。水犹有所朝宗。"《郑笺》："水流而如海，小就大也。"沔本为水名。沔水出武都沮县东狼谷，东南入江。沔，通"弥"，水流盈满。　朝宗：诸侯春见天子曰朝，夏见曰宗。本义指诸侯朝见天子，

诗中比喻百川归海。水势趋流于海,犹诸侯朝宗于王也。《尚书禹贡》:“江汉朝宗于海。” 于:至。 海:古音喜。《音释》:“海,音喜。《释名》:‘晦也。’诗凡二见,并同。”

*鴥彼:鸟疾飞貌。或鸟在窝穴中。 飞隼(sǔn):疾飞而出的鹞鹰、鹘类猛禽。喙,爪有利钩,疾飞善击,于高空见地鼠兔猛下必得。见《小雅·四牡》。 载飞载止:指鸟时而飞翔,时而停止。载,犹又。程俊英《注析》:“按以上四句都是兴,诗人见水流尚可朝宗于海,飞隼尚有所止,兴自己的处境不如水、隼。”

*嗟:叹词。 兄弟:谓僚友。一起做官的人。《后汉书·郑玄传》:“显誉成于僚友,德行立于己志。”一说指周王同姓的诸侯和大夫。 邦人:国人。袁梅《诗经译注》:“邦,本指诸侯受封的地域(邦国),引申为地方之称。”一说指周王异姓的诸侯。 诸友:朋友。亦谓僚友。亲之曰兄弟,以其同国而居,则曰邦人诸友。

*莫:没有人。 念乱:顾虑社会动乱。《案》:“祸乱之由,即指末章讹言、谗言、巧言之诗曰:乱之初生僭始既涵;乱之又生,君子信谗是也。” 一说念为止。

*汤汤(shāng):犹荡荡,即荡荡之假借。波流盛大貌。《毛诗音》:“汤汤,即荡。”《释文》读“伤伤”之音,状流水滔滔貌。

*扬:高飞。言无所定止。陈奂《传疏》:“高注《淮南子精神篇》云:‘非扬不从轨度也。’与《传》言‘无所定止’义合。”

*不迹(音迹):不循道而行,不尊法则办事。迹,道。《毛传》:“不迹,不道也。”范处义云:“念彼不循理之谗人。”郭璞注:“言不循轨迹也。”何楷曰:“起立而复行也。”《诗缉》:“我坐不能安,则起则行。”

*弭(mǐ):停止,消除。 忘:忘掉。王引之《述闻》卷五:“亡,犹已也。作忘者,假借字耳……‘不可弭忘’,犹言忧从中来,不可断绝也。”故“忘”当读“亡”。按“弭忘”是一个词,“不可弭忘,”即忧愁不可止而忘掉。陈奂《传疏》:“《国语·周语》:‘至于今未弭,’贾逵注云:‘弭,忘也。’是忘亦弭也。”

*率:循着。 中陵:陵中的倒文,指山陵之中。章首脱简,少了前两句。《集传》:“疑当作三章,章八句。卒章脱前两句耳。”

*讹言:诈讹之言,谣言,谎言。言时不令,小人奸诈伪为交易之言。《毛诗音》:“讹言,讹,《说文》作讹。” 宁莫之惩:何不制止谣言。宁,胡,何。之,语中助词。惩,制止。一说审察。

*我友：何楷曰："我友即首章所谓'嗟我兄弟，邦人诸有'者。"辅广云："我友敬矣，此必有所指而言。《诗序》：'沔水，规宣王也。'"《案》："宣王信谗而杀杜伯。"范处义曰："不敢望上之察，姑欲自修以弭谁规王之意不深乎。" 敬：警的借字，读敬为警。警戒，警惕。马瑞辰《通释》："敬者，戒也。《说文》：'警之言戒也'。又曰：'儆，戒也。''谗言其兴'，言苟不知戒则谗言之兴无已。" 谗言：挑拨离间的谎言。谗，谮。何楷说："就所谮之事言曰谗以所谮之言而未之于理，则是非变乱曰讹兴起也。" 其：时间副词，将。 兴：起。

【品鉴】

《沔水》是一首忧乱畏谗、警诫朋友自警自持之诗。诗人痛感谗言挡道，贤明遭陷，国势危机四伏，故诗人赋诗以告世人，应自警自持。消除谗言、伪言、巧言和谎言，免遭之乱而诽谤残害。谢枋得说得富有哲理："一身之遇乱不足惜，父母之遇乱深，可忧谁惜？父母不为一身谋，独不为父母谋乎？为父母谋则当念乱，则必思所以救乱也。"谢氏之说，甚有道理。

至于何人所作、产生年代已不可考。然而唯有宋代王应麟觅出了一条解释此诗的线索，他在《困学纪闻》中说："宣王……杀其臣杜柏而非其罪，则《沔水》之规，'谗言其兴'可见矣。"何楷赞同王应麟的解说，还对何时作诗以及何人所作进行了估测。他在《诗经世本古义》中说："作此诗者，其父母必有身遭谗言而将罹凶祸之事。故悲痛其词以声动之曰：'诸有纵不肯念乱，然谁人无父母乎？而何独使我父母至于此极乎？'愚所以疑为隰叔之作者以此。以宣王末年有杀杜柏一事，而其子隰叔因之以奔晋也。"又云："是诗也，其作于杜柏遭谗将见杀之时，左儒九谏而王不听之日乎？"故何楷《古义》疑隰叔所作。

《竹书纪年》有宣王四十三年，王杀大夫杜柏，杜子隰叔出奔晋记载。这只是疑为隰叔所作，且无考证。周宣王杀杜柏是在公元前785年，即周宣王四十三年。原来宣王并不完全如正史吹嘘的那样圣明。据载：宣王妾女鸠想私通杜柏，杜柏不从，女鸠在宣王面前反诬杜柏。宣王听信女鸠的谗言，囚杜柏于焦地；杜柏的朋友佐儒九谏宣王，宣王不听，把他和杜柏一起杀了。杜柏的儿子隰叔被迫出奔晋国。则诗的作者可能是杜柏之子隰叔。宣王听信谗言，杀大夫杜柏，即为此诗本事。

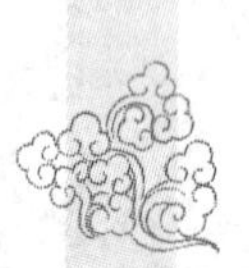

然而《序》云《沔水》之诗“规宣王也。”朱熹不采《序》说，并在《集传》中说：“此忧乱之诗。”“此忧乱之诗。此乱指谗口害人言。通章重一‘敬’字。首莫肯念，就是为敬的意思，二节念之而起行不宁，即己之持敬的意思。末节言惟敬可以制谗，见其当敬也”（徐奋鹏《诗经主意约》）。朱、徐之说，颇得诗旨。

此诗作于何年？“这首诗似作于东周初年，平王东迁以后，王朝衰弱，诸侯不再拥护。高京一带，危机四伏，作者忧之，因作此诗”（高亨《今注》）。在新的更可靠的史料未被发现之前，姑从其说。

《沔水》三章，前二章章八句，末章六句。疑当作三章，章八句，卒章脱简前两句。

首章，怨恨统治者不肯止乱，致使造成父母兄弟与诸友皆陷入动乱之中，而更加忧心忡忡。诗人推乱之所由生，在于讹言、谗言、巧言、谎言，则所以弭乱之道，要当念乱而必持之以敬曰：“沔彼流水，朝宗于海。鴥彼非隼，载飞载止。”何谓“朝宗”？诸侯春见天子曰朝，夏见曰宗。本义指诸侯朝见天子，诗中比喻百川归海。言弥漫水流之势，趋流入海，犹如诸侯，朝宗于王。“鴥彼非隼”一句，用意何在？“鴥彼”者，禽鸟疾飞之貌。飞隼者，疾飞而出巢的鹞鹰、鹘类之猛禽。此类鸟禽，喙、爪有利钩，疾飞善击，于高空见地鼠兔猛下必得。言隼鹰出巢而疾飞行，时而飞翔时而栖息。按以上四句都是兴句。诗人触景生情，见水流浩荡，尚可朝宗于海；飞隼翱翔，尚有所止。水之流有入海之日，隼之飞有载止之时。以此兴出下文所咏之辞：

“嗟我兄弟，邦人诸友。”兄弟者，谓僚友。此指一起做官的人。“显誉成于僚友，德行立于己志”（《后汉书·郑玄传》）。邦人者，谓国人。诸友者，谓同国而居的朋友。何楷说：“兄弟，谓僚友也。亲之曰兄弟，以其同国而居则曰邦人诸友。”按兄弟与邦人诸友，都是嗟乎“莫有肯以乱为念者”的对象。

“莫肯念乱，谁无父母？”念乱是顾虑社会动乱。“祸乱之由，即指末章讹言、谗言、巧言之诗曰：乱之初生僭始既涵；乱之又生，君子信谗是也”（《案》）。马瑞辰《通释》：“念与尼双声。尼，止也。故念亦有止义。莫肯念乱，犹言莫肯止乱也。”第二句说：乱之既生，人人皆有父母，更加忧愁，能不考虑父母妻儿将陷入动荡之中、遭受祸乱危及之苦吗？归纳此二句谓：岂祸乱之生独无止息之期吗？夫欲止祸乱必先念乱，嗟乎！我亲兄弟诸友，乃莫有肯以乱为念者！夫谁无父母？乱则忧愁而必殃及之，不为一身谋，独不为父母谋乎？朱熹分析说："此忧乱之诗。言流水犹朝宗于海，飞隼犹或有所止。而我之兄弟诸友，乃无肯念乱者，谁独无父母乎？乱则忧或及之，是岂可以不念哉？"(《集传》)一身之遇乱不足惜，父母之遇乱深，可忧谁惜？为父母谋则当念乱，念乱则必思，所以救乱。始念乱而忧及父母，终忧谗而敬以反身，忧念之中不忘孝敬，此是诗人忠厚之意。"'谁无父母'四字，词微意苦，可思可泣"(陈子展《直解》引钟惺语)。"《潜夫论释难篇》：'且夫一国尽乱，无有安身。《诗》云：'莫肯念乱，谁无父母？'言将皆为害。然有亲者，忧将深也。王符解释这两句诗，最得诗旨"(程俊英、蒋见元《注析》)。

诗人把国家的安定和家庭的幸福连在一起，言近意远，切入肌肤，发人深省。故透过诗句，使读者目睹了诗人的形象。他生当乱世，却不随波逐流，具有强烈的忧国忧民意识，关心国事，对动乱忧心忡忡。动荡的社会使他寝食不安，坐卧不宁，与"不肯念乱"的当权者形成了强烈的对比。他爱憎分明，既顾念祸乱殃及父母，又考虑兄弟朋友遭谗受害，对挑拨离间、兴风作浪、制造祸端之谗徒，充满了憎恨。

次章，倾诉对不法之谗徒不循正道而行、不尊法而伪言，故言己之忧乱，寝食不安，坐卧不宁，治谗忧念而衷心不忘。

此章开首，用汹涌浩荡的流水，冲击长空的猛禽渲染了一种动荡不安的情绪。

"沔彼流水，其流汤汤。鴥彼飞隼，载飞在扬。"

诗言：弥漫水势，趋流而入百川，滔滔流水，浩荡而流大海。汹猛隼鹰，出巢而疾飞行，时而低空飞，时而高扬飞。这里以流水浩荡而不停、隼飞疾行而不止起兴，以引所咏之事：

"念彼不迹，载起载行。心之忧矣，不可弭忘。"

诗言：流水方盛而不停止，飞隼方扬而未停息。谗言方盛如不制止，犹如流水漫延而不停止，伪言嚣张如不除，如同飞隼方扬而未停息。岂祸乱之生而危急，危害独无停息之期吗？乱是用长，何以异此？夫伪言之乱而悄悄生起，皆由不循道理之人，而蠢蠢欲动伪言所致。然我念之起立而复行，不遑安处而忍受闷气。国事不安而伤不止，国民遭乱而畏谗讥。盖心为之，忧愁不已，使我不可止而忘治之。

首章“念乱”，指国人诸友。此章心忧，说杜柏自己。“念彼不迹”是忧的原因。“不迹”，不循道理之人。谁是不循道理之人？可否理解为女鸠之流用谗言杀害杜柏？如此理解，与此相应的是，诗人耳闻目睹那些不循道理之人，正飞扬跋扈、横行无忌，君臣的权威被公然蔑视。“心之忧矣，不可弭忘”二句也就不难理解。杀父之仇，诸友遭谗，国人遭难，为之忡忡忧心，使我不可止而忘治谗。忧念之中，不忘尽忠敬孝，此是杜柏忠厚之意。

末章，谣言兴风作浪，制造事端，谴责统治者不去制止伪言，并告诫诸友自警自持，免遭谗言之害。诗一开端就以飞隼高飞，尚且能沿山陵而行，兴起谗言流传却无人制止。“鴥彼飞隼，率彼中陵。”意谓飞隼出巢疾飞行，犹循山陵而飞翔。兴起下文所咏“民之讹言，宁莫之惩？”《孔疏》：“诈为交易之言，谓以善言为恶，恶言为善交而换易其辞，斗乱二家，使相怨咎也。”何楷云：“民指小人不欲斥言，故泛指之也。”段玉裁《注》：“《小雅》：‘民之讹言’。《笺》云：‘讹，伪也。’……按：为、伪、讹古同，通用。”又云：“今《小雅》作讹，《说文》无讹有吪，吪，动也。讹者，俗字。”

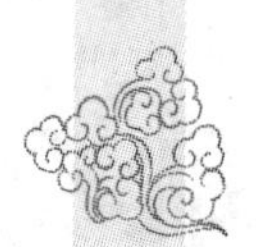

那飞隼犹循山陵而飞翔，终有见止之时，如同谣言流传于民间，亦有停息之日。然而今小人之伪言，奈何无有惩止之人呢？诗人由隼之高飞，犹循彼中陵，联想到不翼而飞、四处流传的谣言，诗人认为，它扰乱人心，制造事端，兴起祸乱，谗害他人，造成社会动荡不安。因没有人阻止谣言流传，所以诗人认为谗言会因此日盛，他于是发出“宁莫惩之“的质问与浩叹，感叹无人来禁止这些谣言。而那些不循正道、造谣、诽谤、陷害他人之谗徒，应该有人立即惩之而制止。谴责那些当权者，面对流言蜚语，视而不见，听而不闻，不去禁止，致使国民忧谗畏乱，揭露了当权者的政治腐败，表达了极大的愤慨。

诗人为此痛心疾首，他再次警告、呼吁诸友，不要让陷害人的谗言有可乘之机：“我友敬矣，谗言其兴。”然而贵人不如贵己，我友惟当敬以自持，以消谗谤，斯谗言何自而兴耶？谗言止则祸端平息。”最后四句的意象贯穿全诗，宣示了诗人内心对理想的政治境界的寄托。此诗兴而比的运用虽大同小异，但决非简单的重复，而是各自有所侧重。此章侧重兴出最后两句，不仅暗示了诗人所要表达的诗旨，有较明确的引发思路的作用，而且让人感到新鲜贴切，增强了诗的艺术表现力。

程俊英、蒋见元《注析》云:“吴闿生《诗义会通》引旧评云:‘暮鼓晨钟,发人深省。’寺院钟鼓声,悠远深长,庄严肃穆,但同时又是周而复始,单调划一,在情调上同这首诗实在相去甚远,不知何以会有此比喻。此诗三章,初因乱不止而忧父母,继以国事不安而忧不止,终以忧谗畏讥而告诸友,笔端跳跃不停,无迹可寻,反映了作者因祸乱而心绪不宁的心理状态。如果要用一句话来形容它,还是《乐记》所谓‘其哀心感者,其声噍以杀’来得恰当。”程氏评说,颇有见地。

探研《沔水》诗旨,引发出一个深刻的哲理:敏感的心灵,在兵荒马乱、谣言蜂起的乱世,最容易感时伤怀。不但自己忧患感伤,而且忠告自己的亲朋好友提高警惕,注意保护自己,以免受到不必要的伤害。

俗话常说,人言可畏。这话对一个群体中的大多数人而言的确如此。因为大多数人都要借助外在的参照物(尤其是他人的评价)来调整自己的行为,确定自己的言行的坐标,因而流言蜚语在很大程度上要影响到社会的安定,影响到人们的选择和行为方式,只有少数有独立意志并且意志坚定的人,可以不受他人言论的左右,不以他人的是非评价作为参照物。

讹言是不会自动消失的,唯有自警自持,立志做惩止谗言者;禁止流传谗言蜚语,消除造谣中伤,避免受害,平息祸乱,民心方能安定,国家才能太平。然流言蜚语总要伴随着人的存在,这是人的劣根性决定的。这世上如果没有了谗言、谣言、巧言、谎言和伪言,也许会变得十分寂寞和无聊。而兴风作浪、无事生非、制造事端,会使世界变得更加浑浊不清。但是,有强烈自主意识的人,总会耐得寂寞,不管别人的说长道短而独立前行,把谗言和谣言当作粘在身上的蛛丝,轻轻抹去。

鹤鸣

鹤鸣于九皋,声闻于野。
鱼潜在渊,或在于渚。

乐彼之园，爰有树檀，
其下维萚。
他山之石，可以为错。

鹤鸣于九皋，声闻于天。
鱼在于渚，或潜在渊。
乐彼之园，爰有树檀，
其下维榖。
他山之石，可以攻玉。

【概要】

此诗通篇用比兴，鹤鸣九皋野闻声。
陈善纳诲于王听，招纳贤才为国用：

【译文】

仙鹤高飞远翔鸣，回环曲折沼泽中。
鹤鸣四野闻八九，鸣声嘹亮郊野传。
盖诚之不可掩隐，贤人虽隐遍著名。
名声显扬四方闻，就像九皋之鹤鸣。
鱼儿潜藏在深潭，或出沙洲浅水边。
游鱼或在于深渊，或在于沙渚悠闲。
真理之无定在变，贤人的或仕或隐，
贤才的自如进退，犹鱼之出没渊渚。
深乐园中有檀树，其下未免落叶多，
其下恶萚叶凋零，当爱而知其恶行。
园林而观有檀树，犹朝廷尚有贤明。
檀树下面有恶萚，犹贤之下有小人。

轻视他山之佳石，其质可为砺石用。
当憎恶而知其善，他山之石来琢玉，
他国贤才可纳用，辅助君主国业兴。

仙鹤高飞远翔鸣，悠悠鹤唳播天空。
空中八九闻鹤鸣，唳声嘹亮飞天行。
盖诚之不可掩隐，贤人虽隐皆著名。
名声显扬四方闻，就像天空之鹤鸣。
鱼在游荡沙洲边，或者潜藏在深潭，
真理之无定在变，贤人的或仕或隐，
贤才的自如进退，犹鱼之游荡渚渊。
深乐园中有檀树，其下未免落叶多，
其下恶楮叶凋零，当爱而知其恶行。
园林而观有檀树，如朝廷尚有贤明。
檀树之下有恶楮，犹贤之下有小人。
轻视他山之佳石，其质可为砺石用。
当憎而知其善行。他山之石磨砺玉，
两玉相磨不成器，以石磨之后为器。
犹君子与小人处，横逆侵加后畏避。
动心忍性增预防，义理生而道德成。

【注释】

*鹤：鸟名，俗称仙鹤。鹤科各种类泛称。大型涉禽，形体较高大，竦身顶红，双腿超长，小头长颈，喙长而直，鸣声嘹亮，闻八九里。羽毛白色或灰色，能高飞远翔。有丹顶鹤、灰鹤等。鹤为高贵动物，此暗喻隐居的贤才。 于：在。 九：虚数，泛言其多，并非实指。言沼泽极为曲折。九者，喻深远也。鹤在中鸣，而野闻其鸣声。兴者，喻贤人虽隐居，人咸知之。 皋(gāo)：此假“皋”以为“泽”。指回环曲折的沼泽地。

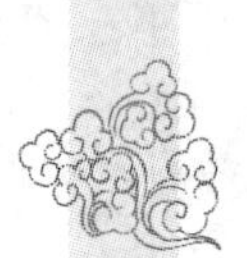

*潜:深藏。 渊:深潭。 渚:河中沙洲。这里指洲旁浅水,相对“渊”而言。一说借为潴,水停聚的地方。“鱼潜在渊,或在于渚,”是鱼或在于渊,或在于渚的省文。暗喻贤者的或隐或仕。

*乐:喜爱。 彼:犹那。 园:园囿,园林。 爰:发语词。 树檀:檀树,倒文协韵。解见《将仲子》。

*其:指檀树。 维:语助词。 萚(音tuò):此假“萚”以为“檡”(tuò或shì)。《释文》:“萚,音托。”一种小树,棘类灌木,木质低劣。又名梬(yǐng)枣,软枣,果小可食。

*他山之石:指别国的贤人。他山,山名,蛇山。《郑笺》:“它山,喻异国。”错:假“错”以为“厝”。指琢磨玉器的砺石或磨石。《集传》:“错,砺石也。”以上二句比喻别国的在野贤人,也可以用来琢磨国事,搞好时政。

*于天:以上下言。

*鱼在于渚,或潜在渊:上章,鱼或由渊而出乎渚。此章,鱼或由渚而入乎渊。吕氏楠云:“在渊在渚,言事虽在于幽远而道不下带而存,不可以为远而忘之也。在渚在渊,言事虽在于目前,而理则深邃莫测,不可以为近而忽之也。”

*穀:木名,即楮(音楚),又一类材质低下的树木。《集传》:“穀,一名楮,恶木也。”

*攻:错,磨砺。《集传》:“攻,错也。”

【品鉴】

《诗序》认为:“《鹤鸣》:‘诲宣王也。’”《郑笺》进一步解释说:“教宣王求贤人之未仕者。”《案》阐发说:“陈氏启源申《毛》《郑》之说曰:‘贤者身隐而名著,与鹤鸣之远闻无异也,可不求而列诸朝乎,但贤人不贪名利,进退自如,犹如鱼然;有时在渊,而或出于渚;有时在渚,而或入于渊,故求之甚难也。孔氏以鱼之出没,喻贤者之进退。诚置之高位,而不使小人并处其间,如彼园之上檀,而下萚下穀则人皆乐观于其朝矣。然贤人不檡地而产其生长他邦,沈滞未举者,皆有治国之才。犹有之可以为错,可以攻玉,俱当招致之,为我用也。求贤之道,不忽于隐微,不闲于遐远,山无遗贤矣。余是书凡《朱传》于理无害者,皆不轻改易恐惊俗耳。此篇……主求贤说,其义甚明,学者不可不知。’”其说深刻,对理解诗旨甚有启发。

《鹤鸣》是《小雅》中的名篇之一。作者是当时朝廷里的一位士大夫。此诗的题目,是取首句“鹤鸣于九皋”的头两个字,含义深刻,新颖别致。

然而,此诗就是写鹤鸣吗?王夫之说:“《小雅·鹤鸣》之诗,全用比体,……不道破一句,三百篇中创调也。”(《夕堂永日续论》)沈德潜说:“《鹤鸣》本以诲宣王,……难于显陈,故以隐语为开导也。”(《说诗晬语》)王、沈都是把此诗看作隐语。隐语即谜语,它是“用捉迷藏的游戏态度,把一件事物隐藏起来,只露出一些线索来,让人可以猜中所隐藏的是什么”(朱光潜《诗论》第二章)。它常使用比、兴、寄托等表现手法。的确,历来治《诗》者不少是把这首诗当作谜语猜的,他们感觉一物一事在诗中,都有一个谜底,他们的研究,就是寻找谜底。但笔者也积极地参与这种猜谜“游戏”,现按此说作如下解释。

《鹤鸣》之诗的主旨是:陈善纳诲于王而求在野的贤人。《毛序》曰:“《鹤鸣》:‘诲宣王也。’”王先谦《诗三家义集疏》举例证明《鲁诗》《齐诗》《韩诗》皆与毛诗观点一致。“此诗通篇用比兴的手法,抒写招致人才为国所用的主张。《荀子·儒效篇》:‘君子隐而显,微而明,辞让而胜。《诗》云:‘鹤鸣于九皋,声闻于天’,此之谓也。’是先秦时代对诗的喻意已做了解说。《毛序》:‘《鹤鸣》,诲宣王也。’《郑笺》:‘教宣王求贤人之未仕者。’《序》与《笺》均认为是宣王时代的作品,未知何据”(程俊英、蒋见元《注析》)。程氏解评,甚有道理。

《易林》说:“鹤鸣九皋,避世隐居,抱道守贞,竟不随时。”隐士们所避之世,应是厉王之世。“抱道守贞”正是贤者处世之道。沈泽宜教授《诗经新解》认为:《鹤鸣》是中国诗歌史上第一首意象叠加的象征性意象诗,也是人类第一首意象诗,比美国诗人庞德所创的意象派诗,早出现将近三千年。诗凡两章,每章九句,上下两章均用四个比兴,四组并列的意象组合叠加而成,语言相似,押韵不同。诗中鹤、鱼、树、石这四组意象,皆蕴含象外之象,弦外之音,均是借喻指人间之事。

《诗义折中》阐发说:“易曰:‘书不尽言,言不尽意。圣人立象以尽意,以为象之所包广于言也,诗之比兴立象之道也,以象逆意,其中无所不有。是故切磋琢磨不言贫富,而自贡以为已言之也,素以为绚不言礼后,而子夏以为不啻言之也。鱼跃鸢飞,揭大道之要,宜言近旨远不可胜,举《鹤鸣》之诗,其尤著者也。是

故诗之为教，其引典故也。通于礼其道政事也，通于书其设物象也，通于易其属僻褒贬也，通于春秋学者不可以不尽心也。”论说精湛，内涵深刻。

此诗开卷起读，便觉境界扩大，气势不凡。首章前两句写的是听觉形象，以鹤鸣作比：“鹤鸣于九皋，声闻于野。”

《集传》云：“鹤，鸟名。长颈、竦身、高脚、顶赤、身白、颈尾黑，其鸣响亮，闻八九里。”陆玑曰：“鹤形状大于鹅，长脚青翼，高三尺，喙长四十余多，纯白或有苍色者，常夜半鸣。”《淮南子》：“鸡知将旦，鹤知夜半。”

九：虚数，泛言其多，并非实指。

皋(gāo)：此假“皋”以为“泽”。指回环曲折的沼泽地。皋为泽中水溢出所为坎，自外数至九，喻深远。《释文》：“《韩诗》云：‘九折之泽。”郝敬曰：“九皋深泽，犹九泉九天，极言其深也。”马瑞辰《通释》：“《左传》：‘泽门之皙’，《释文》：‘泽，本音皋。’《毛传》：‘皋，泽也。’盖以皋为泽之假借。”九皋：即九曲之泽。《释文》：“《草木疏》云：‘鹤鸣闻八九里。’皋，音羔。”《毛诗音》：“鹤鸣于九皋。古本无于字。”鹤鸣于九皋谓鹤在一个连接一个的深泽边鸣叫，盖鹤亦众多。程俊英、蒋见元《注析》曰：“声闻于野，比喻他的品德、学问的名声，人们都会了解的。《毛传》：‘言身隐而名著也。’”此两句以鹤暗喻贤人，说贤人虽然隐居江湖，传遍四方。但名声显扬于四方，就像九皋之鹤鸣。

在那回环曲折的沼泽中，一声高亢而悠扬的鹤鸣，飞越山川，掠过湖畔，声播原野，响彻云霄。仙鹤常夜半鸣，其鸣响亮，鸣声四野而闻八九里。刘禹锡诗云：“晴空一鹤排云上，便引诗情到碧霄。”此时此地的这声鹤鸣，就是一首诗。鹤鸣在九皋，而野闻其鸣声，喻贤人虽隐居，但名声显扬传四方，人咸知之；即他们的功业、品德、学问的名声，人们都会了解，就像九皋之鹤鸣而闻四野。盖诚之不可掩，贤人虽隐而著名。

三、四句勾勒的是视觉形象，并以游鱼作比：“鱼潜在渊，或在于诸。”除乐园之上有飞鹤外，其下还有鱼儿游，鱼儿或潜藏在深潭，或出没沙洲浅水岸，还是可以发现的。贤人或出仕或隐居，贤才的自如进退，犹鱼之出没于深渊渚洲，一旦发现就应重用他们，不然就被埋没于深渊之中。故理之无定在。“以鱼之出，喻贤者之进退”(《孔疏》)。

中间三句：“乐彼之园，爰有树檀，其下维萚。”园者，指园圃，园林。如《将仲子》《传》云："园，所以种木也。"树檀，檀树，倒文协韵。其材强韧，一种落叶乔木，木质坚硬，白檀用于制车、紫檀制高级家具，是一种名贵木材。萚（音tuò），《毛传》解释说："萚，落也。尚有树檀而下其萚。"落者，枯落之叶，此喻小人。《郑笺》："爰，曰也。言所以之彼园而观者，人曰有檀树，檀下有萚。此犹朝廷之尚贤者而下小人，是以往也。"王引之《述闻》："萚，疑当读为檡。《广雅》：'楞枣，萚也。'《士丧礼》：'决用正，王棘若檡棘。'郑《注》曰：'王棘与檡棘，善理坚刃者，皆可以为决。'《夏官·缮人释文》：'檡，一音徒落反。'徒落反之音与萚相近，故假萚为檡。盖檀可以为轮为辐，檡亦可以为决，榖亦可以为布为纸，皆适于用者也。"马瑞辰《通释》云："下章榖为木名，则此章萚亦木名，不得泛指落木。王尚书（王引之）《经义述闻》：'萚，疑当读为檡。《广雅》：'楞枣，檡也。'……《夏官》缮人《释文》：'檡一音徒落反，与萚相近，故借萚为檡'其说甚确。"这三句以檀树暗喻贤人，以普通的檡树暗喻小人，说贤者当居高位，而无贤才者当居其下。《郑笺》阐释说："爰，曰也。言所以之彼园而观者，人曰有檀树，檀下有萚。此犹朝廷之尚贤者而下小人，是以往也。"郑氏之说，甚有启发。

诗意层层递进，那深邃幽僻的园林而观，园中有檀树，在高大珍贵的檀树之下，未免有落叶；也生长着矮小的萚树，乐园如同一个国家，培育着国家需要的各种各样的人才。园内有贵重的檀木，犹如朝廷尚有贤明；檀树之下有恶萚，犹如贤人之下有小人。治国育民，也像管理园林，要善于发掘隐居之贤才，并使用他，各尽其才，为国效力。故当爱而知其恶。

如从文学角度说，这中间三句写深乐园，诗人抓住一个"园"字，突出一个"树"字，园内有郁郁葱葱的檀树，静静地挺拔而立于其上，其下有厚厚的秋风扫落叶，又有矮小的楮树挣扎在中间。通过描写深乐园，使这座乐园给人以无比深邃、无比神秘的感觉。然而，读之给人留下无法揭开的悬念：这座乐园，无亭台楼阁之胜，无莺歌燕舞之音，更无车水马龙之喧，它是多么幽静，多么脱俗。那么，诗人奈何描绘这么一座僻静的世外桃源呢？朱熹阐发说："此诗之作，不可知其所由。然必陈善纳诲之辞也。"虽不知其由，但定为"陈善纳诲之辞，"倒也自成一说。都云作者痴，谁解其中味？方玉润说："此中有人，呼之欲出。"（《诗经原始》）方氏之说，恐怕反映了读者的心理提问。那么，诗人是否对乐园

景物描绘的借用，暗喻有位徜徉山水的隐居者在这里？当然，回答是肯定的，这位仙人虽隐而著名！再说，写山为何不写高耸入云的山峦、奇特挺拔的形状、郁郁葱葱的草木、山清水秀的功用呢？奈何突兀而写石？有没有用砺石可磨玉，寓隐士可以治国的用意？乐园和山石的描写是否有所寄托？认为句句是暗喻，每一事物皆有寄托，如被视为是去寻找微言大义而离开诗的形象，可谓缺乏经学眼光。当然，只有以文学的眼光来研究《诗经》，《诗经》才算是恢复了本真。但要知道，在过去的两千多年中，《诗经》却是以"经"的绝对权威存在于中国历史的。它的经学意义要远大于它的文学意义，它对中国文化史的巨大影响，主要在"经"而不在"诗"。如果我们简单地仅仅以"文学"来对待，它的文化意义必然要受到巨大损伤。因而现在我们需要面对历史与现实，对它做出客观的分析、认识和重估。

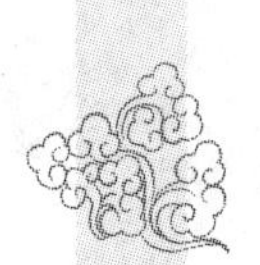

"他山之石，可以为错。"他山之石喻别国的贤人。"错"字在此假"错"以为"厝"，指琢磨玉器的砺石。程俊英教授阐释说："错，厝的假借字。《说文》及《淮南子》引诗均作厝。刻玉的硬质石。《毛传》：'错，石也，可以琢玉。'《说文》段注：'玉至坚，厝石如今之金刚钻之类，非砺石也。'以上二句比喻别国的在野贤人，也可以琢磨国事，搞好时政"(《注析》)。

这里说，他山之石也可以用来作琢玉的砺石，暗喻他国的贤才，也可以招纳而来，辅助国君。或谓别处的贤才，也可以招纳而来，辅助自己完成大业。反映出对人才的十分尊重。

末章换头："鹤鸣于九皋，声闻于天。鱼在于渚，或潜在渊。乐彼之园，爰有树檀，其下维谷。他山之石，可以攻玉"。榖者，木名也，即楮(音楚)，又一类材质低下的树木。《集传》："榖，一名楮，恶木也。"陆玑曰："幽州人谓之榖桑，荆扬人谓之榖，中州人谓之楮。"《案》曰："先儒谓种有雌雄，雄者皮斑，可为冠，华成长穗，如柳可食不结实；雌者皮白，结实如杨梅。"陈启源《草木疏》解释说："谓榖皮可为布为纸，叶又可茹，其益于人多矣。《传》以为'恶'木殆，因上章之萚，而连及之与要之诗人取兴偶，因一时寄托，物之美恶，原无定也。"

攻者，错也，即磨砺。《集传》云："攻，错也。"又云："程子曰：'玉之温润，天下之至美也。石之粗厉，天下之至恶也；然两玉相磨，不可以成器；以石磨之，然后玉之为器，得以成焉，犹君子之与小人处也。横逆侵加，然后修省畏避，动心忍性，增益预防，而义理生焉，道德成焉，吾闻诸邵子云。'”朱熹以为此诗通篇皆用比，陈奂却有异议，他在《传疏》中说：“诗全篇皆兴也，鹤、鱼、檀、石，皆以喻贤人。”然探求诗旨，以朱熹之说最宜。

紧承上章写景，转入末章抒情。“小园位于湖山胜处，园外邻湖，鹤鸣鱼跃，园中檀树成林，落叶满地。其旁有山，山有坚石可以攻错美玉。”（陈子展《直解》）这一幅有声有色的图画，不只是眼前实景的客观描绘，其中显然寄托了诗人的深刻寓意。但陈先生只重视从文学角度评诗之法，却轻视了从经学角度解诗之效。朱公迁曰：“近则闻于野，远则闻于天，泛言之则可以为错，亲切言之则可以攻玉，教诲之意以渐而深。”其说甚有道理。

研读此诗，或如聆听庄子和惠子在濠梁之上的对话，能悟到其中哲理：“盖‘鹤鸣于九皋’，而‘声闻于野’，言诚之不可揜（掩）也；‘鱼潜在渊’，而‘或在于渚’，言理之无定在也；‘园有树檀’，而‘其下维萚’，言爱当知其恶也；‘他山之石’，而‘可以为错’，言憎当知其善也。由是四者引而伸之，触类而长之，天下之理，其庶几乎？”（朱熹《集传》）他将诗中四个比喻，概括为四种思想：即诚、理、爱、憎。并认为从这四者引申出去，可以作为“天下之理”——即普遍真理。他的说法看起来很辨证，都是用发展的变化的观点分析问题，而且兼顾一个问题的两个方面。然而，他从程朱理学和经学角度来说诗，这一点从他对末章的解释中看得更清楚。难怪余冠英教授说：“这是一首说理诗，诗人以鹤鸣、鱼潜、园生檀树、石可攻玉等为喻，说明招纳贤才为国所用的道理。”而方玉润却批驳朱说：“盖以理语解诗，以觉腐气难堪；而又分疏而实按之，则尤滞而不灵。”（《诗经原始》）方氏虽有异议，但毫无见地。

末章结尾两句：“他山之石，可以攻玉。”诗人从园内写到园外，写乐园附近的山，就字面而言，就是另一座山上的石头，可以用来磨砺玉器。阐明他山之石，也可以用来作琢玉的砺石；暗喻取他国的贤才，也可以招纳而来辅助国君。或谓别处的贤才，也可以招纳而来辅助自己完成大业。为何不可以招贤纳士、延聘天下的人才呢？这条历代人民惯用的成语，启发人们重用贤才，虚心学习和借鉴别人、外地、外国的长处，为国所用。朱熹释第二章结句引程子曰：“玉之温润，天下之至美也。石之粗厉，天下之至恶也。然两玉相磨，不可以成器；以石磨之，然后玉之为器，得以成焉。犹君子之与小人处也，横逆侵加，然后修省畏避，动心忍

性，增益预防，而义理生焉，道德成焉，吾闻诸邵子云。”程子解诗与朱子说诗，如出一辙，皆为引申之辞。

《案》阐释说：“陈氏启源申《毛》《郑》之说曰：‘贤者身隐而名著，与鹤鸣之远闻无异也，可不求而列诸朝乎，但贤人不贪名利，进退自如，犹如鱼然；有时在渊，而或出于渚；有时在渚，而或入于渊，故求之甚难也。孔氏以鱼之出没，喻贤者之进退。诚置之高位，而不使小人并处其间，如彼园之上檀，而下萚下榖则人皆乐观于其朝矣。然贤人不檡地而产其生长他邦，沈滞未举者，皆有治国之才。犹有之可以为错，可以攻玉，俱当招致之，为我用也。求贤之道，不忽于隐微，不闲于遐远，山无遗贤矣。余是书凡《朱传》于理无害者，皆不轻改易恐惊俗耳。此篇……主求贤说，其义甚明，学者不可不知。’”陈氏评说，阐明了诗旨。

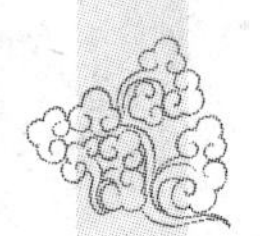

其实从文学角度出发，就诗论诗，“《鹤鸣》，似是一篇《小园赋》，为后世田园山水一派诗之滥觞。”（陈子展《直解》）在广袤而回环曲折的沼泽中，诗人忽闻鹤唳之声，震动郊野，高入云霄，闻之四方，听之八里；然后看到一条大河，河水滚滚，波涛汹涌，而又凸显出一座浅水沙洲；仔细观赏，游鱼嬉戏，时而潜藏深渊，时而游荡沙洲，尽情游乐。遥望前方，只见一座幽深园林，内有郁郁葱葱而高大珍贵的檀树；檀树之下，堆着厚厚的落叶，还生长着矮小的萚树和榖树。园林近旁，又有一座耸立挺拔的山峰，山有怪石嶙峋，坚韧磨砺。诗人触景生情，联想到它山之石，可以取作磨砺玉器的砺石。

诗人仿佛飞在高空的摄影大师，镜头拍摄而下，必然出现绝妙的山水画面。幽深乐园围绕他转，一个个特写镜头，被他有择而拍，然后用蒙太奇的手法，以林园为中心，按照由外到内，再由内到外的顺序，把这些镜头组合起来，组成一幅幽深乐园鸟瞰图，凸显在人们面前。

此诗两章，重章叠句；结构相同，内容相似。如一、二句只把“野”字易为“天”字；三、四句只颠倒句序，一字未动；五、六、七句只把“萚”字换位“榖”字；最后两句换位一个句子，但句意基本相同。句句比兴，每物寄托；虽有改动，但诗旨不变。

大雅

文 王

文王在上,于昭于天。
周虽旧邦,其命维新。
有周不显,帝命不时。
文王陟降,在帝左右。

亹亹文王,令闻不已。
陈锡哉周,侯文王孙子。
文王孙子,本支百世。
凡周之士,不显亦世。

世之不显,厥犹翼翼。
思皇多士,生此王国。
王国克生,维周之桢。
济济多士,文王以宁。

穆穆文王,于缉熙敬止。
假哉天命,有商孙子。
商之孙子,其丽不亿。
上帝既命,侯于周服。

侯服于周,天命靡常。

殷士肤敏，祼将于京。
厥作祼将，常服黼冔。
王之荩臣，无念尔祖。

无念尔祖，聿脩厥德。
永言配命，自求多福。
殷之未丧师，克配上帝。
宜鉴于殷，骏命不易。

命之不易，无遏尔躬。
宣昭义问，有虞殷自天。
上天之载，无声无臭。
仪刑文王，万邦作孚。

【概要】

周公追述文王德，明周受命而代商。
骏命不易鉴殷亡，皆由此深戒成王：

【译文】

周邦一代伟业江，立国而成于文王。
王不幸驾崩而往，其神赫然临在上。
于哉其昭明于天！周邦虽后稷始封。
千有余年云古邦，受天命则今始强。
文王在上昭于天，赫赫然则其德显。
天之眷命周家邦，文王天命更新旺。
斯时有周岂不显？丕时帝命岂不时？
迄今王灵爽陟降，常在上帝左右旁。
有以默相后人祥，王盍仰体敬念之。

子孙承蒙其福泽，君有天下国盛业。

夫天之眷顾文王，显赫美德众不忘。
亹亹乎勤用明德，其令德著闻于世。
故今既没德不已，是以天鉴其功德。
是以天敷赐于周。惟文王子子孙孙，
能承此方新之命，非他人所能与得。
夫圣德而宜百世，祀宗百世为天子。
支庶百世为诸侯，臣子使凡周之士。
其德继世福泽民，食天禄与周匹休。

文王之大夫众臣，其传世皆有显德。
则当日王业兴隆，可知得贤人之盛。
谋事稳妥又尽忠，皆翼翼勤勉敬慎。
美哉众多之贤臣，乃生于文王之国。
文王之国事业胜，而能生此多士臣。
足以为周之桢干，夫墙恃干而伫立。
国恃贤人而安平，信乎济济多士臣。
文王固赖之以宁，盖文王得人之盛。
宜其传世之显明，捍卫文王保泰平。

文王得多士之助，宜可端拱而少佚。
我观文王之圣明，但觉穆穆然深远。
继续本明德不已，心地光明敬如此。
天眷其德世传承，是以大命集我周。
今有殷商贤子孙，观之则可见其盛。
占有商之孙子臣，其数不可以亿计。
然而以上帝之命，今皆惟周是服臣。

殷商孙子服于周，则知国之废兴旺。

善则就之恶去之，天意佑助善者行。
惟天所命本无常，但见殷士呈瑞祥。
皆疾行而来助祭，从殷商孙子重臣。
助行此祼将之礼，殷之士助祭周京。
故王行此祼将礼，殷士咸在助周祭。
惟服殷商之礼裳，殷商礼冠戴头上。
知殷商之所以废，则知周之所以兴。
敢告周王之荩臣，得无念尔祖之德？
殷士喟然而叹曰：大哉天命在德政！
善不可不传后嗣，是以富贵而无常，
盖伤微子之事周，痛殷之亡而悲伤。

欲念尔祖功德隆，在于自修其德盛。
故又常常自省察，使其所行合天理。
盛大之福自我致，有不外求而得获。
由是天降多福泽，多福之来皆自求。
天何容心于其间？殷未丧失众之日。
其德既能配上帝；惟其骏人失明德，
所以灭己又亡国；周王宜以此为鉴，
知天命得之不易，江山守之亦不易。
殷未失天下之时，其德足以配上帝。
今其子孙乃如此，宜以为鉴而自省。
深知天下之难保，众得国失众失国。

盖天命既不易保，无若纣之自绝天，
使天命及尔身止；当宣布昭明其善，
有德著闻于天下。度殷之盛衰兴亡，
揆度之以依于天，事事以天为准绳。
故皆对天之如何？则知天命得不易。

夫上天所行之事，不闻其声音远扬，
不达其臭味远闻。则欲获天心之佑，
惟取法文王而已。盖法文王所行事，
则万邦之民虽众，皆起其敬服之心。
人所归即天所与，则万邦作而信顺。

观诗感想

开国功德文王史诗，故观此诗而感叹曰：
维天之命于穆不已，盖曰天之所以为天。
于乎不显文王德纯，盖曰文王所以为文。
文王之德纯亦不已，夫知天之所以为天。
又知文王所以为文，则夫与天同德同心。
可得天下万民而归，是诗首言文王在上。
于昭于天文王陟降，在帝左右终之以此。
其旨深远而永铭记，国泰民安造福桑梓。

【注释】

*文王：周文王，姬姓，名昌，殷纣为西伯，周王朝的奠基人，建国岐山之下，执政长达50年之久。曾被殷纣囚于羑里。古书称他“益行仁政，诸侯多归之”“三分天下有其二。以服事殷。”文王死后，其子武王发继位，率领诸侯征伐暴虐的殷纣，战于牧野，殷纣兵败自焚，武王取得政权。 在上：指文王的神灵赫然临之在上，指其死后神灵居于天上。《毛传》以为“在民上”，即居于统治人民之地位。 于：通“呜”，叹辞。《孔疏》引《书大传》：“于者，叹也。”作为叹词，于音乌(wū)。 昭：明。显耀。

*旧邦：旧国。周自后稷开国，历夏、商两朝，故称旧邦。 命：天命。此命运虽上承天命而来，但不尽同于天命。 维新：上帝初命文王建帝王之业，所以说其命“维新”。维，乃、是。一说语助词。

*有周不显：即言有周前景光明。有，语助词，名词词头。一字不成词，故加有字以配之，常置于周代之前，“有周”即其例。不，岂不。或通“丕”，大。《郑笺》释为

否定词,非是。显,光耀、光明。 帝命:上帝之命,即天命。帝,上帝。 不时:岂不时。何楷云:“时者,方应其期之谓,天运肇启,时气大来,所谓丕时也。”又云:“以新之机言也。”一说时:是。

*陟降:上下,为复合词,偏指方向不固定。按朱广祁《论稿》说,单音词组合在一起,意义有偏指,偏指方向是固定的,或不固定的。“陟降”认为偏指“陟”(升)义。 陟,升。降,下。 在:读如字。上二句申言其命维新之意;此二句申言文王在上之意。

*亹亹(wéi):勤勉貌。 令闻:善声誉。《孔疏》:“有善声誉著闻于人,日见称歌,不复已止。”令,善。 已:止。

*陈锡:重赐。锡读如赐。言赐之多。一再地布施恩德。陈,犹敷也。《集传》:“上帝敷锡于周。” 哉:朱熹《集传》训“哉”为“语词”。一说创始。三家《诗》均作载。一说通栽,培植(见戴震《毛郑诗考正》)。 侯:维。“维”通“唯”。语助词。孙子:谓孙又生子,言其甚远。指文王的子子孙孙受其福泽。

*本支:本者,树木之本,根也;本以喻宗法制度之家族内部嫡长子与其他诸子之别。此泛言指周人的本宗。支者,树木之枝,干也。此指周人的支系。 百世:百代。《孔疏》:“适譬本干,庶譬其支。”

*士:指周王朝的贵族百官群臣。 不:语助词。 显:显赫。 亦:语助词。世:世世代代。

*世之不显:犹不显之世。世世代代的显贵。句式虽变,意义重复。不显,显。承上“不显亦世”句。 厥:其。 犹:通“猷”,谋略,指为周代王朝谋事。 翼翼:勉敬。《集传》:“犹,谋;翼翼,勉敬也。”一说勤勉谨慎貌。

*思:语词。 皇:伟大,美好。 多士:诸士,谓群臣贵族。 王国(古音役):指文王之国。

*王国克生:犹生此王国,言生于此文王之国。克,能。 维:是。 桢(zhēn):干。桢之本义为硬木,干乃树身之称,坚韧木材。后指筑墙之工具,引申为国家栋梁之材。《案》:“干者,筑墙所立两木也,所以常墙两边障土者。”

*济济:众多而威严貌。《集传》:“济济,多貌。”一说威仪光辉貌。庄严恭敬貌。 以:因,所以。 宁:安宁。

*穆穆:深远之意。一说睦睦的假借,庄严和善貌。一说庄严谨慎貌。 于:美

叹声。《郑笺》以为介词。 缉:续。 熙:光明,亦不已之意。形容文王德美传承不已。 敬:谨慎。 止:语词,无义。《孔疏》:“《大学》引此诗《注》云:‘敬其所以自处止’,《缁衣》亦引此《注》云:‘敬其容止者,彼各有所当’,故与此不同也。”

*假:伟大。王先谦《诗三家义集疏》:“《汉书·刘向传》引孔子读此诗而释之曰:‘大哉天命’。则假宜从《尔雅》训大。”马瑞辰《通释》:“假、嘏古同声通用。”嘏,大。 有:臣有,占有。指有殷商的子孙为臣子。此谓统治之意。

*商之孙子:殷商王朝的子孙。 丽:数目。《郑笺》:“商之孙子,其数不徒亿,多言之也。” 不:语助词。 亿:万曰亿。周制十万为亿。马瑞辰《通释》:“不亿即亿,犹云子孙千亿耳。”

*侯:维。侯于周服犹言维服于周。 服:臣服。协韵而服周倒文。

*靡常:无常。指天命是严峻的,完全按照人的道德表现而变更态度。《郑笺》:“无常者,善则就之,恶则去之。”指天意佑助善者。靡,无。常,常规。

*殷士:殷商王朝的诸侯重臣。《毛传》训“殷侯”。《郑笺》认为“殷之臣”。《集传》:“诸侯之大夫,入天子之国曰某士,则殷士者,商孙子之臣属也。” 肤:美。 敏:疾。《郑笺》:“敏来助祭”。《说文》:“敏,疾。”一说即胪敏。速传。按肤为胪的籀文。胪,传。《广雅·释诂》:“肤,传也。”王念孙《疏证》:“《晋语》:‘风听胪言于市。’韦昭注:‘胪,传也。’故传宣亦谓之胪。” 祼(guàn灌):灌祭。以郁鬯之酒(以玉制勺舀郁金草酿黑黍而成的酒献尸祭神)灌地降神的祭祀仪式。将:行,指举行。祼将,即将祼的倒文。《孔疏》:“以祼是祭礼当须行之,故言行也。”又云:“周人尚臭,举祼将以表祭事,见殷士助祭耳,不必专助行灌也。”于:往。 京:周之京师。

*厥:其。 作:行。 常:通“尚”,仍然。 服:穿戴。 黼(fǔ):黼裳,殷商的礼服。 冔(xǔ):殷商的礼冠。《集传》:“殷冠也。盖先代之后统承先王,脩其礼物,作宾于王家时,王不敢变焉,而亦所以为戒也。”

*王之荩臣:即言王所进用诸臣。王,指周成王。荩臣,进用之臣,指周王所进用的殷商贵族旧臣。《郑笺》:“今王之进用臣,当念汝祖为之法。”《集传》:“言其忠爱之笃;进进无已。”荩字当读如“进”(jìn)。荩,进用。“荩臣”即言“进臣”。《尔雅·释诂》:“荩,进也。”本为帝王所进用之臣,后引申而指忠贞之臣。 无念:犹言岂得无念也。《毛传》:“无念,念也。” 尔祖:汝祖,指文王。《集传》:“盖以戒王

而不敢斥言，犹曰：敢告仆夫云尔。”

*聿：语助词。《集传》：“聿，发语词。”《毛传》训“聿”为“述。”《毛诗音》“聿”作“述”。《传疏》：“《诗》中聿字皆语词，无实义。唯此聿为述，述当读如述所职之述。”“聿脩厥德”，即应记述遵行尔祖之德政，亦通。 修：修养。

*永：长。《郑笺》：“犹常也。” 言：语中助词。《毛传》以为“我也”，《郑笺》认为言说之“言”。 配命：配合天命。配，合。命，天理。 自求：谓脩德所致。于省吾《新证》：“‘自求多福’的自字，系承‘无念尔祖’言之。”自，自己。

*丧师：失去人心。《集传》：“师，众也。”丧，失去。师，众，指人民。 克：能。 上帝：天之主宰也。

*鉴：镜子，引申为借鉴。 骏命：大命，即天命。《尔雅·释诂》：“骏，大也。” 不易：不容易，言其甚难。

*命之不易：犹上章骏命不易。 无：勿。 遏：终止，自绝。《毛传》：“遏，止也。”《集传》：“遏，绝。” 尔躬：指后王自身。

*宣昭：宣布昭明，或即远扬昭著。宣，布。昭，明。 义问：即令闻，美名。义，善。《毛传》：“义，善。”问，通“闻”。 有：通“又”。《郑笺》释“有”为“又”。 虞：度，审察。《毛诗音》：“义问，音闻。”宣布昭明天下皆闻，有口皆碑。 殷：依靠。于新吾《新证》：“殷者，依之借字。……《皇矣》的‘依其在京’，王引之谓‘依之言殷也。’”程俊英、蒋见元《注析》：“依的假借，依从。于新吾《新证》：“‘有虞殷自天’，应读作‘又虞依自天’。这是说，应宣昭义问，而揆度之以依于天，言事事以天为准。”

*载：事。《毛传》：“载，事也。”《孔疏》：“上天所为之事。”当谓载乃“事”(shì)之假借字。马瑞辰《通释》：“载，事古音近通用。《尧典》‘有能奋庸熙帝之载’，《史记·五帝本纪》载作事。”唐莫尧认为“生长万物。”郑玄《注》：“载读曰裁，谓生物也。”陈奂《传疏》：“毛训载为事实，包括生物之义。” 声：臭与声字对文，此“声”为“馨”之假借。《广雅·释诂》：“馨，香也。”即香之远闻。 臭：气息，气味。《孔疏》：“其事冥冥，欲效无山。”

*仪：象。仪训文王者，效法文王之敬德以合天心也。一说宜。应当。《毛传》：“仪，宜也。”《烝民》：“我仪图之。” 刑：取法，效法。 作：起。 孚(古音浮)：信。《说文》：“一曰信也。”王先谦《诗三家义集疏》：“《汉书·刑法志》仍作‘万邦作孚’，乃后人顺《毛》所改，颜注云：‘则万国皆信顺也。’”

【品鉴】

《文王》的主旨是什么？从诗歌文本中基本可以确定，此诗诗旨，历来解诗者均以为周公追述文王之德，明周家所以受命而代商者，皆由于此，以戒成王，这是诗的传统基调，也是古人最经典的解释。但也要看到诗中告诫周臣及“殷士”的事实。王先谦根据今文家说，认为“文王受命”是指受天命而称王。陈奂则认为是指受天子(即殷纣王)之命而作西伯。这两种说法均欠妥。原因是《后汉书·翼奉传》解释说：“周公作诗深戒成王，以恐失天下。诗曰：‘殷之未丧失，克配上帝。宜鉴于殷，骏命不易。’”故这首诗是周公追述文王事迹以垂教成王。唐莫尧阐述说：周灭了殷，殷的旧臣与后裔并不甘心臣服，三监叛乱，对刚建立的西周王朝是很大震撼，为了巩固政权，征服殷人，控制旧臣，采取了许多措施。周公旦为此作《多士》，明以礼仪，晓以利害。本篇中告诫殷士，应看为这类历史事件的延续；也可看出殷人不甘臣服，周王朝还有“隐忧”。诗中告诫殷士，并非点缀之文，也非单纯作为借鉴。所谓“常服黼冔”，王安石说，“以德服其心”，“不以力强变其服”。(见《诗义钩沉》)不过是周代统治者的怀柔政策而已。正因这样，对于本篇中的“殷士肤敏”，《传》释为“肤，美。敏，疾。”于省吾《新证》说，“可谓极颂扬之能事”，“这样的赞美既未施之于周人，而加之于降虏的殷士，未必合”。同样，窃以为篇中“商之孙子，其丽不亿”，《通释》释“不”为助词，夸大商的子孙有“一万万”，未必合(《诗经新注》)。

然而，本诗作者究竟为谁？《毛传》与三家《诗》均未明。《吕览·古乐》篇认为周公旦作；《后汉书·翼奉传》也以为周公所作。前者说作在文王时，后者说作在成王时，“深戒成王”，“以恐失天下”。朱熹《集传》据《吕氏春秋·古乐》篇为此诗作题解说：“周公追述文王之德，明周家所以受命而代商者，皆由于此，以戒成王”。这是古人的经典解说，也指明此诗创作在西周初年，作者是周公。朱熹又解释说：“东莱吕氏曰：《吕氏春秋》引此诗，以为周公所作，味其辞意，信非周公不能作也”(《集传》)。后世解《诗》，多从此说。

然而，有经学者认为“但诗明言‘文王孙子，本支百世’，显然是去文王百世之后的诗，断非文王之子周公所为，诗可能产生在西周中期(参见刘毓庆《雅颂新考·雅颂诗的断代》)。”这种说法，不但否定周公所作之说，而且认为创作时代为“西周中期”。

程俊英先生阐释说“至于诗的作者，《吕氏春秋·古乐》篇和《后汉书·翼奉传》都认为是周公旦。从诗的口吻来看，倒是可能的。但全诗此句调畅，用韵流利，尤其是已采用了蝉连格这样较成熟的修辞手法，同西周前期朴拙简陋的诗风(如周颂《清庙》《烈文》等)迥不相类，所以很难想象是出于周公之手，恐是西周晚期的作品”(《注析》)。于新吾《新证》对于作诗时代，做了阐述。他认为“旧说多认为此诗周公所作，殊有未合。此诗此句调畅，押韵流利，在章法上前一句的末句与下一章的首句所用的‘蝉连格’，较之西周中叶常见用韵的金文，已经达到进一步的发展。此诗著作时代，不仅不是周初，也不是西周中叶，而是属于西周晚期。”上述二说，均以为此诗产生于“西周晚期”，且以为并非周公之作，但无史实佐证。

《文王》是《大雅》的首篇，叙述周王朝的开国奠基者文王的史诗。周公追述文王创业之德并告成王以史为鉴而作诗，反映了文王励精图治、艰苦创业、施行德政的开国进程，以此警戒成王应以殷商之亡为鉴，捍卫周邦，为周王朝的兴盛强大立下了不朽功勋。《文王》被列为《大雅》之始，正是对文王卓越功绩的肯定。诗中阐明了“人所归即天所与，则万邦作而信顺；深知天下之难保，得众得国失众失国”的治国理念。《毛序》解释说：“《文王》：‘文王受命作周也。’”汉郑玄又进一步阐释说“受天命而王天下，制立周邦”(《郑笺》)，因此，这篇创业史诗着重叙述了文王“受命作周”这一伟大历史创举。

文王者，周文王也，姬姓，名昌，殷纣为西伯，周王朝的奠基人，建国岐山之下，执政长达50年之久。曾被殷纣囚于羑里。当时，周邦在名义上还是殷商王朝的属国，但由于文王励精图治而势力已十分强盛，使僻处于西北的一个农业小国，逐渐发展为与殷商王朝抗衡的新兴强国，奠定了新王朝的基础。文王一面讨伐敌国，不断扩大势力，一面争取联盟被侵略被压迫的各民族，组成统一战线，逐步形成了与商朝对峙的部落中心，周、商已处于共主地位。古书称他“益行仁政，诸侯多归之”“三分天下有其二。以服事殷，”故周将取而代商已成历史必然。他组织的军事力量和政治力量，在他生前已经完成对殷王朝的三面包围，完成了灭商的决战准备，艰苦创造了伐商条件，力争完成统一大业。文王采取比较开明的政策，以代行天道、反对暴政、施行“仁德”为旗帜，适合当时各民族各阶级反对暴虐统治与奴隶要求解放的时代潮流，因而得到各族人民的拥护。文王死后，其子武王发继位，继承遗志，率领诸侯征伐暴虐的殷纣，战于牧野，殷纣兵败自焚，武王取得政权，建立了比较开明的周王朝。

文王是当之无愧的周王国国父，周人崇敬的祖先，伟大的民族英雄，周王朝的缔造者。对他的歌颂，自然成为许多诗篇的共同主题。诗篇歌颂他是天之子，具有非凡的人格和智慧，是道德的楷模，天意的化身，赐予人民光明和幸福的恩主，显然是把他神圣化、偶像化了。

《诗经》中有多篇歌颂文王的诗，而以本篇为首，因为，这首诗是西周王朝的政治代表人物。被颂扬为“圣人”的周公所作。诗的内容涉及了人类很大的政治主体，对研究西周统治集团史具有现实重要意义。除了歌颂之外，诗人还大胆提出了敬天法文王，以殷为鉴的警戒，以求得周王朝的长治永安。

诗凡七章，每章八句。全诗通篇用“赋”的手法，歌颂文王受命于天，建立周邦的卓越功绩。阐述商周兴旺隆替的深远道理，警戒和勉励周成王即后世君主，要吸取殷商亡国之训，取法文王顺应天命，施行德政。对周朝诸臣及殷商归周大臣殷士，反复叮嘱告诫，也要顺应天命，传承文王之德法，尽忠周朝，寓意十分深刻，情意非常恳切。但有学者提出对诗中的所谓“天命观”思想，应批判对待。其实诗中讲的“帝命”即天命，指的是文王有“明德”，即施行德政，故古人认为就是所谓“天命”。

一章言文王有显德，而上帝有成命，建立周王朝是天帝意旨。一章是总述，开篇见义，叙述文王恩德泽被后世。周公追述文王之德，以戒成王曰：我周一代王业，成于文王，文王不幸驾崩而往；然而，其神赫然临之在上；于哉！其昭明于天，夫周邦虽自后稷始封，千有余年亦云旧邦。而天之眷命周家，至文王而天更新之，斯时有周岂不显乎？帝命岂不时乎？迄于今，文王之灵爽陟降，常在上帝左右，有以默相我后人，王盍仰体而敬念之。

这里追述文王之德，明周家所以受命而代商者，皆由于此，以戒成王。是说文王既没，而其神在上，而昭明于天，是以周邦虽自后稷始封，千有余年，而其受天命，则自今开始。文王在上，而昭于天则其德显明。周虽旧邦而命则更新，则其谓命时。故又曰：有周岂不显乎？帝命岂不时乎？盖以文王之神在天，一升一降，无时不在上帝之左右，是以子孙蒙其福泽，而君有天下也。故《春秋传》云：天王追命诸侯之辞曰：在我先王之左右，以佐事上帝。从一章叙说文王在天之灵，可

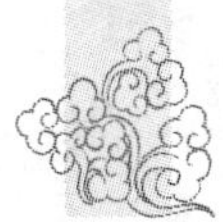

知此诗当作于文王身后。文王生前受命天帝，死后魂归天帝，俨然就是天神。好像是天神下凡，保佑周朝，一朝功成，重返天界似的。文王在周人心目中，就是一位创业之神。

二章言天命集于文王，则不唯尊荣其身，又使其子孙百世为天子诸侯。诗言：上天之特意眷顾文王，显然是以其德；文王亹亹乎勤用明德，其令德著闻于世，无有已时，固然是以天鉴其德，敷赐予周。则惟文王子子孙孙，能承此方新之天命，非他人所能与。夫圣德宜百世，祭祀其本宗百世为天子，其德继世而食天禄与周匹休乎。

这里意谓：文王非有所勉励，纯亦不已，而人见其若有所勤勉；其德传承不已，故今虽既逝，但其令闻犹存于世，而传承不已，令闻不已，是以上帝敷赐予周，维文王子孙，则使之本宗百世为天子，支庶百世为诸侯，而又及其臣子使凡周之士，亦世世修德与周匹休而已。

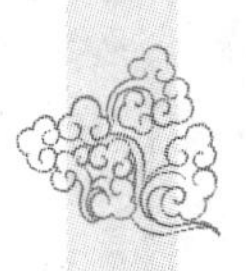

如果说第二章是叙述文王令闻传承不已，所以后人兴旺发达，那么，第三章言周之福，不唯及其子孙，而又及其群臣之后嗣。诗言：夫文王之臣，其传世皆有显德，则当日文王得人之盛，可见而知。故其谋事皆能翼翼然勤勉而敬慎，美哉！此众多之贤士，乃生于伟大的文王之国。文王之国而能生此多士，则足以为周家之桢干。夫墙恃干而立，国恃人而安，信乎！有此济济之多士，文王固赖之以安宁。

此承上章而言，其传世岂不显乎？而其谋猷皆能勉敬如此。美哉！此众多之贤士，而生于此伟大的文王之国。文王之国，能生此众多之士，则足以为国之干，而文王亦赖以为安。盖言文王得人之盛，而宜其传世之明显。

第三章的生动描写，倒没有“前人栽树，后人乘凉”的意味，而是说因文王之德，得贤之盛。

四章言天命既绝于商，则不唯诛罚其身，又使其子孙亦来臣服于周。诗言：我文王既得多士之助，宜可以端拱而少佚。然我观察文王，但觉穆穆然继续本明之德而不已，使人其敬如此。天眷其德，是以大命集于我周，以今居有殷商子孙而观之，则可见其得人之盛。商之孙子，其数不可以亿计，然以上帝之命既集，则惟于周是服。

意谓穆穆然文王之德传承不已，其敬如此，是以天命集于周邦，以占有殷商子孙而观之，那么，可见得人之盛，盖商之孙子，其数不止于亿，然以上帝之命集于文王，而今皆维臣服于周。《诗义折中》阐释说："文王周公戒成王也，天人感应之机，王业兴废之由，反覆申明而其尤切要者，则在'缉熙敬止'一语。《文王》一篇言天者四言命者，八诚以天命无常，配天命惟在于脩德也。周公戒成王，以聿脩厥德，岂有他哉？亦法文王之敬而已矣。"此说颇有道理。

五章言绝商之祸，不唯及其子孙，又及其群臣之后嗣。诗言：夫以商孙子而服于周，则知国之废兴，惟天所命而本无常。但见殷士之有美德者，皆疾行而来，从商孙子，助行此祼将之礼于周京，故王行此祼将之礼，殷士咸在，惟服其常时黼冔之服，知殷之所以废，则知周之所以兴盛。敢告王之荩臣，得无念尔祖文王之德乎？

意谓商之孙子，而侯服于周，以天命之不可常。故殷之士，助祭祀于周京，而服商之服。于是乎王之荩臣而告之曰：得无念尔祖文王之德乎？盖以戒王而不敢斥言，犹所谓敢告仆夫云尔，刘向曰：孔子论诗，至于殷士肤敏祼将于京，喟然叹曰：大哉天命，善不可不传于后嗣，是以富贵无常，盖伤微子之事周，而痛殷之亡也。"

六章言周之子孙臣庶，当以文王为法，而以商为鉴。诗言：念尔祖文王唯在脩德而已，其德常合天理而行，由是天降多福，多福之来皆自己求之，天何容心于其间乎？方殷商未丧失众之日，其德亦既能配上帝。唯其骏人失德，所以灭己，王宜以此为鉴而知天命得之不易，守之亦不易。

这里说，欲念尔祖文王，在于自修其德，而又常自省察，使其所行无不合于天理，则盛大之福自我致之，有不外求而得。又言殷商未失天下之时，其德足以配乎上帝。今其子孙乃如此，宜以为鉴而自省，则知天下之难保。故《大学传》曰："得众则得国，失众则失国，此之谓也"。武王灭商后，在位七年去世，由太子诵即位，就是诗中指的成王。当时成王还年幼，才十三岁，所以，就有他的叔父周公旦代理政权。周公就追述文王之德，以警戒成王及后世子孙，阐明先祖艰苦创业的艰难，要他谨慎坚守先祖得来不易的事业。

七章又言当以商为监，而以文王为法。其于天人之际，兴亡之理，叮咛反复，至深情肯切。诗言：帝命既不易，无若纣之自绝于天，使天命及尔身而终止。当布明其善，以有闻于天下，又度殷之兴亡，所以，皆对于天者如何？则知天命。夫上天所行之事，不闻其声音，而不达其臭味，则欲当天心，唯有法文王而已。盖法文王所行，则万邦之民虽众，皆有以起其敬服之心，人所归即天所与。

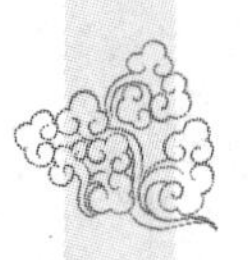

诗人提出天命之不易而难保，故告之使无若纣之自绝于天，而布明其善誉于天下，又度殷之所以废兴者，而夭折之于天。然上天之事，"无声无臭"，不可得而审度。惟取法于文王，那么，万邦作而信任之。

故将此诗立之乐官，而因以为天子诸侯朝会之乐，盖将以戒后世君王。后世之君臣，而又以昭明先王之德于天下。《国语》以为两君相见之乐，皆举其一端而言。然此诗之首章，言文王之昭明于天，而不言其所以昭；次章言其令闻不已，而不言其所以闻；至于四章然后所以昭明而不已者，乃可得而见。然亦多咏叹之言，而语其所以为德之实，则不越乎敬之一字而已。然则后章所谓脩厥德而仪刑之者，岂可以他求哉？亦勉励于此而已。

刘瑾阐发说："敬者千古传心之法，即所谓钦也，虞书五篇言钦者十有三，言敬者七唐虞君臣相传相戒，惟在于此，故仲虺告汤亦曰：钦崇天道尚父；告武王亦曰：敬胜怠者吉则创业垂统者固在于此，敬而持盈守成者尤在于此敬也。厥后召公告王亦曰：曷其奈何弗敬？又曰：王敬作所；又曰：王其疾敬德，又两曰：惟不敬厥德，乃早坠厥命，其语意尤为谆复恺切也，成王之为令主也宜哉。"刘氏之说，甚有启迪。

大　明

明明在下，赫赫在上。
天难忱斯，不易维王。
天位殷适。使不夹四方。

挚仲氏任，自彼殷商，
来嫁于周，曰嫔于京。
乃及王季，维德之行。
大任有身，生此文王。

维此文王，小心翼翼。
昭事上帝，聿怀多福。
厥德不回，以受方国。

天监在下，有命既集。
文王初载，天作之合，
在洽之阳，在渭之涘。
文王嘉止，大邦有子。

大邦有子，伣天之妹。
文定厥祥，亲迎于渭。
造舟为梁，不显其光。

有命自天，命此文王，
于周于京。缵女维莘，
长子维行，笃生武王。
保右命尔，燮伐大商。

殷商之旅，其会如林。
矢于牧野，维予侯兴，
上帝临女，无贰尔心！

牧野洋洋，檀车煌煌，
驷騵彭彭。维师尚父，

时维鹰扬。凉彼武王，
肆伐大商，会朝清明。

【概要】

既在下有明明之德，则在上有赫赫之命。
见文武受命见功勋，告诫成王而周公云：

【译文】

我思下有明明之德，斯在上有赫赫之命，
其应如响人间辉煌。达于上下去就无常，
然天命靡常人难信，故此天子所以难忱，
此为君子所以不易。诚观纣王高居天位，
然而本殷商之适嗣，竟使之不能挟四方，
无拥有天下领万民，王之不易天之难谌。

殷商废则周邦兴盛，在昔挚国中女任氏，
自那殷商统辖之时，来嫁于周其配王季。
盖曰为妇于周京时，大任贤良能尽妇道，
乃与王季同其心志，同其圣德施行德政。
天眷其德使之有身，生此圣子文王之君。
追本其所从来如此，盖曰自其父母而已。

提起这位圣德文王，敬神做事谨慎周详，
小心翼翼恭敬威望，明德之馨著闻世上。
可与上帝对越光芒。招来众多之福何尝？
文王修德未尝或违，四方之国皆来归降。
文王之德受命国昌，则人所归即天所与。

将言武王伐商之事，故此又推天配其本。
文王在下之明德望，天照固然监观于上。
更有天命既集厥躬，盖文王之生有圣德。
方其幼小之年少时，天即默定其配圣妻。
为之生圣女而配王，于是洽阳渭涘之邦。
文王议婚姻之嘉礼，果得大姒于辛国时。
故大邦之有是圣女，盖曰非人之所能为。

大邦有此之圣女子，岂易于亲族中求之？
譬犹天帝之仙妹子，文王明德可配天意。
故天作之合配圣女，由是行纳币之礼文。
国泰民安定其吉祥，期而亲迎于渭水旁。
迎舟为梁以济浮桥，夫礼有以文为显贵，
造舟为梁不厌繁重，岂不显达礼之光辉？
造舟为梁文王所制，周世遂为天子之礼。

夫有命自天而来旨，命此文王于周京邑。
以天欲使之生圣子，必先使之得善匹妻。
盖克缵大任之女事，是维莘国窈窕淑女。
莘国处灵长之圣女，大姒则惟大任之德。
是行此为天所眷笃，生圣子是命为武王。
天则保安之佑助之，然申命之眷顾无已。
故能以和顺之善道，伐商之胜而有天下。

武王帅军伐纣之时，但见殷商之旅众集，
其会合则如林之盛，拒武王陈商之牧野。
唯有我周邦以侯服，兴起仁义众师之势。
然而众心犹恐武王，众寡之不敌有所疑。
盖知天命必赞其决，然武王非必有所疑。

天与人归周之人民，咸谓今之事天所命。
上帝监视汝而伐纣，必克无众寡之不敌。
设言以见众心之同，非武王之得生疑心。

武王进军至牧野上，其地洋洋广大苍茫。
但见檀车鲜明煌煌，驷騵彭彭驰盛战场。
军有太师号尚父将，智谋勇略如鹰飞扬。
身为大将佐助武王，故讨伐那败德大商。
师众之盛将帅之贤，勇猛伐纣以除秽浊。
逢甲之日天空朗晴，会战之朝天下清明。
其拨乱反正之神速，盖知其心唯清四海。
八百年之伟大基业，不待卜胜奠基已定。

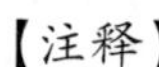

【注释】

*明明：德之明而显著。 在下：指下有王之明德。一说指上帝监察下土是很明亮的。 赫赫：命之显赫。 在上：上天有威严的天命。陈奂《传疏》："明明、赫赫皆是形容文王之德。在上与在下对文，下为天之下，则上为天矣。"《诗义钩沉》引王安石《读诗记》说："明明在下，王德之明也；赫赫在上，天命之赫也。" 天难忱斯：天命无常，难以相信。

*忱：信。《鲁》《齐》《韩》作谌，或作訦，相信。《书·咸有一德》："天难谌，命靡常。"一说犹常也。 斯：语助词。 不易：难。 维：为，是。

*天位：天子之位。位通立，立古位字。假位以为立(lì)。 殷适：殷商的嫡子，指殷王的嫡子纣。假适以为嫡或假敌。殷之适嗣。《释文》："适，音的。"适(dí)，通"嫡"。 挟：挟有，拥有。犹提挈也。 使不夹四方：使他不能再拥有四方。一说达。马瑞辰《通释》："《尔雅·释言》：'浃，澈也。'澈即达。"浃古作夹。夹，夹有，拥有。犹提挈也。

*挚：古国名，殷商的属国名，在今河南汝宁。 仲：中女。 氏任：挚国姓。仲：次子或次女。挚仲即太任，王季的妻，文王的母。因她是挚国之君的次女，所以称挚仲。氏任，犹姓任。挚国之君姓任，所以说她氏任。 殷商：商自盘庚都殷

故称殷商。殷商为商之诸侯。《案》:“王季之时,乃殷商之天下。” 何楷:“言自彼殷商者,由今日追溯昔日之辞。言当德殷商有天下之时也。”

*来嫁于周:挚国是殷商的一个诸侯,故说挚仲自商来嫁于周。 曰:发语词,无义。 嫔(音宾):妇。曰嫔于京,叠言以释上句之意,犹曰厘降二女子妫汭,嫔于虞也。按嫁与人妇亦称嫔。胡承珙《后笺》:“自母家言之为来嫁,自夫家言之为曰嫔。” 京(古音疆):周京。严粲曰:“《大雅》作于成王之时,皆用王者之礼从后称周京耳。”

*及:与。或释配。金启华《全译》引严粲说:“乃配王季。” 王季:太王之子,文王之父。 维:语助词。 行(音杭):程俊英、蒋见元《注析》:“行,行列、等列。朱彬《经传考证》:‘行,列也。维德之行,犹言德与之齐等。’这两句意为:太任的品德能与王季相配。”

*大任:挚仲氏任,即仲任。大,通“太”。 有身:怀孕。《孔疏》:“以身中复有身是也。”三家《诗》身作娠。《毛传》:“身,重也。”《郑笺》:“重,谓怀孕也。”案:“上言仲任未嫁纪实之辞,此言大任已嫁尊称之辞。”《孔疏》:“尊而称之,故谓之大姜大任大姒是也。”

*翼翼:恭敬谨慎。 范处义云:“小心,不自大也。翼翼,心之敬也。”《集传》:“小心翼翼,恭慎之貌;即前篇之所谓敬也。文王之德,于世为盛。”

*昭事:清洁侍奉神灵。昭,光明。高亨《今注》:“昭,借为劭,《说文》:‘劭,勉也。’此句言文王勤勉侍奉上帝。”一说明晓、明白。亦通。 聿:发语。 怀:来,招来。

*厥:其。 回:回读如违,即违背。范处义曰:“正则由德,邪则违德,违邪一也。”《左传》:“晏子曰:君无违德方国将至,此国四方之国。” 以:而。 受:领受。 方国:四方来附之国。一说大国。《广雅·释诂》:“方,大也。”

*天监:天之监照,即监视,监察。《集传》:“监,视。” 在下:指在天下面的人间。 有命既集:即言大命有成,亦集其一身。或释“集”为“降临”,其(天)命旨已降临于周。有,词头。命,天命。集,就,附着。指天命已集于周。

*载:年。初载指文王即位之初年。《孔疏》:“文王初载,谓其幼小。”金启华《全译》引戴震说:“盖古字栽、载,为丰殖为树立之义。初载,谓处免于怀抱,能自立之时,大姒以是时生,故曰‘文王之载,天作之合。’” 作:作成。 合:匹配。

*洽:读如郃(hé),水名,亦曰洽水,源出陕西省合阳县北,东南流入河。“本在今同州郃阳夏阳县,今流已绝。故去水而加邑,渭水亦径此入河也”(《集传》)。阳:合流的北岸。洽阳即古辛国所在地。段玉裁《注》:“《释诂》曰:‘郃,合也。’郃即洽。《毛诗》:‘在洽之阳。’称引者多作‘在郃之阳’是也。”高亨《今注》:“洽,古水名,现称金水河,源出陕西合阳县北,东南流入黄河。阳,水的北面。” 渭:渭水,为黄河最大支流。 涘(sì):水涯。水北以水涯曰涘。

*嘉止:周礼大宗伯以嘉礼亲万民,婚礼其一也。嘉,婚礼。程俊英、蒋见元《注析》:“止,礼。《相鼠》《毛传》:‘止,礼也,’嘉止,嘉礼,即婚礼。”嘉止即嘉礼(马瑞辰《通释》)。一说嘉犹喜也。止,语气词。一说指配偶。陈奂《传疏》:“‘嘉,美也。’《尔雅·释诂》文。嘉读如嘉偶曰妃之嘉。……言额昂王择此美。” 大邦:大国,指辛国。 子:女儿,指辛国君王的女儿,即太姒。

*伣(qiàn):磬的假借字,譬如。《孔疏》:“天者无形之物,非如人有亲族,言天妹者乐之于天,见尊之耳。妹即女弟初嫁必幼,故以妹言之,易有归妹之卦亦此意也。”《说文》:“伣,譬也。”《集传》:“伣,磬也。《韩诗》作磬。《说文》云:‘伣,譬也。’孔氏曰:‘如今俗语譬喻物曰磬作然也。’” 妹:初嫁必年幼,即少女。金启华《全译》引俞樾说:“《周易·归妹》王注曰:‘妹者,少女之称。’”

*文:礼,指“纳币”之礼。 定厥祥:占卜定吉祥日,举纳币之礼。厥,其。《郑笺》:“以礼定其吉祥谓纳币之也。”《集传》:“文,礼;祥,吉也。言卜得吉,而以纳币之礼定其祥也。”《毛传》以为“文”是太姒之文德,《郑笺》认为“文”是文王之简称,《集传》认为“文”是卜筮之文辞。鉴于诸说不一,此从《集传》说。《案》:“昏礼纳采、纳吉、纳征、问名,请期、亲迎。此诗略举之。《孔疏》:‘诗人之作举其大纲是也。’” 亲迎:古代婚礼其中之一。古婚礼有六:纳采、纳吉、问名、纳征、请期、亲迎。《毛传》:“言贤圣之配也。”《孔疏》:“以贤圣宜相配,故备礼而亲迎之。”陈奂《传疏》:“亲迎者,重昏(婚礼)也。” 于渭:渭水之滨,言至于渭水之滨亲迎而娶太姒。《案》:“祥与下阳光协,渭与上于妹协。”

*造:作。 梁:桥。造舟比舟为梁也。《孔疏》:“比船于水,加版于上,即今之浮桥。”《说文》:“梁,水桥也。” 不显:显也。不,发语词。一说不通“丕”,大也。光:光辉,指显耀婚礼之盛。《郑笺》:“迎大姒更为桥者,欲其昭著示后世敬昏礼也。”《孔疏》:“明礼之有光辉。”

*于周：言上天命文王为君立国于周地。　于京（古音疆）：在周邦的京都。非《白虎通·号》所谓"改号为周，易邑为京。"文王时，周尚臣属于殷。　缵（zuǎn）：继。郑玄认为"使继大任之女事"。《毛传》："缵，继也。"陈启源云："大任之配王季维德之行，大姒之配文王亦维德之行，故曰缵也。"　莘（shēn）：古国名，太姒之国。

*长子：长女，此谓莘国君之长女太姒。　维行：通上章"维德之行"之"行"字。《毛传》："惟行大任之德。"《集传》："行，嫁。"马瑞辰《通释》："上言维德之行者，言太任德配王季。此言长子维行，言太姒德等文王也。"高亨《今注》："行，嫁也。古语也称出嫁为行。此句指莘国之君的长女出嫁文王。"一说列、齐等。行，出嫁。　笃：厚，如因材而笃之笃。《毛传》："笃，厚也。"《集传》："笃，厚也。言既生文王，而又生武王也。"马瑞辰《通释》："《尚书》凡言大者皆语辞，丕、诞、洪、宏皆大也，亦皆语词。诗《生民》'诞尔厥月'，诞字八见，皆词也。按《墨子经篇》：'厚有所大也。'是厚与大同义，故笃训厚，亦为语词。"

*保右：即保佑，扶助。《孔疏》："安保而右助。《说文》："右，助也。"　命：命令。　尔：指武王。　燮（xiè）：和。应天顺人所谓和也。《毛传》："燮，和也。"一说袭伐。燮为袭的假借字。马瑞辰《通释》云："燮读为袭，袭亦伐也。"程俊英、蒋见元《注析》："《左传》：'有钟鼓曰伐，无曰袭。'这里袭伐连用，是通称进攻。"　大商：大国殷商。

*旅：众。军队。　会：或以为旌旗。《齐诗》《韩诗》"会"作"旝"。《后汉书·马融传》注："旝亦旃也。"旝为旌旗之属。《说文》："旝，旌旗也。……《诗》曰：'其旝如林。'"或以为发石之战车武器。《毛传》云："旅，众也。如林，言众而不为用也。"其义则非谓旌旗，而是《说文》旝之另一义，曰："建大木置石其上，发以机以槌敌。"此旝字当系古代之发石车，因众人叛离，故不为用。　如林：密集众多。《书》曰："受率其旅若林。"

*矢于牧野：即列阵牧野。或曰矢即誓之假，即周王誓师于牧野。矢，陈。《郑笺》："合其兵众，陈于商郊之牧野，而天乃予诸侯有德者当起为天子。"矢，起誓，誓师。《尔雅·释言》："矢，誓也。"古代在作战前，主帅对军队训话时，说些告诫勉励的话叫作誓。牧野（古音暑），殷商国都朝歌郊外的地名，在今河南省淇县西南。《集传》："牧野，在朝歌南七十里。"《书·牧誓》："武王戎车三百两，虎贲三百

两，与受战于牧野。” 维：发语词。 予：我，周武王自称。 侯：维，是。 兴：兴起。“兴”字可读如“廞”(xīn)，与林、心二字为前后隔句韵，其义为兴起。《尔雅·释诂》：“廞，兴也。”

*临：监视。 女：通“汝”，指周武王率领的战士。马瑞辰《通释》：“‘女’指所誓之众，非指武王也。此诗‘女’对上‘维予侯兴’言。予，乃武王自指。” 无：毋。 贰：疑。或说有二心，即疑心。《毛传》：“贰，疑也。”此贰字或系忒(tè)之讹。《释文》：“不贰，则无疑惑也。”忒作贰，盖贰，贰心亦有变之意。马瑞辰云：“贰者，貣之讹；貣者，忒之借。” 尔：您，指武王。这句说：你不要有二心。马瑞辰《通释》：“如有二心，则必为神明所察，故以上帝临女惧戒之。”

*洋洋：广阔。 檀车：檀木之车。 煌煌：辉煌。《集传》：“洋洋，广大之貌。檀，坚木，宜为车车者也。煌煌，鲜明貌。”

*驷：《齐诗》作四，即一车驾四匹马。 騵(yuán)：骝马白腹曰騵。《集传》：“骝马白腹曰騵。”言赤毛白腹之马。 彭彭：强壮有力貌。 维：发语词。 师尚父：太公望也。即吕尚，其祖先封于吕，姓姜，故后人又称姜太公，字子牙。《毛传》：“师，太师也。”《郑笺》：“尚父，尊称焉。”《孔疏》：“尚父者……身为大将，时佐彼武王，车马鲜强，将帅勇武，以此而疾往伐彼大商。”《集传》：“彭彭，强盛貌。师尚父，太公望，为大师而号尚父也。”《刘向·别录》：“师之尚之父之故曰师尚父。”《孔疏》：“尊之为作此号。”《雒师谋》云：“号曰师尚父是也。”师，官名，太师。父，读如“甫”，甫为古代男子之美称。《释文》：“父，音甫。”

*时：是。 维：语中助词。 鹰扬：形容气势勇猛，如鹰之飞，扬而将击。扬，飞举。罗愿云：“鹰好扬，隼好翔。”《毛传》：“如鹰之飞扬也。”一说扬通�府，一种猛禽(《通释》)。 凉(音亮)：辅佐。《毛传》：“凉，佐也。”《郑笺》：“佐武王者为之上将。”《集传》：“凉，《汉书》作亮，佐助也。”陈奂《传疏》：“凉读为亮，假借字也。《尔雅》云：‘亮，右也’”。右，助。《鲁诗》《韩诗》作亮。《广雅·释言》：“亮，相也。”相，辅佐。

*肆：纵兵。《郑笺》训“肆”为“故今也”。或训迅疾。肆伐与第六章“燮伐”义近。《毛传》：“肆，疾也。”《鲁诗》肆作袭。王先谦《诗三家义集疏》：“袭者，《公羊》何注以为‘轻行疾至’”。按这句前章“燮(袭)伐大商”，疑武王伐纣，采取“奇袭”的战法。 会朝：即甲子日早晨。会，《毛传》训“甲”，即不崇朝而天下清明。《郑

笺》训"合",《集传》训"会战之旦","马瑞辰《通释》:"《广雅》:'会,至也'。"牧野之战是夜战,至早晨商师败降结束。这一天以干支计,正是甲子日,多日阴雨,而胜利的早晨,天空十分清朗,诗的结尾正语义双关,是实写,也有象征意义。 清明(古音芒):除去纣之秽浊,天下便见清明。 言牧野大战,至早晨而天下平定清明。于省吾《新证》认为:"林义光《诗经通解》:'会,读如会伐平林之会。会朝清明,言适会早晨清明之时也。'……《吕氏春秋·贵因》称武王伐纣,'天雨日夜不休',……'会朝清明'犹言'会朝晴明'。《汉纪·孝成帝纪》称:'天清晏然无云',《孝武帝纪》作'天晴晏然无云'。……其言'会朝清明',谓得天时之助。"一说会:适逢,正好遇上。

【品鉴】

《集传》:"此亦周公戒成王之诗。"又云:"名义见《小旻》篇。一章言天命无常,惟德是与。二章言王季大任之德,以及文王。三章言文王之德。四章、五章、六章,言文王大姒之德,以及武王。七章言武王伐纣。八章言武王克商,以终首章之意。其章以六句八句相间,又《国语》以此及下篇,皆为两君相见之乐,说见下篇。"

鉴于《大明》的提名究竟为谁?《毛序》解释说:"《大明》:'文王有明德,故天复命武王也'"《郑笺》又进一步阐述说:"二圣相承,其明德日以广大,故曰大明。"但马瑞辰一反此说,他强调说:"《大明》盖对《小雅》有《小明》篇而言。《逸周书世俘解》:'籥人奏《武》,王入进《万》,献《明明》三终。'孔晁注:'《明明》,诗篇名。'当即此诗。是此诗又以《明明》名篇,盖即取首句为篇名耳"(马瑞辰《通释》)。据马氏考证,此篇原名《明明》,应是武王灭殷后所作之乐歌。

《大明》与《文王》均为名篇,二诗连缀,可谓是姊妹篇,皆是周民族史诗中之颂诗。当时,周王朝贵族为歌颂始祖后稷创业至立国的功德、宣扬周朝的开国史而作。它与《大雅》中的《文王》《生民》《公刘》《绵》《皇矣》诸篇联缀,俨然组成一组开国史诗。这六篇史诗,从周民族祖先后稷的诞生叙述之始,经营农业,公刘迁徙豳邑,太王(古公亶父)迁岐,王季先后攻伐西落鬼戎、燕京之戎、余无之戎,他的势力东达晋南,南及豫南,故势力增强而得到发展。而文王伐密、伐崇,中经业绩的开创与发展,直到武王克商灭纣,推翻殷商统治,建立周朝,天下清明。系

统叙述了每个重大的历史事件，全面概括地反映了自公元前21世纪至公元前11世纪周朝的社会史。所以，研究者多把它们看作是一组周国史诗。

此诗先写王季受命而配娶太任、生圣子文王，再写文王受命而配娶太姒、生圣子武王，最后叙述武王在姜太公辅佐下一举灭商的史实，是上述一组开国史诗中的有机组成部分，可谓是这组史诗中的名篇。正如清范家相《诗沈》解释说："自首章以下，接言太任太姒者，唯圣父圣母乃生圣子。有是盛德，又有是圣配，妃匹之际，生民之始。莫非天业。"把王季、文王、武王的诞生神圣化，无非是要宣扬他们是秉承天意的仁德的统治者，也就是天生的当然的统治者，并赞美武王克商而奄有天下。

诗人认为天命无常，唯德是助，天命的背离与政治的兴衰、人心的得失是一致的。因此，诗歌的最后虽是写武王的克商，但却从武王的祖父母、父母的配偶生圣子说起，阐明他们"维德之行"，终于生下了武王，受命伐纣；而殷商无德终于失天之助。他们抬出一个披着道德外衣的救世之神，从而顺应奴隶们反抗暴利压迫、争取解放的时代潮流，把广大人民聚集到反暴政的战旗之下。如此经营笔墨，一方面是宣扬周朝受命于天，一方面是为了垂戒后世子孙。而这正是作此史诗的最终目的。

第七、八章就描写了胜利的牧野之战。《史记·周奔纪》对这次会战的记述，是对这篇诗背景很好的说明：

武王率戎车三百乘，虎贲（冲锋骑兵）三千人，甲士四万五千人，以东伐纣。十一年二月戊午，师毕渡盟津。诸侯咸会。曰：孳孳无怠！武王乃作誓告于众庶。……誓已。诸侯兵会者，车四千乘，陈师牧野。帝纣闻武王来，亦发兵七十万（一说十七万）人拒武王。武王使师尚父与百夫致师（挑战）。以大卒（骑兵）驰帝纣师。纣兵虽众，皆无战之心，心欲武王亟入。纣兵皆倒兵以战，以迎武王。武王驰之，纣兵皆崩畔纣。纣走反入，登于鹿台之上，蒙衣及殊玉，自燔于火而死。

文王姬昌死后四年约公元前1066年，他的儿子武王姬发继承其父遗志伐商。《大明》这篇诗从文王圣德写起，铺叙到牧野会战灭纣之胜。《郑笺》："二圣相承，其明德日以广大，故曰大明。"圣王之有明德而生圣子、圣子亦有明德之说，固然是经学家的词语，但明确地指出此诗主旨是美颂文王、武王之功德，以告诫后世之君王。江山得之不易，以防失国。

一章言天命无常，惟德是与。诗人先从赞叹文王之伟大，明德之显赫，天命之难忱而描述，以引出殷商之命将亡，周邦之命将兴，是全诗的总纲。故周公陈述文王、武王受命之功德，以训诫成王曰："明明在下，赫赫在上"，诗意谓："我"思在下者有明明之德，斯在上者有赫赫之命，其著闻于世，人间辉煌。先说明文王虽逝，但其在下有明明然之德，在上有赫赫然之命，依然在人间光芒四射而永照，我周应继承先祖之遗志与明德。"天难忱斯，不易维王。"然天命靡常，人难自信，达于上下，而去就无常，此天子所以难忱，而为君之所以不易。后两句说："天位殷适，使不夹四方"。林义光解释谓："'殷嫡(适)，谓纣也。'《史记·殷本纪》：'帝乙长子曰微子启。启母贱，不得嗣。少子辛。辛母正后，辛为嗣。帝乙崩，子辛立，是为帝辛，天下谓之纣。'此句言上帝立纣为君"(《诗经通解》)。这二句说：诚观纣王高居天位，本殷之适(嫡)嗣，竟使之不得挟四方，而拥有天下，则王之不易而天之难谌。可想而知，诗人把一代兴亡系于天命，而天德合一，天命无常而难信，唯德是从。这是周邦统治者的天命论，阐明他们之所以能够取代殷商奴隶主，是因为他们"维德之行"而获天命。吴闿生评析说："首章先凭虚慨叹，神理至为妙远。天位二句借殷事做指点，以喝起下文，而恰与后伴收束处密合无间"(《诗义会通》)。《郑笺》阐释说："明明者，文王、武王施明德于天下，其征应照皙见于天。谓三辰效验。天之意难信矣，不可改易者天子也。今纣居天位，而又殷之正适，以其为恶，乃弃绝之，使教令不行于四方，四方共叛之。是天命无常，维德是予耳。言此者，厚美周也"。郑玄精湛之论，道破诗旨，使人读后颇有启发。

二章言王季圣德，配娶贤德之大任，施行德政，以及文王之德。开端直接歌颂王季天配圣女——太任，推行德政。首句言："挚仲氏任"，是什么意思呢？"挚"者，即古国名，殷商的属国名，在今河南汝宁。"仲"者谓仲女，指次子或次女。"氏任"为挚国姓，挚国之君姓任，所以说她"氏任"。"挚仲"即挚国太任，王季之妻，文王之母。因她是挚国之君的次女，所以称"挚仲"。而皇帝之子二十五宗，其得姓者十四人，为十二姓，"任"姓为其中之一。而古代女子姓放在排行后面，与男子先姓后名有区别。首句重在介绍太任的姓氏与出身国籍。"自彼殷商，来嫁于周，曰嫔于京。乃及王季，维德之行"。商自盘庚都殷故称"殷商"。商之诸侯国。言"自彼殷商"者，由今日追溯昔日之辞，言当德殷商有天下之时。王先谦阐释说："《路史》：'今蔡之平舆有挚亭。'按，平舆故城在今河南汝宁府城东，是挚实

殷畿内国，故云：'自彼殷商'"(《诗三家义集疏》)。挚国是殷商的一个诸侯，故说挚仲自商来嫁于周。胡承珙解释说："自母家言之为来嫁，自夫家言之为曰嫔"(《后笺》)。所谓"周京"者，严粲解释说："《大雅》作于成王之时，皆用王者之礼，从后称周京耳。"周太王自豳迁岐，其地名周，王季乃建都与周。"乃及王季，维德之行"，这两句意为：大任的品德能与王季相配。大任：《孔疏》解释说："尊而称之，故谓之大姜大任大姒是也。"这五句说：自那殷商废则周邦兴，在昔挚国中女任氏，自那殷商统辖之时，来嫁于周，其配王季，盖曰为妇于周京，大任贤良能尽妇道，乃与王季同其心志，同其圣德，唯德是行，所以天眷其德，使之有身，生此圣子文王。追本其所，从来如此，盖曰自其父母而已。诗旨重在交代圣女——大任已嫁，善尽妇道，天眷其德，故生圣子——文王，突出说明文王之降生，意味着周国的奠基。《案》云："上言仲任未嫁纪实之辞，此言大任已嫁尊称之辞。"

那么，王季究竟为何许人也？《案》云："王季之时，乃殷商之天下。"王季为太王之子，文王之父。夏传才教授阐释说：据《后汉书·西羌传》注引古本《竹书纪年》：从武乙三十五年到大丁七年，王季先后攻伐西落鬼戎、燕京之戎、余无之戎、翳徙之戎。经考证，西落鬼戎在山西省潞城县，燕京之戎、余无之戎也都在山西省南部。他的势力东达晋南，南及豫南，因为势力增强，被商王文丁任用为"牧师"，即西方葛部族的首领。因为他的扩充对殷商构成威胁，后来终于被文丁所杀。从这些史实来看，周人在西方发展强大，不是依靠王季道德的感化，而是依靠不断地征伐战争。王季的千里远征，当然很难解释为自卫。

诗的另一内容是歌颂文王姬昌。对这位被神化了的人物的歌颂，是《诗经》中"雅""颂"颂歌的基本主题。

文王是开明的政治家，在他的时代，殷商奴隶主集团已经极端腐朽，黑暗暴虐的统治激化了它与广大奴隶以及各族人民的矛盾。这时周国强盛起来，虽接受商的西伯封号，是商的劲敌。文王执政五十年，积极进行灭商准备。他长期积蓄力量，联合同盟者，一一剪除商的羽翼，向东方和东南方发展，逐渐地步步向商王进逼，造成三面包围的形势，约公元前1077年宣布独立而自称文王。这就是史传所称的"文王受命"。《史记·周本纪》记文王受命七年五伐：从自称文王算起，"明年(二年)伐犬戎，明年(三年)伐密须，明年(四年)败耆国，明年(五年)伐邗，明年(六年)发崇侯虎，而作丰邑，自岐下而徙都丰(即长安)，明年西伯崩"。

文王晚年已扩展领土和势力范围到长江、汉水汝水三个流域,取得当时天下的三分之二,奠定了灭商的基础。文王也进行政治和上层建筑的改革,制定了西周的各种典章制度。文王实际上是西周国家的缔造者,周人对他像神一样崇拜。本诗从文王因"维德之行"而上承天命,写到武王伐纣而胜。诗篇中贯穿的中心思想,是把作为观念形式的"德",歌颂文王取得胜利的根本原因。

三章言文王之德,承受天命,以受方国。"维此文王,小心翼翼"。提起这位圣德的文王,敬神做事而谨慎周详,小心翼翼然恭敬而有威望,明德之馨,著闻世上。首两句重在赞颂文王凡事恭敬,明德著闻于世。后四句曰:"昭事上帝,聿怀多福。厥德不回,以受方国"。

关于"厥德不回"的"回"字,朱熹《集传》训为"邪",那么,"邪"到底有何义?范处义作回答说:"正则由德,邪则违德,违邪一也。"受者,领受也。方国谓四方来附之国。《左传》云:"晏子曰:君无违德方国将至,此国四方之国。"

诗意谓文王德昭,光芒四射,可与上帝对越。而能招来众多之福?是因文王修德而未尝或违,故四方之国皆来归降。其明德而受命,周国之盛,已成必然。那么,人所归而即天所与。这里显示出文王因明德而受命,四方之国皆来归降。所以,诗歌紧紧围绕"天命""修德"这一思想轴心,依照周族发展强大的史实轨迹循序描述,却又不是平铺直叙,而是平略有节,重点鲜明突出。

四章述文王天作之合,得配佳偶。诗言:

天监在下,有命既集。
文王初载,天作之合,
在洽之阳,在渭之涘。
文王嘉止,大邦有子。

这里说武王伐商之事,故此又推其本。而言天之监照实在于下,其命既集于周,故于文王之初年,而默定其配——大姒,所以,洽阳渭水之旁以举亲迎之礼。当文王将婚姻之期,而大邦有子。盖曰非人之所能为。方玉润诠释说:"盖周家奕世积功累仁,人悉知之。所奇者,历代夫妇皆有盛德以相辅助,并生圣嗣,所以为异。使非'天作之合',何能圣配相承不爽若是?故诗人命意,即从此著笔,历叙其婚媾天成,有非人力所为者。"(《诗经原始》)

五章述写渭水之滨,举纳币之礼而迎娶天帝之妹。诗曰:

大邦有子，伣天之妹。

文定厥祥，亲迎于渭。

造舟为梁，不显其光。

大邦有此之圣女子，岂易于亲族中求之吗？譬犹天帝之仙妹子，而文王之明德，可配天意。故天作之合，其配圣女，由是行纳币之礼文。卜卦国泰民安，定其吉祥，期亲迎太姒于渭水之旁。而迎舟为梁，以济浮桥，夫婚礼有以文为尊贵，造舟为梁，不厌繁重，岂不显达礼之光辉？此章突出造舟为梁，为文王所制，周世遂为举行天子之礼。在周人的眼里，文王之母太任，武王之母太姒，是两位著名的圣德后妃，她们的伟大功绩就在于生育了文王、武王两代圣王："大人之行，端壹诚庄，惟德之行，及其有娠，目不视恶色，耳不听淫声，口不出敷言。文王生而明圣，太任教之，以一而识百。""太姒号曰文母。文王治外，文母治内"（刘向《列女传》）。诗人在这首歌颂民族伟人的长诗里兼颂了这两位不凡女性。介绍王季德配太任，文王德配太姒，无非表明周家奕世积功累仁，天命保佑，尚父辅佐。所以，武王才克商代殷而立天下。

六章写文王配娶圣女大姒，武王之降生。并言文王、大姒之德，以及武王。

关于"缵"(zuǎn)字究竟如何解释？古人经典解释为"继"，汉郑玄认为"使继大任之女事"。陈启源解释说："大任之配王季维德之行，大姒之配文王亦维德之行，故曰缵也。"然清马瑞辰释"缵"为"美女"，他在《通释》中阐释说："'缵女'与'长子'相对成文，缵当为(嬇)字之假借。《说文》：'(嬇)，白好也。'《尔雅·释诂》：'(嬇)，好也。'《广韵》：'(嬇)，好容貌。'女之美色为好，美德亦为好。(嬇)为好。诗言莘国有好女，倒其文则曰：'缵女维莘'，以与'长子维行'相属对。"如是，当读"缵"为"(嬇)"(zàn)。莘(shēn)者，古国名，太姒之国。马瑞辰《通释》说："(嬇)谓好女，犹言淑女、硕女、静女，皆美德之称。诗言莘国又好女，倒其文则曰缵女为莘。"

诗人认为，天既命文王于周之京，而克缵大任之女事者，维此莘国，以其长女来嫁于文王。天又笃厚之，使其生武王，保之、助之、命之，而使之顺天命，以伐殷商。武王受天命而"燮伐大商"与首章遥相呼应。盖君有明德，则天有明命；有王季、文王，则有大任大姒；有王季大任，则有文王；有文王大姒，则有武王；有武王之君，则有大公之臣。读《大明》之诗，则当知天人夫妇、父子君臣之际安危。治乱废兴、存亡之机，如影响形声之相，似皆非苟然。诗人著笔，历述婚媾，皆天作之合，圣德相配。武王伐商，当然顺应天命；中承祖德，下合四方治国。故陈栎阐发说："圣贤之生不偶然也，有配偶之贤，而后有嗣续之贤，故诗推原圣贤之生往往自其所从来，言后稷而及姜嫄，言文王而及大任，言武王而及大姒，皆是也。案《王氏通》：人之求配不幸而遇妖妒悍陋之女，则其家之败也。忽诸后夔以玄女而绝其祀，叔向以夏姬之有，而灭其族是可鉴也。诗称文王之兴，必各本其母而言有旨哉。"陈氏之言，寓意深远，使人体味诗旨豁然开朗。

盖诗咏之德夫孰备于大明乎，观其铺张世家溯流穷源粤，自王季而大任，而文王而大姒，而武王而尚父，见其夫妻之同德同心；见其父子之同德同心；见其妇姑之同德同心；见其祖孙之同德同心；见其君臣之同德同心；见其天人之同德同心；呜呼！八百年之伟大基业，不待卜而已定。因此，此诗尽管意象变幻不已，其中心诗旨却十分清楚。全诗虽然笼罩着祀神的宗教气氛和君位天命的天论色彩，其内在的历史真实性一面，固然有较大的价值意义。

七章言武王伐纣。牧野大战，凯旋而归。

诗人生动地描述，武王伐纣之时，纣众会集如林，以拒武王，而皆陈于牧野。则维"我"之师，为有兴起之势。然众心犹恐武王以众寡之不敌，而有所疑心。故勉之曰：上帝临汝，无贰尔心，盖知天命之必然，而赞其决。然武王非必有所疑，设言以见众心之同，非武王之得已。诗人对牧野之战的描绘，生动具体，有声有色，仅仅用五十六个字，大七章只用二十四个字，勾画出会战的场景。首先是"殷商之旅，其会如林"。武王帅军伐纣之时，但见殷商之旅众集，其会合则如林之盛，拒武王陈商之牧野。唯有我周邦以侯服，兴起仁义众师之势。接着写武王誓师，战前动员，随后大军勇猛进攻，战场辽阔，战车雷鸣，战马奔腾，表现出压倒敌人的气势。

八章言武王克商，在姜尚父辅佐之下一举灭殷。以终首章之意。其章以六句八句相间，又《国语》以此及下篇，皆为两君相见之乐，说见下篇。

此章旨在叙述武王师众之盛，将帅之贤，伐纣以除秽浊，不崇朝而天下清明，所以终首章之意。这里描写牧野之战："牧野洋洋，檀车煌煌，驷骠彭彭"。连用三个排比句，真可谓把战争的威严、紧迫的气势和盘托出。"维师商父，时维鹰扬，凉彼武王"。军中有太师号尚父大将，智谋勇略而如鹰飞扬。身为大将，尽力

佐助武王，故讨伐那败德大商。虽然仅仅描写了三句，仿佛使人感到尚父率领骑兵如雄鹰飞扬，冲入敌阵，英姿威武。最后以“会朝清明”首尾，写出牧野之战胜利结束，凯旋而归，一战而定天下。刘瑾诠释说：“天下本清而纣汨浊之，故伯夷大公避之。以待其清及去纣则源清而流，悉清矣。故武王秦誓以水清，四海为己任。诗人歌之亦以会朝清明，欲其拨乱反正之神速，盖知其心，唯在于清四海而已。”颇有道理，启迪甚深。牧野之战是殷周双方最后的决战，过去儒家曾给予很高评价。

然而，夏传才教授认为：武王伐纣及其胜利，并非如某些学者所说，是一个奴隶主集团战胜另一个奴隶主集团，一个奴隶主王朝战胜另一个奴隶主王朝，而是广大人民从殷商奴隶主的残暴压迫剥削之下，争取解放的正义战争。这里所说的人民，主要是指当时被压迫、被剥削的包括奴隶在内的劳动人民，还有参加联合作战的受殷商奴隶主侵略和欺负的庸、蜀、羌、髳、微、纑、彭、濮各族人民，以及武王誓师词《牧誓》中所说的“友邦冢君”和率兵来会的各路诸侯。这些人在武王领导之下，与共同的敌人在牧野进行了最后的决战。这一场正义的战争，为新社会的产生开辟了道路。它的直接结果，是殷商奴隶主国家覆亡，生产力获得解放，上层建筑和意识形态进行了重大的改革，一个强盛文明的国家建立起来，为中国社会向封建社会过渡准备了条件。

《尚书·牧誓》中提出的“弗迓克奔，以役西土”，就是文王所制定的不杀俘虏而使之变为奴隶的政策。把俘虏变为奴隶，给他们工做，让他们活下去，较之把俘虏杀死或吃掉，毕竟是文明的进步。文王举起象征他那个时代文明的“仁德”旗帜，这是由于生产力已经发展到了一定的水平，劳动者所创造的物质资料除了本身必须的消费还有剩余；正是这样才创造了财富，创造了文明，创造了统治阶级。于是，人的价值被发现了。保护人，就是保护生产力，就是保护文明和保护统治阶级自己的生存。这就是文王的“德”的实质。

文王提出的口号，顺应了奴隶们反抗暴力压迫、从暴虐统治下争取解放的时代潮流，也在一定程度上符合奴隶们争取未来解放的利益，因而它受到奴隶们的欢迎和支持，推动了西周开国后进一步的社会改革。在这个意义上，我们承认文王及其领导的运动，他们的意识形态和这些最早的民族史诗，具有历史的进步性。

诗人以精炼的文字，抓住全过程中的几个突出特点，表现了会战首尾及其中重要史实和人物，场面宏大，气势磅礴，形象生动，音韵铿锵，是中国文学中描写战争的名篇。至于描绘有详有略，前呼后应的表现手法，更使诗篇避免了平铺、呆板和单调，给人以跌宕起伏、气势恢宏、重点突出的感觉，取得了很强的艺术效果。

然在我国古代历史中，对牧野之战的具体情况有两种不同的解释，据司马迁《史记》所载，武王率兵车四千乘，陈师牧野，纣师虽众，皆无战心，纷纷倒戈，武王取得伐纣的胜利，兵不血刃。另一种则是伪古文《尚书·武成》篇和《孟子·尽心下》篇中所说的，这场战争死伤无数，"血流漂杵"。此诗显然是以征服者的豪壮之情，气贯长虹地对这场战争做了回顾性的再现。

此诗结构严谨，叙事有序，确是史诗气派，尤其是七章、八章写牧野会战，以"洋洋""煌煌""彭彭"描绘周邦排山倒海的军威，以"鹰扬"描写尚父的威严神气，绘声绘色，惟妙惟肖地再现了大决战的悲壮场景。显示了较高的艺术表现力。

《大明》诗凡八章，奇数章每章六句，偶数章每章八句，相间编排。偶数章的末句与奇数章首句上递下接，首尾蝉联。

修辞手法运用绝妙，第二章末句与第三章首句，第四章末句与第五章首句，第六章末句与第七章首句，其字相承接，甚有规律，显然是诗人有意识的着笔。这一修辞手法后来发展为"顶真格"，广泛运用。

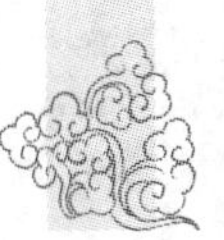

附录:

《诗经》变迁

汉唐《诗经》学 汉初《诗》定位“经”,《诗经》成为“圣经”和国定教科书。自汉至唐《孔疏》以训诂为特色的“汉代《诗经》学”,亦即古文《诗》学,《毛诗故训传》《毛诗郑笺》《毛诗序》广泛流传,成为古文诗学的代表性著作。《毛诗故训传》,简称《毛传》。它将《诗》和《左传》相合,以史明诗,以诗论史,通训诂,明大义,训诂考证简明扼要,对字、词、典章制度的训释多有可取。它的体例较为严谨,每篇诗前有序,以明诗旨,依《尔雅》训释字义,再据《左传》《周礼》《仪礼》说明有关史事或典章制度。清陈奂《诗毛氏传疏序》称《毛传》“文简而义瞻,语正而道精,洵乎为小学之浸梁,群书之钤健也。”然《毛传》虽有穿凿附会,但完整保留古经注,在《诗经》注释和训诂学中有重要价值。

郑玄《毛诗传笺》又简称《郑笺》。他以《毛诗》为主,兼采三家可取的说解,为《毛传》作笺,完成了实现今古文合流的《毛诗传笺》。对《毛传》的传注加以疏通,对隐晦、疏略之处予以申明,在《毛传》依文立解的基础上进一步做通假考证,对大义也有所阐释和发明。

《毛诗序》,西汉初年,传授《诗经》的主要有齐、鲁、韩、毛四家。一是鲁人申培,一是齐人辕固,一是燕人韩婴。但是这三家著作除《韩诗外传》10卷外,皆不存世。《齐诗》亡于曹魏,《鲁诗》亡于西晋,《韩诗内传》亡于北宋。现今仅《毛诗》一家独传于世。即大毛公毛亨、小毛公毛苌所传。现存《毛诗》各篇之首,都有一个似解题式的简短的序文,主要用以评说诗篇的主旨、时代、背景和作者,叫作“小序”。如《柏舟》,《毛序》曰:“《柏舟》:‘言仁而不遇也。卫顷公之时,仁人不遇,小人在侧。’”又如《日月》,《毛序》说:“《日月》:‘卫庄姜伤己也。’”《诗序》名称,大致有《大序》《小序》《前序》《后序》《古序》《续序》《首序》《下序》等八种提法。《大序》《小序》的划分,近人胡朴安以为“以宋人之所分为是”,认为“《大序》者论全诗之义也，《小序》者论一诗之义也。”

《诗序》的作者为谁？梁人沈重述郑玄《诗谱》云：“《大序》是子夏作，《小序》子夏、毛公合作，卜商意有不尽，毛更足成之。”苏辙不信子夏作《序》之说，认为如是古序，决不会如此之详。他说：“世传以为出于子夏，予窃疑之。子夏尝言《诗》于仲尼，仲尼称之，故后世之为《诗》者附之。”他认为今传之《序》，已被经师所附益，“是以其言时有反复烦重，类非一人之辞者，凡此皆毛氏之学，而卫宏之所集录也。”陆玑、范晔认为卫宏所作，韩愈《诗之序议》认为汉之学者作，程颐以为《大序》孔子作，《小序》国史作。众说纷纭，聚讼不休，成为《诗经》研究史上“第一争诟之端”。郑振铎认为《毛诗序》最大的坏处在于穿凿附会。清朝力主恢复毛、郑之学，阎若璩作《毛朱诗说》，毛奇龄作《白鹭洲主客说诗》，陈启源作《毛诗稽古编》，用意在否定朱熹之《诗集传》。孙焘写《毛诗说》，用意在否定郑玄之说。再者，皮锡瑞作《诗经通论》，王先谦作《诗三家义集疏》又进一步否定毛诗之说，要回复到齐、鲁、韩三家诗义。但是《毛诗序》对后人的影响非常大。古人作诗、写文章用典都爱用里面的解释。本书仅用《大序》《小序》这种提法，其余不复论列。

《毛诗正义》，是唐贞观十六年奉唐太宗诏所编的《五经正义》之一，为唐朝颁布的官书。由孔颖达主持其事，故后人又称此书为《孔疏》。此书以颜师古的《诗经》定本为文字定本，以陆德明的音释为读音标准，注文取《毛传》《郑笺》，疏文以刘焯的《毛诗义疏》、刘炫的《毛诗述义》为稿本，融贯群言，包罗古义，吸取六朝以来各家注疏的成果，本疏不破注的原则，为《毛诗传笺》作疏，完成了《毛诗正义》，又称《毛诗注疏》。

宋代《诗经》学　欧阳修《诗本义》中对毛、郑误分章句，分别做了比较和订正，例如《小雅·巧言》，毛、郑分为六章，每章八句。欧阳修根据诗义，分为七章，其中四章章八句，二章章六句，一章章四句。

苏辙《诗集传》释词，极为简要。例如解释《大雅·桑柔》“谁能执热，逝不以濯？其何能淑，载胥及溺”四句说：“贤者之能已乱，犹濯之能解热耳。不然，则其何能善哉？相与入于陷溺而已。”皆开其端，都自出新意，开一代新风。

王安石《诗经新义》一度成为新定的教学和考试标准本，无论是诗篇的通义，或是章句的诠释，往往都有非常精彩的说解。如释《七月》“一之日觱发，二之日栗烈”，云：“风而寒，尚非其至也；无风而寒，于是为至。”释《小雅·十月之交》

篇通义云："此诗前三章言灾异之变，四章言致灾由于小人，而皇父小人之魁也。故五、六章专言皇父之恶。七章言小人在位，天降之灾，则天变生于人妖也。八章言己之忧劳，而一篇之义终矣。"

到郑樵著《诗辨妄》，开始向汉学《诗经》义疏中心《诗序》发起猛烈攻击，掀起声势浩大的废《序》运动。苏辙《诗集传》注解诗文，颇效其体。怀疑《诗序》，仅采首句。如《旄丘》序："责卫伯也"之后，另加上"卫侯爵时为州伯，故称伯……"一段，以补首句之所未备。诠释篇名，别有见解。如《大雅·召旻》："首章称旻天，卒章称召公，故谓之《召旻》，以别《小旻》而已。"论诗释词，每多创见。如《大雅·荡》第八章："人亦有言：'颠沛之揭，枝叶未有害，本实先拨'"，苏辙《诗集传》说："商周之衰，典刑未废，诸侯为畔，四夷未起，而其先君为不义而自绝于天，莫可救之，正犹此尔。"非常确切。

汉学派的《诗经》著述代表作，有范处义《诗补传》，最攻《序》者郑樵，最尊《序》者范处义，是尊《序》派的突出代表。范在《明序篇》中说："人皆知《诗》亡然后《春秋》作，以为《诗》美刺与《春秋》相表里，而不知《诗》之美刺实系于《序》。盖《诗》有《小序》有《大序》，《小序》一言国史记作诗者之本义也。《小序》之下皆《大序》也，亦国史之所述，间有圣人之遗言可考而知。惟《关雎》为一经之首，并论《三百篇》之大旨，犹《易》干坤之《文言》，故诗详焉。"他以为《诗序》作于国史，而渊源于孔子。他在本书《自序》中指出："《补传》之作，以《诗序》为据，兼取诸家之长，揆之情性，参以物理，以平易求古诗人之意。文义有阙，补以《六经》、史传，古训有阙，补以《说文》《篇韵》，异同者一之，隐奥者明之，窒碍者通之，乖离者合之，谬误者正之，曼衍者削之，而意之所自得者亦错出其间，《补传》大略如此。"范氏评述颇有文采。

吕祖谦《吕氏家塾读诗记》每篇之后，分章叙列各家说解。陈振孙《直斋书录解题》说《吕氏家塾读诗记》："博采诸家，存其名氏，先列训诂，后陈文义，剪截贯穿，如出一手，己意有所发明，则别出之。诗学之详，正未有逾于此书者也。然自《公刘》以后，编纂已备，而条例未竟，学者惜之。"故后世论者皆以此书《公刘》以后，为其门人所续成。

而严粲《诗缉》对诗义的理解有独到之见，如《王风·黍离》一章言"彼稷之苗"，二章言"彼稷之穗"，三章言"彼稷之实"。旧说以此表示行役时间之久。严粲对此提出了不同看法，指出“果为行役之久，则不应黍惟言离离也”。他认为“苗、穗、实，取协韵耳”(《诗缉》)。关于起兴，他有精辟论述，《诗缉》云：“今考诗中凡一句各指一物者，兴也，盖兴则意在于物，故每句中专指其一以寓丁宁之意，如‘山有榛，隰有苓’之类是也。凡一句迭言二物者皆赋也，盖赋则敷陈，其物之多意在有一字，而不在于所指之物，故迭言之，如‘有熊罴’，但言兽之多，‘有鳣有鲔’，但言鱼之多，‘有骊有黄’，但言马之多，别无兴也。”这里提出“凡一句各指一物者”为“兴”，“一句迭言二物者”为“赋”，明白易晓，很好掌握。段昌武《毛诗集解》、林岜《毛诗讲义》等对《诗经》的论述，皆有选录。

宋学派《诗经》著述主要有：权威著作朱熹《集传》，是宋学《诗经》解释学的集大成著作，它集中宋人训诂、考证的成果，同时比较注意《诗经》的文学特点，全部注释简明易解，成为以后通行八百年的权威性著作。朱熹解《诗》，不信《诗序》，并撰《诗序辨说》系统辨斥《序》说之非。所释六义，颇有新意，他说：“风者，民俗歌谣之诗也。雅者，正也，正乐之歌也。正小雅，燕飨之乐也。正大雅，会朝之乐也；受厘陈戒之辞也。颂者，宗庙之乐也。赋者，敷陈其事而直言之者也。比者，以彼物比此物也。兴者，先言他物以引起所咏之辞也。”不但给赋、比、兴作了新的解释，而且在《诗集传》诗篇的每章之后，皆表明作法。综观朱熹《集传》，计有“赋”“比”“兴”“兴而比”“比而兴”“赋而比”“赋而兴”“赋而兴又比”八种。如《东方未明》一、二章句法基本相同，《集传》一、二两章作“赋”，三章作“比”；《葛屦》二章，《集传》首章作“兴”，次章作“赋”；《谷风》三章句法相同，《集传》一、二两章作“兴”，三章作“比”，见解精辟，对理解诗旨，颇有启迪。

元代《诗经》学　《四库全书总目》说：“有元一代之说诗者，无非朱传之笺疏，至延祐行科举法，遂定位功令，而明制因之。”可见元明两代《诗经》研究，都是以朱熹《集传》为准则。许谦撰《诗集传名物抄》，主要考证《诗经》的名物音训，书中采用陆德明《经典释文》及孔颖达《正义》，为元代重要著作。刘瑾撰《诗传通释》，瞿镛《铁琴铜剑楼藏书目》评其书云：“此书专宗《集传》，博采众说以证明之。其所辑录诸家，互相援引，习见者多，惟李宝之、刘辰翁为诸家所未及。诸序辨说……分列各章之后，其为例亦独殊。”评述客观。

明永乐间编《五经大全》，其中的《诗经大全》，是依据刘瑾《通释》编成，明代科举考试奉以准则，影响广泛。刘玉汝编《诗缵绪》，《四库全书总目》云：“其大旨

专以发明朱子《集传》,故云《缵绪》,体例与辅广《童子问》相近,凡《集传》中一、二字之斟酌,必求其命意所在。……虽未必尽合诗人之旨,而于《集传》一家之学,则可谓有所阐明矣。"马瑞临《经籍考》收三十多部诗学著作。他说:"夫本之以孔孟说《诗》之旨,参之以《诗》中诸《序》之例,而后究极夫古今诗人所以讽咏之意,则《诗序》之不可废也审矣。"论述《诗序》不可废。还有朱公迁撰《诗经疏义》、胡一桂编《诗集传附录纂疏》,而上述所举各例,所有内容,无不包含在《音释》之中,如若汇而编辑,可成一部专著。

明代《诗经》学 综观明代,宗《小序》,宗毛、郑,成为诗学著作的新倾向,诗学谓科举所用,朝廷以《诗》义取士,正如顾炎武《日知录》慨叹道:"八股行而古学弃,科举行而经术亡。"自唐修《五经正义》,至明永乐修《五经大全》,就经学而论,应推一代盛举。而明永乐年间胡广等奉敕编纂《诗经大全》,虽"则全袭元人刘瑾之《诗经通释》而稍变其例",但颁行天下,成为钦定的教科书,科举取士,奉以准则,影响之深。

辅翼《诗集传》诗一部从伦理道德角度论《诗》的著作,《四库全书总目》赞赏说:"借诗立训",大抵推衍朱子《集传》为说,"务在阐兴观群怨之旨,温柔敦厚之意,而于兴衰之乱,尤推求源本,剀切著明,在经解中为别体,而实较诸儒之争竟异同者为有裨于人事"。此是元代《诗》学的延伸和继续。

顾梦麟采摘诸家诗说,约取其义,汇为一编,名为《诗经说约》。每篇首列诗文,次为集解,然后附述己见,或诠释诗旨,或训诂文字,或考订名物,或订正音读,大抵皆以朱熹《集传》为宗。对毛郑以及其他诸家之说,亦折中别择,间又所采。吕楠撰《毛诗说序》,其书立论,以《小序》为主,假设门人回答以阐明《序》义。袁仁撰《毛诗或问》大旨主于伸《小序》兼贬《集传》。

郝敬撰《毛诗原解》,其断言:"《笺》不如《传》,《传》不如《序》,毛公补《序》又不如《序》首一语",主张"读《诗》惟当以首序为宗"。他反对废《序》言《诗》,攻击朱熹不遗余力,或斥为凿空为说,或斥为高叟之固。

何楷撰《诗经世本古义》,《四库全书总目》认为何楷:"学问博通,引援赅洽,凡名物训诂,一一考证详明,典据精确,实非宋以来诸儒所可及,譬诸搜罗七宝,造一不中规矩之巨器,虽百无所用,而毁以取材,则获齐木难,片片皆为珍物。百余年来,人人嗤点其书,而究不能废其书,职是故矣。"

冯应京《刘家诗名物疏》其书系据蔡卞《诗名物疏》而广之，征引颇为赅博，每条之末，间附考证。吴雨《毛诗鸟兽草木考》，其书本吴仁杰《离骚草木疏》又以配陈第《毛诗古音考》。杨慎《升庵经说》，曾被誉为明人经说之翘楚。他发现古音不同于今音，而考古音必用古代韵语资料，故他撰《转注古音略》《古音略例》《古音余》《古音猎要》，时举《诗经》为例。例如：《柏舟》"实维我仪"叶"在彼中河"。《东山》"九十其仪"叶"其旧如之何"。是上述两句的"仪"，也都音"俄"。

陈第《毛诗古音考》为古音学奠基之作，是一部研究古音的名著。他在《毛诗古音考自序》中说："《诗》以声教也……若其意深长而于韵不谐，则文而已矣。故士人篇章，必有音节，田野俚曲，亦各谐声。岂以古人之诗而独无韵乎？"阐明古有定音。并提出："时有古今，地有南北，字有更革，音有转移，亦势所必至"的著名论点，告诉人们，用今音读古诗之所以不谐，并不是因为古无定音，而正是语音演变的结果。

钟惺撰《诗归》，所论诗旨，有破有立，实不多见。如《隰有苌楚》，诗人见物起兴，借以抒怀。钟惺评曰："此诗更不必说自家苦，只羡苌楚之乐，而意自深矣。凡苦之可言者，非其至也。"所论深中肯綮。

清代《诗经》学　清初至乾隆编《四库全书》，是"宋代《诗经》学"过渡到"清代《诗经》学"的转型期。钱澄之《田间诗学》，大旨以《小序》为主，所采历代诸家论说，自《毛诗注疏》、朱熹《集传》外，还有程颢、程颐、张载、杨时、罗愿、真德秀、邵忠允、季本、黄道周、欧阳修、苏辙、王安石、范祖禹、吕祖谦、陆佃、谢枋得、严粲、辅广、郝敬、何楷等共二十家。"持论颇为精核，而于名物训诂、山川地理言之尤详……其考证之切实，尤可见矣"(《四库全书总目》)。

姜炳璋撰《诗序补义》，而《四库全书总目》说他："其纲领有云：有诗人之意，有编诗之意。如《雄雉》为妇人思君子，《凯风》为七子自责，是诗人之意也。《雄雉》为刺宣公，《凯风》为美孝子，是编诗之意也。朱子顺文立义，大抵以诗人之意为是诗之旨，国史明乎得失之迹，则以编诗之意为一篇之要，尤可谓解结之论矣"。

朱鹤龄撰《诗经通义》，专主《小序》，力驳废《序》之非。所采诸家，于汉用毛、郑，唐用孔颖达，宋用欧阳修、苏辙、吕祖谦、严粲，清用陈启源；其释音，明用陈第，清用顾炎武，皆具有条理。

陈启源撰《毛诗稽古篇》，此书则训诂一准诸《尔雅》，篇义一准诸《小序》，而诠释诗旨则一准诸《毛传》而《郑笺》佐之，诠释名物则多以陆玑《疏》为主。戴震、段玉裁、胡承珙、马瑞辰、陈奂、程启源此书，合称六大家，为清代《诗经》学的代表性著作。

顾炎武《音学五书》，对研究古韵分部者皆以本书为始。考证名物的著作中，王夫之《诗经稗疏》、毛启龄《续诗传鸟名》《毛诗写官记》《诗札》《诗传诗说驳义》、姚炳《诗识名解》《诗传名物集览》、顾栋高《毛诗类释》、黄中松《诗疑辨证》等，《四库全书总目》均已著录，并做了较高评价。

康、雍之际王鸿续等奉敕编《钦定诗经传说汇纂》，序言曰："是书首列《集传》，而采汉唐以来诸儒讲释、训释之与传合者存之，其义异而理长者别谓'附录'"，可知以《集传》为标准。其体例是：诗篇正文之后，每章首列"集传"，次列"集说"，篇末列"总论"。如《小雅·大田》总论说："刘氏瑾曰：'一章言田事修饬，而苗生盛美也；二章言苗即秀实，而愿其无损也；三章复愿其雨泽溥及而收成有余也。卒章言其收获之后而报祀获福也。'"评论简洁中肯。

乾隆二十年，敕编《钦定诗义折中》的编辑宗旨是："分章多准康成，征事率从《小序》"，它认为这样做可以"使孔门大义，上溯源渊，卜氏旧传，远承端绪"(《四库全书总目》)，也就是说，《诗义折中》将根据《郑笺》标分章句，根据《诗序》解释诗旨，为"清代《诗经》学"迈出了第一步，是中国文化史上学术转型的重要举措。

马瑞辰《毛诗传笺通释》论诗的宗旨，遵从《诗序》，疏通《传》《笺》。辩正《郑笺》不同于《毛传》的各种解释，以申毛纠郑。①采用古音古义纠正讹误，②用双声叠韵原理指明通假，是解释词义的成功范例。③用同类义例概括全书。④举三家遗说以订《毛诗》。

姚际恒《诗经通论》，从诗篇本文去探求诗旨。他批评"汉人之失在于固，宋人之失在于妄，明人说《诗》之失在于凿。"

胡承珙《毛诗后笺》。①著书宗旨及体例："从毛者十之八九，从郑者十之一二。"以名标目，有新解方标专条，加以论证，与马瑞辰《通释》体例略同。②吸收宋元学者的正确疏解，证成已说。③诠释赐予，准确有据。如《无衣》《采葛》。

陈奂《诗毛氏传疏》，他对《毛传》推崇备至，其为《毛传》作《疏》，训诂准乎

《尔雅》,通释证之《说文》,专从文字、声韵、训诂、名物等方面阐发诗篇本义,引据赅博,疏证详明。

姚际恒《诗经通论》用文学观点解释诗义,确为一大特色。他认为"《毛传》古矣,惟是训诂,与《尔雅》略同,无关经旨;虽有得失,可备观而弗论,《郑笺》卤莽灭裂,世不多从,又无论矣,"故此书的重点,是评论《诗序》和《诗集传》。

方玉润《诗经原始》,书中论议,以《毛诗序》《诗集传》《诗经通论》三书为重点,其他诸说有可取者也择之,辨其得失。他重视阐发诗篇之文学意义,颇与历来解经之家异趣。如论《汉广》,云:"终篇或迭咏江汉,觉烟水茫茫,浩淼无际,广不可泳,长更无方,唯有徘徊瞻望,长歌浩叹而已。"用文学观点评论《诗经》,足使解经之家相形见绌。

现代《诗经》学 顾颉刚发表《论诗经在春秋战国间的地位》,论说诗人和诗本事、周人咏诗、孔子论诗、战国诗乐,孟子论诗等方面。顾颉刚另一篇《从诗经中整理出歌谣的意见》和钱玄同《答顾颉刚先生书》、魏建功《歌谣表现法之最要紧者——重奏复沓》,分析研究了《诗经》中的歌谣与起兴。郑振铎《读毛诗序》认为《诗序》是瓦砾,力斥《毛诗序》之谬妄。这些论文,打破经书观念,认定《诗经》全为乐歌,认定《诗经》是文学作品,而不是经典。胡适《谈谈诗经》阐述《诗经》研究方法,即训诂、题解。清代《诗经》研究是从经学到文学的重大转变,对学术研究产生了巨大的影响。

王力《诗经韵读》,由"《诗》韵总论""《诗经》韵例""《诗经》入韵字音表""《诗经》韵读"四部分组成。徐昂撰《诗经形释》,卷一由论篇章、论章句、论句字三部分组成。卷二有论复迭、分复字、复词、复句、复体与异体之联绵词偶对五节。卷三为论助词。

于省吾《诗经新证》上下卷,皆考证《诗经》文字之义训,下卷收论文五篇,订正前人在义训上的误释。向喜《诗经语言研究》,阐述前人的研究,论述《诗经》的文字、用韵、词汇、句法。陆文郁《诗草木今诗》,考证旧注中疑似的物品,分清同名异物不使相混,遍考草木别名详其沿革,述及草木用途帮助释诗。

高亨《诗经今注》,系统注释《诗经》全书,每篇诗题之下,皆有简要题旨。注文简明扼要,深入浅出,可谓《诗经》注释的代表作。余冠英《诗经选》,注释精辟,主题有独到见解。如《狼跋》"是一首讽刺诗。诗中把一位统治者(公孙)比作老

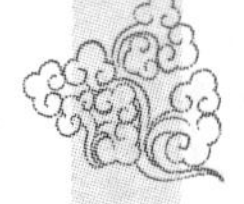

狼，嘲笑他步态丑笨，进退困窘”。如此解释，确有新意。程俊英、蒋见元撰《诗经注析》，依据文学观点阐述诗旨。参考古训方法解释词语，运用文艺理论分析篇章，探讨古韵规律表明韵读，是采用以史证诗、以诗证史、史论结合之法的重要代表作。

还有郭沫若《古诗今译》，陈子展《诗经直解》，程俊英《诗经译注》，金启华《诗经全译》，袁梅《诗经译注》，金启华《诗经鉴赏辞典》等，这些研究成果，基本上解决了阅读文字的障碍，积累了《诗经》基本概念的各种解释资料，探索出各种类型的研究方法，提出了从文学角度解《诗》的不同说解，保存了大量《诗》学文献。

上述作品不拘于前人章句训诂之学，而强调本人读诗后的直接感受，重视作品的艺术感悟和审美特征。并举示各家文字异同，考证文字孳生通假之故，古书传写改易之迹，以探究诗义。论证谨严，条理清晰，文字简明，使读者接受《诗经》这份宝贵文学遗产的同时，能得到含英咀华的享受。

汇集历代各派各家之说，这既是本书的特色，同时也就表明了本诗的内容。其目的是想尝试有组织地反映历代争鸣情况、研究成果和说《诗》的轨迹，为《诗经》的研究者和爱好者，为中国古代文学的研究者和教学者，提供一部较详备的参考资料，使其在使用时省却许多翻检之劳，能满足多方面的需要。所以，使读《诗》者必先尽置诸家之诗说，而探求乎古代诗人之情性，然后乃能知古人之诗，此则所谓诗心也。能知古人之诗心，斯可以知后人之诗心；知诗三百零五篇之诗心，而后可与论中国之诗心；中国之诗心，而后可与论中国之文学。

主要参考文献

[1]〔清〕阮元.十三经注疏[M].校刻本.北京:中华书局出版社,1980.

[2]尔雅注疏(《十三经注疏》)[M].王世伟,整理.上海:上海古籍出版社,2010.

[3]〔宋〕王安石.新经毛诗义 [M].二十卷,邱汉生,辑校本,北京:中华书局,1982.

[4]〔宋〕朱熹.诗集传[M].上海:上海古籍出版社,1980.

[5]〔宋〕陆玑.毛诗草木鸟兽虫鱼疏[M].北京:中华书局,1983.

[6]〔宋〕苏辙.诗集传[M]. 北京:书目文献出版社,1990.

[7]〔明〕何楷.诗经世本古义[M].清嘉庆刊本.

[8]〔清〕方玉润.诗经原始[M].北京:中华书局,1986.

[9]〔清〕马瑞辰.毛诗传笺通释[M]. 北京:中华书局,1989.

[10]〔清〕王先谦.诗三家义集疏[M].北京:中华书局,1987.

[11]〔清〕姚际恒.诗经通论[M].顾颉刚标点本,北京:中华书局,1958.

[12]〔清〕吴闿生.诗义会通[M].北京:中华书局,1959.

[13]〔清〕陈奂.诗毛氏传疏[M].北京:中国书店,1984.

[14]高亨.诗经今注[M].上海:上海古籍出版社,1980.

[15]袁梅.诗经译注[M].济南:齐鲁书社,1980.

[16]陈子展.诗经直解[M]. 上海:复旦大学出版社,1983.

[17]唐莫尧.诗经新注全译[M].成都:四川出版集团巴蜀书社,1998.

[18]余冠英.诗经选[M].北京:人民出版社,2002.

[19]洪湛侯.诗经学史[M].北京:中华书局,2002.

[20]赵帆声.诗经异读[M].郑州:河南大学出版社,2002.

[21]傅斯年.诗经讲义稿[M].北京:中国人民大学出版社,2004.

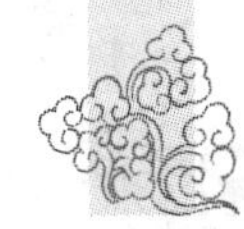

［22］公木，赵雨.诗经全解［M］.长春：长春出版社，2006.
［23］程俊英，蒋见元.诗经注析［M］. 北京：中华书局，2006.
［24］夏传才.十三经讲座［M］.桂林：广西师范大学出版社，2006.
［25］杨合鸣，赵爱武.四书五经详解［M］.北京：金盾出版社，2008.